薗部寿樹

日本中世村落文書の研究

村落定書と署判

小さ子社

SONOBE Toshiki
Research on Medieval Village Documents in Japan:
Focusing on Village Statements and Signatures
Published by Chiisagosha Publishing
2018

日本中世村落文書の研究——村落定書と署判——◆目次

第二部　村落文書の署判

■史料出典文献の書誌情報

本文の表中の文書の出典である史料集・文献は、左記の通りである（『平安遺文』『鎌倉遺文』『大日本古文書』を除く）。煩を避けるために本文中では刊行年などの書誌情報を記さなかった。

『泉佐野市史』（柴田実著、泉佐野市、一九五八年）
『和泉市史』一（和泉市史編纂委員会編、和泉市、一九六五年）
「和泉地方における中世宮座史料」『阪南論集』一七-四（大越勝秋著、一九八二年）
『一宮町誌』（一宮町誌編纂委員会編、一宮町、一九六七年）
『今堀日吉神社文書集成』（仲村研編、雄山閣出版、一九八一年）
『宇川共有文書調査報告書』下（水口町立歴史民俗資料館編・発行、一九九六年）
『越前若狭古文書選』（牧野信之助編、三秀舎、一九三三年）
『近江愛智郡志』四（中川泉三編、滋賀県愛智郡教育会、一九二八年）
『近江蒲生郡志』五・六・八（中川泉三編、滋賀県蒲生郡、一九二二年）
『近江神崎郡志稿』上・下（大橋金造編、滋賀県神崎郡教育会、一九二八年）
『近江栗太郡志』四（滋賀県栗太郡役所編・発行、一九二六年）
『近江地方史研究』二一（近江地方史研究会、一九八五年）
『大島神社奥津島神社文書』（滋賀大学経済学部附属史料館編、滋賀大学経済学部附属史料館、一九八六年）
『岡本村史』史料篇（小葉田淳編、岡本村刊行会、一九五六年）
『小浜市史』諸家文書編三（小浜市史編纂委員会編、小浜市、一九八一年）
『海南市史』三（海南市史編さん委員会編、海南市、一九七九年）
『香川県史』八（香川県、一九八六年）

『香芝町史』史料編（香芝町、一九七六年）
『勝山市史』資料篇一（勝山市、一九七七年）
『かつらぎ町史』古代・中世史料編（かつらぎ町、一九八三年）
『加茂町史』一（加茂町史編さん委員会編、加茂町、一九八八年）
『河内長野市史』五・六（河内長野市、一九七五・七二年）
『紀伊続風土記』第三輯（仁井田好古編、歴史図書社、一九七〇年）
『北内貴川田神社文書』（水口町立歴史民俗資料館編・発行、一九九〇年）
『京都の部落史』四（井上清ほか編、京都部落史研究所、一九八六年）
『近世村落の経済と社会』（原田敏丸著、山川出版社、一九八三年）
『金峯山寺史料集成』（首藤善樹編、国書刊行会、二〇〇〇年）
「河野家所蔵文書」『日本史研究』二〇七号（黒鳥村文書研究会編、一九七九年）
『堺市史』続編四（堺市、一九七三年）
『三国地誌』（藤堂元甫編、一八八八年）
『山東町史』史料編（山東町史編さん委員会編、山東町、一九八六年）
『滋賀県史』五（滋賀県、一九二八年）
『史料纂集』石清水八幡宮文書外（筑波大学所蔵文書下）（田沼睦校訂、続群書類従完成会、一九九九年）
『史料纂集』山科家礼記五（豊田武・飯倉晴武校訂、続群書類従完成会、一九七三年）
『菅浦文書』（滋賀大学経済学部史料館編、滋賀大学日本経済文化研究所、一九六〇・一九六七年）
『惣村から近世の農村へ―綴喜郡東村の歴史―』（京都府立山城郷土資料館編・発行、一九九〇年）
『太閤検地論』Ⅲ（宮川満著、御茶の水書房、一九六三年）
『高槻市史』三（高槻市、一九七三年）
『丹波国黒田村史料』（野田只夫、黒田自治会村誌編纂委員会、一九六六年）
「丹波国南桑田郡保津村五苗文書」『同志社大学人文科学研究所紀要』三（井ケ田良治編、一九六〇年）

『丹波国山国荘史料』（野田只夫、史籍刊行会、一九五八年）
『都祁村史』（都祁村史刊行会編・発行、一九八五年）
『改訂都祁村史』（都祁村史編纂委員会編・発行、二〇〇五年）
『改訂天理市史』史料編一（天理市史編さん委員会編、天理市、一九七七年）
『土佐国地方史料』（近世村落研究会編、日本学術振興会、一九五六年）
『富山県史』史料編二・三（富山県編・発行、一九七五・八〇年）
『日本思想大系』中世政治社会思想下（笠松宏至ほか校注、岩波書店、一九九四年）
「盗まれた大般若経」『日本歴史』六三四号（藤田励夫著、二〇〇一年）
『橋本市史』下（橋本市史編さん委員会編、橋本市、一九七五年）
「服部神楽講文書」『国立歴史民俗博物館研究報告』一一二（大宮守友・薗部寿樹編、二〇〇四年）
『東浅井郡志』四（黒田惟信編、滋賀県東浅井郡教育会、一九二七年）
『兵庫県史』史料編中世一・二・三（兵庫県史編集専門委員会編、兵庫県、一九八三・八七・八八年）
『枚方市史』六（枚方市史編纂委員会、枚方市、一九六八年）
『福井県史』資料編六・八（福井県、一九八七・八九年）
『三重県史』資料編中世一下（三重県編・発行、一九九九年）
『水口町志』下（水口町志編纂委員会編、水口町、一九五九年）
『宮座と村落の史的研究』第三部第四章（高牧実著、吉川弘文館、一九八六年）
『野洲郡史』下（橋川正編、野洲郡教育会、一九二七年）
『八日市市史』五・六（八日市市史編さん委員会、八日市市、一九八四・八六年）
『和歌山県史』中世史料一・二（和歌山県史編さん委員会編、和歌山県、一九七五・八三年）
『和歌山県史』近世史料四（和歌山県史編さん委員会編、和歌山県、一九七六年）
『和歌山市史』四（和歌山市史編纂委員会編、和歌山市、一九七七年）

日本中世村落文書の研究

―― 村落定書と署判 ――

序章

本書は、中世の村落文書について論じるものである。村落文書とは、村落が作成し保管した文書群をさす。

村落文書の研究史については、村落文書を含む地下（ぢげ）文書全般の研究を概観した春田直紀氏の的確なまとめがある。(1)

といっても、村落文書の研究史はまだ浅い。したがって研究史に学ぶだけでなく、村落文書または地下文書そのものに触れてみて、次第に学びを深めていってほしい。ちなみに地下文書とは春田氏の造語で、村落のみならず、地下社会（在地社会）で作成・保管されてきた文書群全体を指す。具体的には、村落文書以外に、小領主（土豪や地侍）(2)の家の文書などが地下文書に含まれる。

ここでは、なぜ村落文書を研究するのか、その意義や面白さについて私なりに記してみたい。

大学生時代、村落を研究するために村落文書（惣村文書）を読み始めた。いうまでもなく村落文書とは、村落研究のための基礎的な史料だからである。そうしていろいろな村落文書を読み続けているうちに、たびたび奇妙なことに出会うようになった。

その奇妙なことについて記す前に、中世の村落文書に類似する近世の地方（ぢかた）文書や村方（むらかた）文書について触れておく。

近世の地方文書・村方文書（以下、一括して地方文書と呼ぶ）とは、近世の村落集団や村役人が作成し保管してきた文書群のことである。

この地方文書のなかで、上申文書には「恐れながら申し上げ候」というような定型的な文言を持つものが多い。なぜ同じような文言が多くの村落に共通して用いられているのか、中世史の研究者としては疑問に思うのだが、近世村落の研究者は当然のこととしてほとんど研究課題にしない。近世地方文書は無限といっていいほど数多く残存しているので、そういう古文書学的な研究をする手間暇がないのだろうか。また、実際に地方文書を古文書学的に研究してみても、その膨大な作業量に比して、あまり面白い結論は見込めないという先入観もあろう。

それはどういうことかというと、近世村落は当初から幕藩体制の文書行政のなかに組み込まれているからなのである。村役人にはある程度の文字リテラシー（読み書き能力）があって、代官所など支配末端組織と村役人との間では、文書による連絡・指導・報告が日常化されている。そこには定型化した文書作成上の決まり文句があり（この決まり文句を中世史研究者は「様式」と呼んでいる）、その決まり文句に村役人も日常的に慣れ親しんでいるのだろう。だから地方文書の様式など古文書学的な研究は手間がかかるだけで面白くないから、誰もやろうとはしない。それが実情だと思う（ただ本気で研究したら、それはそれで結構面白いのではないかと私は秘かに思っている）。

それでは、中世村落関係の史料はどうか。中世でも文書行政は行われているが、その範囲は近世ほど徹底されていない。また文書行政のあり方にも自力救済主義が貫徹されていて、受益者が権利関係の文書を根回ししないと実効力を持たないという世界なのだ。その権利とはほとんどが領地関係の権利であり、村落では名主（みょうしゅ）など上層農民ぐらいがそれに関係するだけである。それ以下の大多数の民衆は、文書とはほとんど無縁に暮らしてきた、というのが中世村落の実態なのである。

多くの村落民衆は文字を書けないし、書く気もない。でも当然のことながら、話はできる。村落の中での日常的なコミュニケーションは、話をすることだけでほとんどことが足りる。これを口頭伝達と呼ぶ。すなわち中世村落は本来、文字を必要としない口頭伝達の社会だったのである。
ところがその一方で、領主と領地との間では文書による伝達、文書による支配関係があり、その関係は次第に村落内にも浸透していった。村人でも、文書を読めなければ、文書を持っていなければ、不利になるかもしれない時代がやってきたのである。村の権益を維持するため、村落上層民は自ら文字リテラシーを学ぶか、文字リテラシーを持っている僧侶をスカウトして村の文書を作成し保管してもらった。これが中世村落で文書が作成されていったきっかけであろう。村落文書の誕生である。

そのように文書に初心な中世村落であるから、領主間の取り決めである「文書様式の約束事」や文書取り扱いの「常識」にはなかなか馴染めない。それでも、村落文書を作成する（作成してもらう）にあたっては、領主が作成している立派な文書の言葉尻（様式）を少しでも取り入れてみようとする。それによって、自分の村の文書も立派に仕立てたいし、村人にもその立派さを認識させたい。そう考えたのであろう。

それによって、領主文書の様式と村落文書の様式との間に、同じ様式（文言）でありながら、齟齬も生じることになった。たとえば同じ「注状」（じょうをしるす・しるしじょう）という文言にも、領主文書と村落文書との間で微妙な差違が出てくる（本書第四章）。このような事態は、従来の古文書学（様式論）では想定もしなかった奇妙なことなのである。

中世村落文書研究の面白さは、このような口頭伝達社会の村人が文字による伝達に接触していく過程の痕跡がいくつもみられる点にある。こうした状況は、無文字民族が欧米の宣教師に教化されていく過程と似ているかもしれない。

第一章「村落文書の形成」は一九八八年の初出で、惣村文書（村落文書）の形成を荘園制支配との関連から考察した。荘園制と惣村の関連というのは今からみると目新しい視点ではないが、当時はこうした作業から始めるしかなかった。そして本論文に対する学界からの反応も、やはり全くなかった。伝統的な古文書様式論では、村落内部文書や帳簿が多い村落文書はそもそも研究の対象ですらなかったのである。

村落文書形成の過程でもう一つ問題になるのは、文字を何に書くのかという点である。文書は紙に書くものだとお考えだとすれば、それは間違いだ。紙は高価で、かつ流通量も限定的。特に村落民衆にとって紙は高嶺の花である。そこで、村落民衆が何かを記録しようとしたら、木片や石を用いる。具体的には、棟札などの木札や石碑（板碑）である。これも現在の常識からすると奇妙な点であろう。

小領主の家文書など地下文書はともかくとして、紙ベースの村落文書の残存は近畿地方とその周辺に限られている。本書第二章「表2-2　村落定書の地域分布」のなかの甲斐国・土佐国・讃岐国以外の地域が、紙ベースの村落文書を残している地域とほぼ重なる。それ以外の地域では村落集団が残す記録の素材は木札や石碑に限られる。このような状況も、中世村落文書の一つの特徴である。

私は、村落の宮座（みやざ）を村落内身分という概念で分析してきた。[3] 村落内身分とは、村落集団によりおのおの独自に認定・保証され、一義的にはその村落内で通用し、村落財政により支えられた身分体系である。

臈次成功（ろうじじょうごう）身分という村落内身分の者たちが形成した村落集団が、臈次成功制宮座である。この臈次成功制宮座の分布範囲は畿内近国で、前にみた第二章「表2-2　村落定書の地域分布」のなかの甲斐国・土佐国・讃岐国以外の地域とほぼ重なる。これは惣村の分布地域でもあり、また前述したように村落文書が作成された地域でもある。すなわち惣村を運営する集団が臈次成功制宮座であり、その運営を保障したのが紙ベースの村落文書なのである。

一方、臈次成功制宮座が存在した地域の外側には、名主頭役（とうやく）身分という村落内身分の者たちが運営する名主座が存在した。この名主座は臈次成功制宮座の存在地域の周囲に同心円状に分布するので、これを私は「名主座リング」と名付けた。名主座リングは、西は南九州（日向国・大隅国・薩摩国）以北、東はおおよそ関東と信濃国以西に位置する。

この名主座が検出できる史料は、多くが神社文書である。そしてその神社文書とは、実質的には神官を務める小領主の家の文書なのである。名主座リング内では、中世村落文書は作成されなかった。すなわち小領主主導で村落文書以外の地下文書を通して運営されていたのが名主座ということになる。

臈次成功制宮座と村落文書、名主座と地下文書。村落文書・地下文書と村落内身分集団との間には、以上のような連関があったのである。

さて、村落文書の面白さに話を戻そう。村落文書には、「寄合」、「衆議」、「多数之儀」などの言葉がみられる。寄合は、村人たちが寄り集まって問題を話し合うことを意味する。衆議は大勢で話し合ったことを意味する。多数之儀は、本来は全員一致が原則の寄合ではまとまらない場合に行われた多数決のことだ。衆議を時に衆儀と記す場合があるが、これには大勢（多数）が賛成して決めた事柄だというニュアンスが含まれているのではないか。

このように、村落文書のなかには口頭で決定したことを示す名残が随所に残っている。村落文書の根幹でもある村落定書（さだめがき）も、同様である。

口頭伝達で済んでいたことが、次第に寄合の記録として残さざるを得なくなる状況がやってくる。それが村落定書を作成する機縁であるが、さらには村落定書が村落民を規制し、新しい秩序を構築していくものにもなっていく。私はその村落定書のあり方に興味をもち、研究してきた。その成果が本書第一部である。その探究の結果や成否について、是非、ご検討いただきたい。

村落文書のなかで従来、見落とされていた文書として、日記がある。日記については、一九九六年に榎原雅治氏がはじめて体系的で具体的な考察をおこなっている。(4) 私もいちおう一九八八年から日記に注目していた（本書第一章。初出一九八八年）。

村落文書のなかの日記とは、種々雑多な帳簿類である。その帳簿に「日記」という文言が書かれているので、文書名も日記とされてきた。日記という帳簿は、村落定書と並んで村落文書・地下文書に特徴的な文書なのである。

私が日記という文書に初めて接したのは、『和歌山県史』中世史料一（一九七五年）に収録されている王子神社文書を読んだことによる。卒業論文で紀伊国粉河寺領東村をフィールドにしたので、『和歌山県史』中世史料一を私は何度も読み返した。この王子神社文書には日記という文言をもつ文書が多い。

ただ『和歌山県史』中世史料一は、日記という文言のない帳簿にも日記という文書名をつけている。たとえば一五〇四年（永正元）東村惣分酒手日記（王子神社文書一八一号）。この文書には「東村惣分酒手之事」という事書があるが、「日記」という文言はない。県史編纂者は内容的に日記と判断したものだろう。でも果たしてそれで、いいのだろうか。

本書第一部で後述するように、私も「特定様式のない村落定書」というものを認めている。それは、村落定書特有の様式（置文文言や定書文言など）をもたなくとも、内容的に村落定書であるものをいう。

しかし数字や費目ばかりの覚書のような文書断片を一律に日記と命名していいものか。ダブルスタンダードのように思われるかもしれないが、私のなかではまだしっくりと腑に落ちていない。

それは「特定様式のない村落定書」というものを認めている私の姿勢が本当に正しいのかどうかということに対する懐疑でもある。いや「特定様式のない村落定書」にとどまらない。様式を武器にして村落定書を分析した本書第一部の姿勢そのものが正しいのかどうかという懐疑にもつながる。

私たちシニアの研究者には、従来の文書様式論の影響が根深く染み込んでいる。そのため古文書をみたら、何らかの分類をして文書名をつけないと気がすまない。そしていったん文書名をつけてしまうと、なんとなくその文書を理解したような気になる。

しかし東村の人々は、この「酒手之事」を日記として作成したのだろうか。当たり前の事だが、当時、村落文書を書いた人々には、私たちに染み付いているような文書様式の呪縛はないはずだ。

前述した榎原氏の研究も文書様式と内容分類で日記を分析して、優れた成果を生み出した。私の研究も同じく文書様式と内容分類で、村落定書を研究する取り掛かりを掴んだのではないかと内心自負している。

しかし村落文書・地下文書の研究はまだ始まったばかりである。本書を出して下さった「小さ子社」の社名のように、村落文書研究は文字通りの小さ子で、まだよちよち歩きを始めたばかりなのである。このような研究初期段階なので、榎原氏や私が使った手法も一定の効果があげられたのだと思う。

それでは今後、村落文書・地下文書すべてを様式分類しきれば、私たちは在地社会の文書をすべて理解したことになるのだろうか。私にはどうもそうとは思えないのだ。在地社会の根底には、様式では理解しきれないものが根強く存在し続けたのではないか。村落文書を研究していて、私はたえずこの吹っ切れないモヤモヤを感じ続けている。

これまで自明のものとしてきた様式という概念を根底から疑ってみることが、村落文書や地下文書研究には必要ではなかろうか。これは、本書の議論を根底から覆すものかもしれない。でもそのくらいの気概を持たないと村落文書・地下文書の深奥には到達できないように思う。

村落文書・地下文書の解釈が難しいのは、こういう点にもある。だから面白いともいえる。それではどうしたらいいか。それは、引き続きじっくりと考えていくしかあるまい。

今年、中世地下文書研究会の若き同志である似鳥雄一氏が地下文書の帳簿分析を中心とした優れた論文集を刊行した(5)。似鳥氏は、榎原氏に続く地下帳簿の読み名人となるだろう。この日記などの様式に関する難問もやがて彼ら若い世代が解いてくれるだろうと期待している。

村落文書・地下文書でもう一つ特徴的だと思うのは、署判のありかたである。本書第五章「村落定書の署判」は、一九八六年に執筆した論考をもとにしている。これは、近江国今堀郷の村落定書の署に判があるかないかで文書を正文（しょうもん）と案文（あんもん）（写し）に峻別することに対するアンチテーゼであった。『今堀日吉神社文書集成』（法政大学出版局、一九八一年）を編纂した仲村研氏は敬愛する研究者であったが、一方で従前の古文書様式論に忠実な学徒でもあった。当然この論文に対して、仲村氏も含めて学界からは何の反応もなかった。というよりは、反応のしようもなかったのだろう。

ただ百姓等申状の研究者の中には、判のない申状も正文と同様に領主は受け付けたと考えている方々がいるのではないかと想像している。領主と村落集団とのやりとりを通して、署判の有無を超えて、文書の信頼性を担保する相互関係が構築されていたのであろう。この点はまだ誰も考察していないようだ。このような歴史的状況に対する好奇心が、のちの惣判・惣印の研究へとつながっていった。

一九九九年・二〇〇〇年には、村落文書における惣判と惣印について論じた（第六章・第七章）。村落定書のなかには、村落名や百姓等の署などに個人の判が捺されたものがしばしば見られる。そのサインとして花押（かおう）や略押（りゃくおう）が用いられている場合は惣判、判子の場合を惣印と、私は名付けた。この判や印をした個人とは集団の代表者であろうが、毎回同じ人物が判を捺すとは限らない。そこに、村落集団と集団代表との、興味深い関係性が垣間みえる。これも、村落文書または地下文書ならではの現象である。

ここ一〇年ほど、私は坂田聡氏の丹波国山国荘調査団の一員に加えてもらっている。毎年二回の現地調査にはほぼ欠かさず参加した。第八章の木印署判に関する論考は、前述したような村落文書の署判に対する私の興味関心と山国荘現地での調査が生み出したものである。山国荘調査団が撮影した全古文書写真を通覧して木印（きじるし）署判を探すのは楽しかったが、体力的には厳しく地獄のような作業だった。また、その後にみつかった井戸村江口家の木印の鏝(こて)を紹介したのが、付論二である。

木印は本来、筏流しの際に木材に付けた刻印であり、その木材を所有する家のしるしであった。その木印を署判に転用したのが、木印署判である。そのような背景からして、木印は他家と同様の形態のものでは使い物にならない。木印と特定の家との独自なつながりが担保されていなければ、自家の利益を確保できないからである。

ところが木印署判には、同じ村の複数の人物が同じ署判を同時に使っている事例がある。同じ文書に同じ形の木印署判がいくつもみえる事例もある。これでは、木印署判の形態から家や個人を特定することが困難になる。この状況から、木印署判は花押とは異なる意味を持っているのではないかと考えた。

それではどうして、木印署判を使うのか。詳しくは、本書第八章をご覧いただきたい。ただここで示した問題点すべてに回答できていないことをあらかじめ告白しておく。木印署判には、略押や筆軸印と共通する難問が残っているのである。

以上、村落文書の村落定書や署判に関する問題点について述べてきた。さらに詳しい論点は、本書本文でご確認願いたい。

二〇〇〇年に惣判・惣印の論文を書いてから、私はしばらく村落文書の研究から離れ、前述した名主座の研究に熱中していた。二〇一一年に名主座の論文集を刊行した後、調査漏れした事例として丹波国葛野荘や肥後国海東郷にも名主座があることに気づいた。それで二〇一三年六月、熊本県に赴き、海東阿蘇神社名主座の文書撮影と現地調査を行った。

この調査の翌日、熊本市内で春田氏・小川弘和氏と懇親会を持った。お店で最高級という馬刺しを勧められて、生まれて初めておいしく食べた（ただ、もう食べなくてもいいとも思った）。その時、酔いに任せて村落文書で科学研究費をとったらどうかという話をした。ただ私は自分個人の科研費代表をしていたので（科研費の代表者を兼務することは禁じられている）、バトンを春田氏に渡した。

その後の春田氏の動きは、迅速だった。氏から矢継ぎ早に地下文書の論文リストや地下文書論の構想メモなどが送られてきた。翌二〇一四年度から基盤研究（B）「日本中世「地下文書」論の構築─伝来・様式・機能の分析を軸に─」が始まり、同時に若手研究者を集めて中世地下文書研究会も発足した。

前述した村落定書に関する論考（第三章）は、この研究会で発表したものである。また第二章の前半は、第三章の初出論文を下敷きとして、『中世地下文書の世界』(6)に載せたものである。そしてこの研究会は現在二度目の科研費「地下文書論による中世文字史料研究の再構築」取得に至っている。第四章は、この第二次科研費による研究会で報告したものである。

第一次の中世地下文書研究会では、若手研究者を中心にいくつかの地下文書の原本調査を共同で行った。地下文書の原本を精査し、いろいろと討論した。その際（たぶん私の過去の論考とは別に、自然発生的に）、「地下文書を判や印の有無で正文・案文と峻別するのはナンセンスだ」という常識が研究会で生まれ共有されていった。このことを傍観していて、とても嬉しかった。私が村落文書を調べ始めた頃と、まさに隔世の感がある。

以上、少々風変わりな前口上を述べた。このような研究背景をお含み置きの上、本書をお読みいただければ幸いである。

注

（1）春田直紀「序論 中世地下文書論の構築に向けて」（同編『中世地下文書の世界─史料論のフロンティア─』、勉誠出版、二〇一七年）。

（2）小領主とは、中世社会の中間層のことで、土豪や地侍を指す。ちなみに私は、上級領主と主従関係のない村落上層民を土豪、主従関係のある村落上層民を地侍と呼んでいる。ただ実際には村落上層民に主従関係があるかどうかを証拠づけるのが困難なので、小領主と一括して呼んでいる。

（3）薗部『日本中世村落内身分の研究』（校倉書房、二〇〇二年）、『村落内身分と村落神話』（校倉書房、二〇〇五年）、『日本の村と宮座─歴史的変遷と地域性─』（高志書院、二〇一〇年）、『中世村落と名主座の研究─村落内身分の地域分布─』（高志書院、二〇一一年）、「丹波国葛野荘の名主座について」（『山形県立米沢女子短期大学紀要』四八号、二〇一二年）、「肥後国海東郷における名主座（ジンガ）について」・「南海道の名主座について（補遺）」（『米沢史学』二九号、二〇一三年）。

（4）榎原雅治「日記とよばれた文書─荘園文書と惣有文書の接点─」（同『日本中世地域社会の構造』、校倉書房、二〇〇〇年。初出一九九六年）。

（5）似鳥雄一『中世の荘園経営と惣村』（吉川弘文館、二〇一八年）。

（6）前掲注（1）『中世地下文書の世界』。

第一部

村落文書の形成と村落定書

第一章　村落文書の形成――荘園公領制との関連から――

はじめに

第一部では、村落文書（惣村文書）形成のあり方を荘園公領制との関連から考察する。

中世惣村については、かつて石田善人氏の研究(1)によって、惣荘から惣村へというシェーマのもと鎌倉末期から南北朝期にかけてのその形成のありかたが議論された。その後、仲村研氏(2)はこのシェーマを批判され、中世後期における惣荘―惣村の二重構造を指摘された。この二重構造論は既に学界の共通認識に近いと思われるが、ただ惣村の形成という観点に限れば、二者の議論は必ずしも矛盾した見解とはいえず、むしろ鎌倉末・南北朝期における惣村そのものの形成はいまだに石田氏の議論に負うところが大きいといえよう。

一方、これらの議論と相前後して、黒田俊雄氏(3)により中世前期村落の座的構造が主張され、中世全期を通して村落に普遍的な性格の存することが指摘された。仲村氏は黒田説の全面的支持を表明し、私も中世前・後期を通じて村落における座的構造の存在は認知しているが、しかしそれがストレートに惣村形成の説明にならないことはいうまでもなかろう。

ところが勝俣鎮夫氏[4]により中世前期村落＝荘園制（在地領主制）から中世後期村落＝村町制（村請制）への移行という提言がなされた。これは近世村落への移行をにらんだ議論であり、「村役」の指摘など興味深いものである。しかしそこで提示された中世後期村落像は、牧野信之助氏[5]以来の中世後期惣村＝近世郷村制の先駆という枠組みとえらぶところはない。はたして中世後期惣村は、中世前期村落や荘園制とは無縁な存在なのであろうか。

ここで問題はやはり、冒頭の鎌倉末・南北朝期における村落をいかに考えるかという点に帰着する。そこで本章では、この問題を解明する一視点として惣村文書（村落文書）がこの時期なにゆえに作成され始めたのかという課題を提起したい。従来惣村文書について考察した研究は少なくないが[6]、作成や伝来をも含めた惣村文書の文書群そのものの性格を全面的に検討したものはみあたらない。というよりもむしろ惣村における文書作成をいわば自明のこととして扱ってきたのではないかと思われる。しかし、惣村文書群形成の意義を解明することは、惣村形成の問題のみならず、惣村そのものの特質を考えるうえでも有効な視点を提供しうるのではと考える。本章の課題を、惣村文書形成の意義この一点の解明にしぼりたい。

一　村落文書の形成と荘園制諸職

(1) 惣村において文書作成は本来的か

村落共有文書としての惣村文書にはどのような文書があるのか。このような惣村文書群内部の文書分類論については既に多くの研究が重ねられている[7]。その成果にもとづき惣村（宮座）文書を分類すると①惣村帳簿類（日記など）・村落定書、②売券・寄進状、③荘園制的支配関連文書の三つに大別できよう[8]。

この分類のうち村落定書（①）については以前署判の問題を中心に考察したことがあるが[9]、その際、村落定書のうち特に村落内部で作成―伝達されて一義的な役割を終える文書（内部文書＝①）はもともと文書として作成される必要はなく、なんらかの外部的機縁で作成され始めるのではないかと考えた。そしてそれ以外の文書は、惣村が外部に対して作成したものの案文を除けば、基本的には外部から伝達された文書なのである。そこで、この点をいま少し詳細に村落定書以外の文書についても考えておきたい。

惣村文書は、すぐれて中世宮座（寺座）文書である。その宗教文書としての中核はいうまでもなく祭祀の頭役を記録した頭役記録（頭役帳）である。そしてこの頭役記録の史料的淵源は、各年ないしは各祭祀ごとに作成された頭役差定にある。[10] この頭役差定には木札に書かれたものも多く、その史料的性格は今後の研究課題だが、[11] ここでは頭役差定がもともと口頭（託宣）によってなされていたであろうことを指摘しておけば十分であろう。[12]

また惣村（宮座）内部の収支についても同様に、算用の時期の寄合における口頭報告（口頭伝達→寄合における承認）で本来十分なはずである。また収支に関連する寺社免田関係（検注帳・免許状）や売券・寄進状も基本的には文書保管でその本来的な必要はみたせる。そもそも券文類を惣村が保管するにいたったことが、惣村による文書作成の契機たりうるわけであり、もとをただせば惣村と「券文」との接触という状況そのものが問題なのである。またこのような収支関係の記録は帳簿（日記）に記載されていくのだが、その惣村日記そのものが多く署判もなされず、中世的文書主義からいえば証文たりえない形の帳簿であることとじたい、惣村内部での算用が持つ基本的なあり方を象徴しているといえよう。

このような認識にたつと次に問題となるのは、当然のことながらこれら惣村文書が作成される一義的な契機は何かという点である。そこで視角をかえてこの問題を考えてみたい。

在庁	追捕使	公文	公文代	代官	刀祢	使	案主	沙汰人	別当	職事	行事	検校	番頭	サハクリ	その他
	2人(含惣追捕使)						○		新別当			4人			
					○										
						勅使									
											2人(含権行事)				
								○			○				
							5人(含惣案主)					○			
					刀祢男					斎宮職事男					
					○					斎宮職事					
												東村惣検校			
											惣行事職				
												○			
												○			
												3人(うち惣検校2人)			惣家?
												惣検校			
							4人(含惣案主)					4人(含惣検校)			
													○		
															惣講師職
														7人	
						○									
															惣庄引導職
								○							
															池務2人(日根野村)
													9人(ヲトナ)		
				○					3人			○			
													10人		
		4人(村公文カ)													
		4人(村公文カ)													
		4人(村公文カ)													
					○(人名化?)										
												○			

表１－１　惣村構成者（乙名）の肩書き（～16世紀）

番号	年代	文書名（または地域名）	文書群	所収誌	荘官	政所	庄司	中司
1	1196（建久7）～	大和国下田荘鹿島神社座衆帳	鹿島神社文書	『香芝町史』史料編、17頁～	諸司			
②	1252（建長4）	和泉国唐国村刀祢百姓等置文	松尾寺文書	『和泉市史』1、596頁				
3	1262（弘長2）	近江国奥島荘隠規文	大島神社奥津島神社文書2	『大島神社奥津島神社文書』2頁				
参考	1264（文永元）	紀伊国粉河寺領東村	王子神社文書8	『和歌山県史』中世史料1				
④	1270（文永7）	紀伊国キヽムロ座衆置文	淡島神社文書	『和歌山市史』4、395頁				
5	1297（永仁5）～	近江国得珍保蛇溝郷	蛇溝共有文書1	『八日市市史』5、334頁～				
参考	1298（永仁6）	大和国平野殿荘悪党人交名	東寺百合文書と	『鎌倉遺文』19620	下司父子			
6	1298（永仁6）	大和国平野殿荘百姓等請文案	東寺百合文書と	『鎌倉遺文』19689・19690				
7	1300（正安2）	紀伊国粉河寺領東村	王子神社文書27	『和歌山県史』中世史料1				
8	1300（正安2）	紀伊国鞆淵荘補任状写	鞆淵八幡神社文書91	『和歌山県史』中世史料1				
9	1302（正安4）	近江国菅浦置文	菅浦文書740	『菅浦文書』			○	
10	1302（正安4）	近江国菅浦置文	菅浦文書334	『菅浦文書』			○	
⑪	1302（正安4）	播磨国大部荘下方百姓起請文	狩野亨吉氏蒐集文書18	『鎌倉遺文』20181	惣官		2人	
12	1305（嘉元3）	紀伊国粉河寺領東村	王子神社文書32	『和歌山県史』中世史料1				
13	1326（正中3）～	近江国得珍保蛇溝郷	蛇溝町共有文書2	『八日市市史』5、335頁～				
14	1359（正平14）	紀伊国粉河寺領東村	王子神社文書76	『和歌山県史』中世史料1				
15	1365（正平20）	紀伊国鞆淵荘売券	鞆淵八幡神社文書29	『和歌山県史』中世史料1				
16	1384（至徳元）	紀伊国四郷東郷四至定書	滝区文書	『かつらぎ町史』古代・中世史料編、791頁				
⑰	1385（元中2）	紀伊国花園下荘百姓定状	中南区有文書68	『和歌山県史』中世史料2				
18	1393（明徳4）	紀伊国鞆淵荘売券	鞆淵八幡神社文書31	『和歌山県史』中世史料1				
19	1441（嘉吉元）	近江国奥島・北津田両荘定状	大島神社奥津島神社文書128	『大島神社奥津島神社文書』63頁～				
⑳	1446（文安3）	和泉国井原村・檀婆羅蜜村・日根野村十二谷下池契約状	藤田家文書	『泉佐野市史』500頁				○（檀婆羅蜜村）
㉑	1460（長禄4）	紀伊国直川荘寺僧・番頭等置文写	玉井家文書	『和歌山市史』4、785頁				
22	1472（文明4）	近江国菅浦宿老置文	菅浦文書632	『菅浦文書』		○		
㉓	1473（文明5）	紀伊国大野十番頭契状	尾崎家文書	『海南市史』3、687頁				
24	1475（文明7）	近江国仰木荘親村由緒次第	小椋神社親村所蔵文書1	『近江地方史研究』21				
25	1475（文明7）	近江国仰木荘親村衆式目条	小椋神社親村所蔵文書2	『近江地方史研究』21				
26	1475（文明7）	近江国仰木荘親村惣帳	小椋神社親村所蔵文書3	『近江地方史研究』21				
27	1476（文明8）～	紀伊国粉河寺領東村	王子神社文書200	『和歌山県史』中世史料1				
28	1479（文明11）	近江国菅浦置文	菅浦文書853	『菅浦文書』				

在庁	追捕使	公文	公文代	代官	刀祢	使	案主	沙汰人	別当	職事	行事	検校	番頭	サハクリ	その他
		○						○							
								○							
					○										
													全7人カ		
			○	○											
○													4大夫6番頭		
											月行事			宮サハクリ	
									2人			5人			
														捌衆	
											惣行事				
											惣村行事代				

(2) 村落文書の形成と荘園制支配

まず表1-1を参照されたい。これは、惣村代表者が有している肩書を示したものである。惣村代表者の肩書は、諸職を有していても署判には記さなかったり、またしばしば出家名で署判されることなどから、[13]従来ほとんど注目されていない。そこで表1-1をみると惣村代表者には多様な肩書が付されているが、特に顕著なのは沙汰人・刀祢・検校・案主・行事などの諸職である。これらは荘園公領制下の下級諸職（下級荘官職）であるが、その実態や法的な位置付けについては刀祢を除いてほとんど追究されていない。検校などは荘園制下の在地寺社との関係などを考慮すべきと思われるが、在地荘官の一種であること以外は今後の課題である。[14]ただこのような下級荘官に共通していえるのは、いずれも諸職を持ちながらも百姓の一人として百姓等請文などに連署している点である。[15]この点が同じ在地荘官といっても下司などとは異な

番号	年代	文書名（または地域名）	文書群	所収誌	荘官	政所	庄司	中司
㉙	1487(文明19)	紀伊国加太荘鮪配分定状	向井家文書54	『和歌山県史』中世史料2				
30	1492(明応元)	近江国奥島惣荘置文	大島神社奥津島神社文書182	『大島神社奥津島神社文書』95頁		○		
㉛	1494(明応3)	紀伊国和太荘吉原座入定書	名草郡吉原村中言大明神社神主林氏蔵	『紀伊続風土記』3輯古文書部4				
㉜	1498(明応7)	紀伊国奥坂本連署証状	熊野新宮蔵	『紀伊続風土記』3輯古文書部13				
㉝	1499(明応8)	近江国野間荘棟札掟	八幡町八幡神社所蔵	『滋賀県史』5、295頁				
㉞	1502(文亀2)	紀伊国奥坂本連署置文	熊野新宮蔵	『紀伊続風土記』3輯古文書部13				
㉟	1503(文亀3)	紀伊国粉河寺領東村	王子神社文書178	『和歌山県史』中世史料1				
36	1506(永正3)	近江菅浦白山講(＝廿人乙名ｶ)人数書	菅浦文書866	『菅浦文書』				
㊲	1513(永正10)	近江三社小神事帳(置文)	菅田神社文書	『近江蒲生郡志』6、110頁～	惣官中12人			
38	1559(永禄2)	河内国交野郡五ヶ郷侍中連名帳	三宮神社所蔵文書	『枚方市史』6、270頁			○	
39	1559(永禄2)～	河内国交野郡穂谷惣社記録	三宮神社所蔵文書	『枚方市史』6、272頁			○	
㊵	1570(元亀元)	大和国布留郷布留社式目	森(武)家文書	『改訂天理市史』史料編1、8頁				
㊶	1582(天正10)	紀伊国名草郡三上荘重禰郷极木村地頭職証文写	間藤家文書49	『和歌山県史』中世史料2、631頁～				
42	1586(天正14)	河内国鬼住村中司帳	鬼住区有文書7	『河内長野市史』5、556頁～				○
43	1594(文禄3)	近江国馬淵村岩倉定書	岩倉共有文書	『日本思想大系』中世政治社会思想　下、217頁				

【注】・番号欄に○印のある例（②など）は惣村かどうか保留中のもの。
・文書名は刊本に記載のまま。

る点（例えば、表1－1の6番とその前項にあげた参考の悪党交名をみよ）であり、まさにこれらは百姓としての荘官であるといえよう。

さてこのように惣村代表者が下級荘官職を有すること、すなわち惣村における荘園制的諸職吸収の実態については、例えば近江の菅浦において、検校であるという「由緒」と功労により清九郎が五石の給分付きで「政所職」に補任され（と同時に弟の清五に検校職は譲られている）、それにともない廿人乙名が共同で代官職を請け負っていることなどが注目されよう。[16] また刀祢については、既に丹生谷哲一氏が「刀祢職は在地領主の権限の中に吸収されていくばあいと惣的支配の中に吸収されていくばあいとの二つのコースがあった」と述べている。[17] この二つのコースが想定されることじたい興味深いが、ここでは当面後者のコースが問題となる。以上、不十分ではあるが下級荘官職の惣村への吸収を指摘したこととして、次にこうした事態がなぜ起こりうるのか考えてみたい。

鎌倉末・南北朝期、惣村形成の一因としてあげられたのが中小名主層の簇生である。これは生産力の増大にともなう作人層の成長として位置づけられているが、逆に「職」の面からみると新しい「職」の形成ともいえる。同時に「作人職」等がみえるのも同様の現象といえる。こうした現象は、職を請ける者の側からいえば従来職とは無縁の存在であったものがあらたに「職」を請けるということでもある。またこれは、荘官職(特に免田得分)の売買や、荘園領主東寺が領家職と併せ地頭職も兼帯するようになるなどの現象としても現われている。すなわち「職」とそれを請ける者の「器量」の相応関係が崩れてきているのである。このような事情はここで事新しく述べる必要もなく、従来「職の体系の変化」として指摘されてきている。しかしここでいいたいのは、このような状況に当然下級荘官職も巻き込まれているということなのである。この点は今後深く追究する必要があるが、ここでは惣村における下級荘官職吸収の背景として指摘するにとどめたい[18]。

さて、話をもとに戻すと、こうした諸職の惣村への吸収はいうまでもなく惣村が荘園制支配になんらかの形で関与していたことを示している。そしてこのことから惣村における文書作成の契機が、実は荘園制支配との関連にあるのではないかと推測されるのである。そこで次にこの推測を確かめるべく、惣村文書の面から惣村の諸機能について考察してみよう。

二　荘園制と惣村の諸機能

(1) 免田の意義

まず、宮座のそして惣村の財政基盤の中核である免田について。免田のみならず惣村共有田全般については、既に近江国今堀郷における丸山幸彦氏の研究等がある。[19]しかし丸山氏の研究も含めて従来は惣村共有財産という視点が強かったためか、免田そのものの意義についてはあまり追究されてこなかったように思われる。もちろん免田が惣村の財源に「転化」されたことは十分に首肯できるが、ただ単に財源という点ならば寄進・買得田畠などでも十分のはずである。むしろ本章の視点にたてば、荘園制一般における寺社免田共通の意味から考えていく必要があろう。そしてそれは、いうまでもなく在地寺社の荘園領主に対する末寺・末社化を意味している。殊に荘園領主に宗教領主を戴くことの多い惣村においてはその意義は看過しがたい。

さらにこれは、在地寺社の管理者（神主・供僧など）に対する荘園領主の補任権とも関連している。[20]そこで注目されるのが、前述した頭役差定の問題である。荘園制下の身分体系の問題については後述するが、一種の身分保証の意味も有する頭役差定が惣村で作成されるようになるのは、末寺・末社の祭祀に対する管理の一環としての荘園領主による在地宗教者の補任形態の影響が考えられよう。いまのところ、惣村の事例としてこの点を直接的に証明することは困難であり、別稿を期したいが、荘園領主による直接的な頭役差定の事例そのものは容易に指摘できる。[21]

以上、荘園領主のイデオロギー的支配の基礎という点に免田の一義的な意義があったことを銘記しておきたい。

(2) 惣村請（百姓請）の成立

従来、荘園制における年貢請負（請所）の問題は、地頭請や守護請に代表されるように荘園制を崩壊に導く要因として考えられてきた。しかし大石直正氏の研究等[22]に代表されるように、むしろ荘園制がもともと保持している年貢収納の形態ではないかと考えられてきている。そこでひるがえって史料を検討すると、請所の主体にも地頭や守護、禅僧に限らず荘園内部の荘官による請負の事例がしばしばみられることに気づく。例えば播磨国鵤荘では一三五七年（延文二）には預所が四百石で同荘を「請所」にしているし、大和国平野殿荘一二九八年（永仁六）の史料では下司方が年貢を沙汰しており、また関東の事例だが上野国の北玉村では沙汰人が「彼村公私之支出」を進済することが命じられている。[23] このようにみてくると、その結果や評価は別として、地頭請もこのような荘官請負による年貢収納の一種であることは明かであろう。もちろん荘官としてのもともとの機能としての年貢徴収義務が考えられるから、史料上からこのような年貢請負が「請所」や「請切」契約の新たな設定なのかどうかはストレートに判断することは難しい。[24] ここではとりあえずしばしば荘官が年貢徴収の請負や請所の主体となる事実を確認しておくにとどめよう。

さてこのような荘官請負の理解にたって、次の史料に注目したい。

【史料1－1】一四一五年（応永二二）東寺領大和国河原城荘十人番頭請文（後欠）（東寺百合文書イ－六九）

謹請申　東寺御領大和国河原城庄事

右当庄者、為十人番頭預申上者、御年貢不云地下之損否幷段銭以下之煩毎年廿五貫文、十一月十二日以前必可取進、（中略）仍謹請文状如件

応永廿二年（一四一五）二月廿八日

番頭

助大郎（花押）

刑　部（花押）

（後欠）

番頭とはもともと公事徴収のために設定された下級荘官であるが、[25] この史料にみえるのは番頭が共同で年貢請負

を行う事例である。水上一久氏が荘官たる番頭のもつ「惣的自治体の村役人的性格」を示す一挙証としてこの史料をあげているように、[26] このような番頭ら下級荘官の共同年貢請負こそが惣村請の直接的な契機・始源であり、[27] かつ百姓請（惣村請）そのものなのである。さらにいまのところ百姓請の初見とされている一三世紀中頃大和国窪荘の事例が「百姓請所」であることを考えあわせると、[28] まさに荘官請の一種として百姓請（惣村請）が設定されたと考えられよう。そしていうまでもなく惣村文書に検注帳・名々帳などの荘園関連の帳簿が残っているのは、[29] この惣村請によるものである。

また詳細は別稿を期したいが、加地子の収取保証ももともとは惣村請の延長としての加地子収取請負に淵源したものと考えられる。[30] さらに作職売買や闕所に関する惣村の規制も同様に惣村請のもつ権能からでているのではないだろうか。[31]

(3) 村落内再生産機能管理権

次に村落内の再生産機能との関連だが、まず在地荘官の重要な機能である勧農権の惣村による掌握について。事実の指摘にとどめるが、近江国奥島荘において出挙米下行（貸付）がなされている。[32] この点も荘官機能の吸収・惣村請から説明できよう。

また山野用益との関連で重要な境界管理の問題だが、荘園制において本来、境界文書管理は荘官によってなされていたと思われる。[33] 中世前期においてこのような荘官による境界文書管理下で実態としては在地古老による境界管理がなされていたことが既に明らかにされている。[34] このような前期からの流れの中で、惣村は古老の権限を継承して実態的な境界管理を行う一方、境界文書の管理（保管・作成）も行っている。[35] このような事情もさきの在地勧農と同様に説明されよう。

表１－２　菅浦惣庄名宛行状（菅浦家文書）

文書番号	年　紀	差　出	受　取	備　考
33	1519(永正16)12/22	惣庄一老専阿ミ・二老四位	新次郎大夫	名地＝畠三畝
34	1520(永正17)12/29	惣庄四位・専阿	新次郎大夫	名地＝名田三畝
48	1532(享禄5)2/26	清検校・大郎兵衛	頓阿弥方	名地＝田地一所
62	1536(天文5)12/24	惣庄長阿弥・大郎兵衛	新二郎方	名地＝田(ｶ)一所

さらに村落の用水管理や開発の問題もこのような荘官から継承した、惣村の荘園制における法的主体としての位置づけから説明されると考えているが、ここでは具体的な言及は別の機会を期したい。(36)

（４）身分管理権

次に村落内の身分管理の問題だが、まず下級荘官補任権について。これは、名主の補任も含めて本来的に荘園領主（直接的には在地荘官）が把握しているものである。(37)その一方例えば菅浦において、惣荘（惣村乙名）により「名」（名主ではないが）が補任されている。この補任状については表1-2を参照されたい。もちろん惣村によってすべての荘園制諸職が補任されるわけではないが、これも（在地）荘官から継承した権能といえよう。

この下級荘官補任と関連して、次に注目したいのは村落内身分（在地身分）管理権である。従来、荘園制下の身分管理についてはあまり問題にされてこなかったが、これも本来的には前者と同様であろう。たとえば地頭との相論において東寺の伊与国弓削島荘雑掌は「百姓任官事　右、為預所計」と述べており、(38)また南北朝期若狭国田烏村では「領家」から「官途」（＝左衛門尉）に補した下文形式の補任状（被補任者不明）が出されている。(39)これに対して惣村においては周知のごとく惣村の手によって官途が村人に出されている。(40)この惣村による村人への官途付与はいうまでもなく惣村による身分管理を意味している。たとえば著名な丹波国山国荘では荘園領主の官途付与に対して惣村によって村人の官途付与の推挙を行なっているし、(41)惣村によって官途の補任状が出されている事例(42)さえある。このような惣村の官途付与権について仲村研氏は荘園領主による官途付与権の譲渡としているが、[43]この傾聴すべき解釈にたてばこれも前述の事態と同様に説明することができよう。

ただこのような解釈にたった場合、問題となるのは、任ぜられる官途そのものの中身である。すなわち官職（補任）・荘官（補任）と官途（補任）との関連である。これについては今後の課題であるが、若干の事例をここで紹介しておきたい。

まず官職との関連については上級権力によって「浦太夫職」・「権守職」に補任された事例[44]や、また別に「五位職」なる職を補任した文書[45]もある。また荘官との関連においては荘官職そのもの（中司職）が「官途」になっている事例[46]がある。これらの事例がストレートに官職や職と官途との関連を示すものではないが、当時少なくとも一部の身分意識としてはこれらが関連あるものと考えられていたことを示している。またこのような「官途」が室町・戦国期の東国などでよくみられる受領などの官途免許状といかに関わるのかという点も気になるところである。今後、こうした観点から「官途」そのものを歴史上に位置づけていくべきであろう。

(5) 自検断の意義

最後に自検断についてだが、志賀節子氏が自検断を本所（荘園）検断権の下降分有という観点から論じ、惣村の警察権は本所検断の執行（権）から惣村の「検断地下請」へと展開したものとしている。[47]現実に下地を進止している上級領主たる荘園領主にとって、どのような形をとるにせよ、荘園内部の検断行為は荘園領主権の補完と位置づけざるをえないことは自明である。その点でこれも、前述の四つの機能と同様に解しうる。ただしかし、一部であっても村落が検断行為を行うことの意義は過小に評価すべきではなかろう。

それとの関連で少々気になるのは、領主権の一部である「検断」すなわち志賀氏のいう検断地下請（自検断）と在地慣行とは異質であると同氏が規定している点である。はたして自検断（「検断地下請」）と在地慣行とは別物であろうか。もちろん氏のいう国家的な領主権の一部としての「検断」とは別物といえようが、現実の「検断行為」そのものは「異質」というのみではかたづくまい。たとえば紀伊国東村の定書には「若とう人（＝盗人）候ハヽ、見やいニうつ可ものなり」とある。(48)しかし重要なのはこれに続く「若御とかめ候ハヽ、地下より御わひ事申可候」という規定である。すなわち日常的には領主と無縁な在地慣行が自検断を支えており、これこそが自検断の実態なのであるが、今後考えていかねばならないのは、実態として自検断を支えている在地の論理と領主との対応で、史料上みられる村落の論理（ここでいう「御わひ事」）の二重性に対する検討であろう。こうした村落の二枚腰ともいうべきあり方は、既に近世前期村落で指摘されているが、(49)これはなにも幕藩制支配下での村落の特異性ではなく、中世村落においても指摘しうる問題であると思う。

三　惣村における文書作成の意義

（1）在地慣行と文書

①文書管理から文書作成へ

以上駆け足で惣村の機能を惣村文書との関連からさらったが、これは荘園領主による惣村在地慣行の利用であり、惣村の側からみれば惣村による荘園制支配機構の奪取ということになろう。これはまた、惣的結合の「体制化」（＝惣村）であり、ここに惣村文書形成の意義があるといえよう。そしてこれは文書との関わりでいえば、文書管理から文書作成への道といえる。もちろん文書作成といっても、おもに文書管理の対象であった検注帳類などはついに惣村が独自には作成しえなかった文書であると考えられるように、惣村文書すべてにいえるわけではない。しかし惣村は明らかに文書を作ったのである。そこで次にこの文書作成の意義を逆に在地慣行との関連からみておきたい。

②文書作成と在地慣行

冒頭に述べた惣村（村落）における文書作成は本来的でないという点はすなわち、惣村の文書作成は村落外の領主（または村落内の抵抗勢力）への対応にあるということである。在地の唯一の「公」である惣村は、村落構成員に対しては本来的に文書（作成）不要なのではないかと思われる。

この観点にたって在地慣行との関連から問題とすべきは、惣村文書中の初見文書の性格である。そしてもちろんここで対象となるのは、売券・寄進状・荘園制関連文書以外の惣村内部文書である。これについても独自に検討する必要があるが、とりあえずの私見を述べれば、紛失状・契状・（惣村）日記などが注目すべき初見文書であり、これが惣村定書・惣村日記（惣村の衆議を経た文書という点から以上の文書を「衆議文書」と呼びたい[50]）として展開していく。

これらの文書のなかでまず第一に注目すべきなのは紛失状であろう。刀祢→荘官→惣村という在地証判の流れのなかで、惣村紛失状が惣村定書として作成されていく事実をみつめていく必要があろう。本章ではこのような前期からの在地慣行の文書化の流れのなかでの惣村文書作成と在地慣行との関連を指摘しておくにとどめよう。

(2) 文書類型と文書伝来

以上のように惣村文書を規定しうるとすれば、今度は惣村文書以外の中世在地文書[51]が問題となろう。そこで中世在地文書の作成・伝来のありかたを考えると、次の四つのパターンが想定できよう。

類型	事例
Ⅰ在地領主文書または小領主文書のみ	近江国朽木荘、山城国久多荘
Ⅱ荘園制（在地）支配拠点（政所）の文書のみ	播磨国鵤荘
Ⅲ惣村文書のみ	近江国得珍保今堀郷、近江国奥島荘、紀伊国粉河荘東村
Ⅳ併存型	ⅠⅡ　？ ⅡⅢ　？ ⅠⅢ　近江国菅浦 ⅠⅡⅢ　紀伊国荒川荘

いままで本章が対象としてきたのはⅢ及びⅣの一部であるが、このようにしてみると従来の村落類型論（たとえば東国型在地領主制村落と畿内型惣村的村落）[52]と在地文書伝来のあり方とは密接な関連をもっているのではないかと考えられよう。いいかえると、従来の村落類型論は文書の伝来（所在）に左右されるきらいがあったのではなかろうか。

そこでひるがえってⅠ・Ⅱのパターンの村落について考えると、そこには惣村文書のない「惣村」（＝惣的結合、もちろん偶然的要因による文書消滅は除く）があった可能性が考えられるのではなかろうか。すなわち在地領主制下の惣的結合または荘園制的直轄支配下の惣的結合の存在である。例えば類型Ⅰでは近江国朽木荘の朽木氏支配下に「惣」がみえるし、[53]また備中国成羽荘などでも同様の事態が確認される。[54]また類型Ⅱでは、例えば播磨国鵤荘などにも明らかに惣的結合が確認される。[55]以上の例などは明らかに惣村文書のない惣的結合の存在を示している。このような村落のうち例えば類型Ⅰの村落を、田端泰子氏は「惣荘の機能を惣荘内部のどの階層が掌握しているか」を目安に「在地領主型」村落として惣村（「村人型村落」）とは区別している。その趣旨は理解しうるし実態認識もそう隔たりないと思う。むしろ本章のような文書論的な観点からいえばまさに適合的な類型論でもあろう。しかし文書の有無や政治的機能[56]の有無ではなく、やはり村落（結合）の実態から考えていく必要があるのではなかろうか。そのように考えていけば、惣村（惣的結合）型の村落の中でなにゆえに在地領主主導の村落ができるのかが問題となるし、また惣的結合を下にもたない在地領主制村落の存在の有無やその実態が明確に問題として研究日程に上ってこよう。

ここまでくると、もはや本章で扱う域を越えてくるが、すくなくともここでいえるのは、在地結合（在地慣行）の存在そのものは、荘園制支配の請負（文書行政関与）とは同値ではないということである。文書論としていいうるのはまず当面ここまでであり、これによってむしろ逆説的に、文書の存在に惑わずに村落を考える下地ができたものと思う。

おわりに

最後に今後の課題であるが、荘園制と惣村との関連で問題となるのは中世村落の座的構造という指摘である。黒田氏の指摘[57]以来、座的構造は中世的集団の基礎的性格であると考えられているが、アプリオリにそう考えるまえに、やはりまず支配領主と村落の相互規定関係を考えておく必要があろう。すなわち惣村においてはとくに宗教領主と村落が座的構造を共有していることの意味をおさえ直していく必要があろう[58]。

またこれも大きな問題であるが、もう一度「村落にとって南北朝内乱はなんであったのか」を考える必要を痛感している。とくに本章との関連でいえば「職」の体系の変化がもたらしたものはなにかという点であり、これについて今後考えていきたいと思う。

なお近世村落との関わりからすると中近世移行期村落をいかに位置づけるかも問題となる。本章では惣村成立期に焦点をあてたが、これ以降まずは一五世紀半ばから一六世紀初めにかけての変化（村落内の階層分化・小領主の出現）が注目される。[59] その後は近世村落が形成される一七世紀中頃の変化がある。この二つの画期にはさまれた中近世移行期村落の位置づけをどうするのか、この点も今後議論を重ねていく必要があろう。

注

（1）石田善人「郷村制の形成」（『岩波講座日本歴史』8 中世4、岩波書店、一九六三年）。
（2）仲村研「中世後期の村落」（同『荘園支配構造の研究』、吉川弘文館、一九七八年。初出一九六七年）。
（3）黒田俊雄「村落共同体の中世的特質」（同『日本中世封建制論』、東京大学出版会、一九七四年。初出一九六一年）。
（4）勝俣鎮夫「戦国期の村落」（『社会史研究』6、一九八五年）。
（5）牧野信之助「中世末期に於ける村落の結合を論ず」（『経済論叢』一六―五・一七―一、一九二三年）。ただし近世郷村制の先駆という観点が明瞭に打ち出されてくるのは、牧野氏の研究を承けた牧健二氏の研究からである（牧健二「我国近世の村落団体の起源」、『法学論叢』三四―六、一九三六年）。
（6）脇田晴子「中世商業の展開」（同『日本中世商業発達史の研究』、御茶の水書房、一九六九年。初出一九六〇年）、関口恒雄「菅浦文書」（『経済史林』三一―二、一九六三年）、丸山幸彦「中世後期荘園村落の構造」（『日本史研究』一一六号、一九七一年）、仲村研「惣村文書の性格」（同『中世惣村史の研究』、法政大学出版会、一九八四年。一九七九年初出）など。
（7）前掲注（6）、とくに仲村論文参照。
（8）もちろん今堀郷のように惣荘文書と惣村文書が複合して伝来しているものもあり、その点ではこの分類は不十分ではあるが、後述するように特に内部文書とそのほかの文書の差異に着目して考える際には、この分類で本章における当面の用は足りる。

（9）本書第五章（初出一九八六年）。
（10）こうした性格を端的に示すのは毎年の頭役差定を文字どおり張り合わせて作成された頭役記録の存在である。例えば伊勢国多気郡中村天王八王子社頭番帳（多気町津田神社所蔵）や同郡大淀三天八王子社頭番帳（明和町大淀、竹大与杼神社所蔵）等々。高牧實『宮座と村落の史的研究』（吉川弘文館、一九八六年）第三部第四章参照。
（11）木札の頭役差定については、例えば大和の秋篠寺の二百枚以上にも及ぶ木札差定等を参照のこと（『奈良市史 書跡編』、一九七三年など）。また木札差定（頭役記録）と文書としての頭役記録との関連については、紀伊国隅田八幡宮の相論がある（葛原家文書七四〜九三号、『和歌山県史中世史料』一参照）。なお、差定は被差定者（頭人）の家に残るのが本来的と思われるのになぜ差定者である寺社に残るのかなど、差定―頭役記録に残された課題は多い。
（12）現在の宮座の民俗慣行でも、頭役帳を作成しないところは枚挙に暇がない。もともと宮座頭役は、口頭によって伝承されてきた面が強かったものと思われる。これが文書化される契機については、後述（二―（1）参照）。なお頭役差定については別稿を期したい。
（13）たとえば後述の『菅浦文書』六三二号では、政所職をもつ清九郎は出家名である道清とかかれているためか諸職を記していない。
（14）荘園制下の在地寺社の神主等も荘官の一種である。例えば神官については、弘安一〇年一二月関東下知状（神田孝平氏所蔵文書、『鎌倉遺文』二一―一六二四二号）など、僧侶については弘安元年一二月淡路鳥飼別宮雑掌地頭和与状写（石清水文書、『鎌倉遺文』一八―一三三二八号）などを参照。在地の寺社の管理に関連する諸職として例えば鞆淵荘の惣講師職や惣庄引導職（表1―1 15・18番）などを惣村が吸収することの意味は、独自に追究されねばならない。
（15）永仁六年五月大和平野殿荘百姓等請文案（東寺百合文書と、『鎌倉遺文』二六―一九六八九号）では刀祢が百姓の一人として署判しているし、正応元年六月大和福田荘百姓等請文（東大寺文書四―七一、『鎌倉遺文』二二―一九六六〇号）でも沙汰人と検校が同様にみえる。
（16）『菅浦文書』八四〇・六三二号。また道清は「山門代官」として「罷上」ったこともある。なお文明四年九月の置文（六三二号）はこの間の経緯を後世に伝えんとしたものである。
（17）丹生谷哲一「中世畿内村落における刀祢」（『歴史研究』一八、一九八二年）。

(18) ここで一言付言しておきたい。下級荘官職の中世前期における実態は今後の研究課題として残されているが、例えば刀祢についての丹生谷氏の研究（前掲注17）にみられるように、中世前期においても荘園在地有力者が務めているものと思われる。その階層や経営規模等、中世後期惣村乙名層と比較検討し、かつ系譜関係等も今後おさえていく必要がある。ただしかし本章との関係から一義的に重要なのは、たんに在地有力者が下級荘官職を有しているということではなく、それが荘園領主にとって、また村落（惣村）にとってどのような意味や影響を持つかである。この点においては、惣村において下級荘官が完全に惣村の中に組み込まれている（下級荘官＝惣村乙名）という事実が、決定的に重要なのである。

(19) 前掲注（6）丸山論文及び同「荘園村落における惣有田について」（『中世の権力と民衆』、創元社、一九七〇年）。

(20) 前掲注（14）参照。

(21) 慶長一一年二月石清水八幡宮寺新賀頭役差定写（「筑波大学所蔵中世文書 石清水八幡宮文書」六一号、『史境』一五号、一九八七年）。新しい年紀の文書だが、これには「差定」という書出とともに「補任彼職如件」という書止があり差定と補任との関連を考える際、興味深い。またこの文書は宝徳三年同宮寺符写（同二五号、五位下叙位）と一紙に写されており、この点も参考になろう。

(22) 大石直正「荘園公領制の展開」（『講座日本歴史3』中世1、東京大学出版会、一九八四年）。

(23) 延文二年法隆寺三経院評定事書（『斑鳩旧記類集』、『播磨国鵤荘資料』二〇四頁、一九七〇年）、永仁六年大和平野殿荘某書状案（東寺百合文書外、『鎌倉遺文』一九八八四号）、弘安九年北条家公文所奉行人奉書（相模円覚寺文書、『鎌倉遺文』一五七八八号）。

(24) ただ前述の鵤荘の預所の事例などは、荘官としての預所の権能に加え、新たな四百石の請切の請所設定であることは明らかである（前掲注（23）参照）。

(25) 渡辺澄夫「番頭制荘園の研究」（同『増訂 畿内荘園の基礎構造』下、吉川弘文館、一九七〇年）、水上一久「荘園における番頭制」（同『中世の荘園と社会』、吉川弘文館、一九六九年）など。

(26) 前掲注（25）水上論文。

(27) ただ河原城荘においてこの前後には代官請が設定されている（応永二三年東寺百合文書イ–七〇、永享六年同イ–七五、長禄三年同イ–一〇一、永正六年同イ–一一五）ので、荘園領主に対する請切の年貢請負としての番頭共同請負（これは代官請に対抗する意味があったのであろう）は史料上はこの一年のみであり、恒常的な制度にはなっていない。もちろん代官請下においてもこのような年貢徴収システムが実態としては機能していたものと思われるが、その「制度」上における落差に注目しておきたい。

（28）延応二年五月東大寺領大和国窪荘百姓等請文案（東大寺文書〈東大史料編纂所影写本〉四－七一）。島田次郎『日本中世の領主制と村落』上（吉川弘文館、一九八五年）二五六頁を参照のこと。なお当史料について同氏からご教示をいただいた。記して感謝したい。

（29）枚挙にいとまないが、とりあえず菅浦（菅浦文書三二六・六三一号など）、奥島荘（大島神社・奥津島神社文書一二九号）、鞆淵荘（鞆淵八幡神社文書〈『和歌山県史』中世史料一〉五四～六〇号など）、東村（王子神社文書〈同〉一一八・一一九号など）等の事例をあげておく。

（30）たとえば王子神社文書二〇九号粉河寺加地子請取状（東村宛）などをみよ。

（31）同じく王子神社文書九三・一七七号をみよ。

（32）貞治二年新三郎出挙米借状（大島神社・奥津島神社文書五五号）。

（33）文安元年丹波篠村庄沙汰人連署請文案（『大日本古文書』醍醐寺文書九－二〇〇三号）には「凡地下之沙汰人之内下司職者、如此堺等を司事候」とある。なお同文書にはこのような境界に関する文書を「惣庄之証文」（公方御証文同事）としており、下司罷免の際はこの証文を「返納惣庄」するものだとしている点が注目されよう。

（34）蔵持重裕「中世古老の機能と様相」（『歴史学研究』五六三号、一九八七年）。

（35）惣村における境界管理についても枚挙にいとまないが、紀伊国伊都郡四郷の例をあげておくのみにとどめる。四郷では応永二年に代官とともに四至定書が作られ、さらに至徳元年にはヲトナ七人ら在地人のみで四至定書が作られている（『かつらぎ町史』所収「滝区文書」）。なおここでは文書の真偽については問題にしない。また中世からの系譜を引く近世の紀伊国荒川荘庄年寄が「庄年寄と申ハ氏神社頭并惣山四至傍示支配仕者共」で「其村々ニ而ハ公事役地面村役等ニも相抱り申候」といっているのも参考になろう（「就御尋乍恐御答奉申上覚」（有井家文書）、安藤精一『近世宮座の史的研究』、吉川弘文館、一九六〇年）。

（36）とりあえず、用水管理については黒田弘子「鎌倉後期における池築造と惣村の成立」（同『中世惣村史の構造』、吉川弘文館、一九八五年、初出一九八二年）参照。なお氏は池代購入から池敷放状にいたる荘園領主と惣村の交渉について言及しているが、これも荘園における惣村の公的機能獲得の面から考えていくことができよう。また開発については吉田敏弘「惣村の展開と土地利用」（『史林』六一―一、一九七八年）参照。
(37) 例えば承久二年法橋某下文案（東大寺文書四-七、『鎌倉遺文』二六二〇号）では、番頭職の補任が下司の進止とされている。
(38) 永仁四年関東下知状（東寺百合文書マ、『鎌倉遺文』一九〇七二号）。なお同様の条項が同年一二月関東下知状案（白河本東寺文書六四、『鎌倉遺文』一九二二六号）にもみえる。これが荘園制諸職の補任に関したものである可能性もまったくないわけではないが、ここではひとまず在地身分全般の問題として解釈しておきたい。
(39) 延文二年六月領家発給官途補任状（秦文書九六号、『小浜市史』諸家文書編三、一九八一年）。
(40) 仲村研「中世における立身と没落」（三浦圭一編『日本史（3）』中世2、有斐閣、一九七八年）など。
(41) 天文一九年四月宮村長男衆官職所望状（黒田宮村西家文書一九九号、『丹波国山国荘史料』、一九五八年）。
(42) 永正一三年八月木津天神官途補任状（中岡義隆家文書、『木津町史』、一九八四年）。
(43) 前掲注（40）に同じ。
(44) 貞和四年某袖判高佐浦大夫職補任状、同五年某袖判権守職補任状（中村三之丞家文書三・四号、『福井県史』資料編6中近世4、一九八七年）。なお同家にはどちらも偽文書とおぼしき足利直義袖判官途補任状（刑部法橋弘重奉）や「五位職」補任状（「伊礼」発給）も残っている（一・二号）。
(45) 永享八年大忍荘五位職補任状（行宗文書二六号、『土佐国地方史料』、一九五六年）。
(46) 天正一四年一一月中司帳（鬼住区有文書七号、『河内長野市史』5史料編2、一九七五年）。
(47) 志賀節子「中世後期荘園村落と検断」（『歴史学研究』五六九号、一九八七年）。
(48) 延徳三年一〇月東村地下定書（王子神社文書一五五号、『和歌山県史中世史料』一）。
(49) 水本邦彦「公儀の裁判と集団の掟」（『日本の社会史』5、岩波書店、一九八七年）。
(50) 「衆議」については、本書第六章を参照されたい。
(51) 在地文書という規定は必ずしも明確ではないが、ここではとりあえず荘園領主文書や公家や幕府に直接関与しうる立場のものが作成・伝来させた文書群ではなく、在地村落に伝来した文書群をさすこととしたい【追記】在地文書の概念は近年、春田直紀氏が提唱した地下文書の概念に相当するだろう）。

（52）例えば類型論としては、在地領主型・地侍（主導）型・村人型の三類型をたてた田端泰子氏の研究などがあげられよう（「中世後期における領主支配と村落構造」、同『中世村落の構造と領主制』、法政大学出版会、一九八六年、初出一九七八年）。なお同氏は、後述する近江国朽木荘などは在地領主型村落にいれている。

（53）仲村研「朽木氏領主制の展開」（前掲注（2）『荘園支配構造の研究』所収。初出一九七四・一九七五）および高村隆「中世後期における近江国朽木氏の村落支配について」（『日本中世の政治と文化』、吉川弘文館、一九八〇年）など。

（54）「成羽八幡宮縁起」（巻末欠、校訂者によると慶長～寛永頃のものか）（備中渡辺家文書『岡山県古文書集』四）。同文書によると中世後期成羽荘には三村家親の支配のもと惣荘鎮守成羽八幡宮に惣荘単位の「百姓座」がある一方、荘内六か村の末社でも村人の祭祀がなされていたことがわかる。なお文書を伝来した渡辺家は惣荘鎮守八幡宮の神主の家である。

（55）たとえば「鵤荘引付」応永二五年九月一五日条などには、逃散の主体である「名主百姓等」の結合が指摘できる。

（56）田端氏は政治的機能のほかに、生産的機能として①惣有田・神田の村人による処分②地下請③入会地の惣有④用水施設や鹿垣の惣村による建設をあげて類型区分のインデックスにしている。しかしこれに関して同氏があげている事例は革島氏による用水相論の取次・口入の事例のみである。①②は必ずしも生産的機能とはいえないし、また③④についてもこれらが史料上問題となるのはむしろ生産の現実の局面というよりもそれがなんらかの形で政治問題化した時点であることの方がおおいのではなかろうか。すなわち在地領主と惣的結合との関連において、現実には政治的機能の帰趨が問題になるといえよう。

（57）前掲注（3）黒田論文。

（58）薗部『日本中世村落内身分の研究』第四章第二節（校倉書房、二〇〇二年。初出一九八二年）では、一事例として荘園領主粉河寺の集会の構造と同寺領東村の宮座の構造の同一性を指摘した。

（59）前掲注（58）薗部著書第四章第二節（初出一九八三年）は、不十分ながらこの点について事例研究したものである。

第二章　村落定書の世界

はじめに

第一部第二章からは、村落文書の中の村落定書について論じる。村落定書とは、村落集団または村落内特定集団の意思を定めた村落内部文書の総称である。

まず、村落定書の定義について述べておきたい。村落定書とは、(惣荘、惣村など範囲の広狭に関わらず) 村落集団の意思決定事項を記した文書や木札などの総称であり、本章では特定の文書様式をもつものに限定しない。また領主層と共同で作成したものも、広く村落内外に村落集団の意思を表明したものとして、村落定書の一つと位置づけた。

私は今のところ、三〇二通の村落定書を把握している。それを、表2-1「村落定書一覧」にまとめた。本章ならびに第三章で個別の村落定書を示す場合は、この表の「番号」欄の番号を用いることとする。

表2-1　村落定書一覧

番号	西暦	和暦	月	日	文書名	地域	文書所蔵者	出典	文言	内容	署判	様式	備考
1	一二五二	建長4	5	11	唐国村刀祢百姓等置文	和泉国唐国村	松尾寺文書	『和泉市史』第一巻、五九六頁	(書出)唐国村刀祢与百姓條々置文事	公事夫役	百姓等・刀祢	置文	現状記録的。一部現状変更的(定カヨイ…向後不可有)刀祢職共に文書が松尾寺に伝来した
2	一二六二	弘長2	10	11	奥島荘百姓等置文	近江国奥島荘・北津田荘	大島神社奥津島神社文書二号	『大島神社奥津島神社文書』	(書出)敬白　庄隠規文事、(書止)仍規文之旨如件	結束	15人連署判	置文	現状記録的
3	一二七〇	文永7	閏9	26	キ、ムロ座衆置文案	紀伊国賀太荘	淡島神社文書	『和歌山市史』四、三九五頁	(日下)サタメヲカル、一一三六六年(正平二一)の追署判あり	結束	沙汰人(在判)	置文	現状記録的
4	一二七〇	文永7	11	22	奥島荘百姓等契状	近江国奥島荘・北津田荘	大島神社奥津島神社文書五号	『大島神社奥津島神社文書』	(書出)奥島百姓等一味同心事	結束	なし	様式なし	現状記録的
5	一二七四	文永11			大島社三度神事日記定書	近江国奥島荘・北津田荘	大島神社奥津島神社文書七号	『大島神社奥津島神社文書』	(端裏)神事定日記事、(書出)注進　大島社三と神事日記事、(本文)御肴ハせんくの定、(日下)村人等	神事	村人等ほか4人	日記定書	現状記録的(前々の定)
6	一二七九	弘安2	12	21	鞆淵園遷宮次第置文	紀伊国鞆淵荘	鞆淵八幡神社文書七号	『和歌山県史』中世史料一	(書出)記置　鞆淵御園御遷宮事、(書止)仍為後代大概所記置如件	神事	公文・下司	置文	現状記録的
7	一二八〇	弘安3	2	22	山前荘荘務職配分置文	近江国山前荘	筑波大学附属中央図書館所蔵文書	『史料纂集』石清水八幡宮文書外(筑波大学所蔵文書下)	(書出)定置近江国山前庄庄務職配分事、(書止)仍為後日、各加連署、所定置如件	荘務職配分	8人連署判	置文	現状記録的
8	一二八一	弘安4	4	20	大島社座衆議定書	近江国奥島荘・北津田荘	大島神社奥津島神社文書八号	『大島神社奥津島神社文書』	(書出)定」注進　座之衆儀之旨之□、(書止)右衆儀之旨如件、〔中略〕仍勒状如件、(日下)記之	神事	なし(日下)記之	衆議定書	現状変更的(横座六人五合可増)
9	一二八二	弘安5	11カ	27	大島社正月十五日神事日記定書	近江国奥島荘・北津田荘	大島神社奥津島神社文書一〇号	『大島神社奥津島神社文書』	(書出)注進　〔中略〕神事定、(書止)右所注〔進之状如件カ〕	神事	北津田□(住)人等4人連署判(後欠)	日記定書	現状記録的

10	一二八三	弘安6	6	15	大島社神主職衆議定書	近江国奥島荘・北津田荘	大島神社奥津島神社文書一一号	『大島神社奥津島神社文書』	(書出)定」種々規文事、(書止)右規文衆儀之旨如件	神事	4人連署判	衆議定書	現状変更的(神主なるとも)
11	一二八四	弘安7	2	10	大島社三度神事足日記定書	近江国奥島荘・北津田荘	大島神社奥津島神社文書一三号	『大島神社奥津島神社文書』	(書出)注進　大島社三ト神事日記事、(本文)御酒ハせんれいの定也、(書止)後日為状〔如脱〕件	神事	下司袖判、(日下)村人等、4人連署判	日記定書	現状記録的(先例)
12	一二九三	正応6	8	15	柏原御堂結衆紛失定書	紀伊国相賀北荘柏原村	西光寺文書(柏原区有)七号	『和歌山県史』中世史料一	(書出)柏原御堂西三反田券文弐通引失証文者、(書止)仍為後日沙太〔汰〕、置文状如件	文書紛失	(日下)結衆各々・筆師の署判	紛失定書	現状記録的。同日付の紛失状あり
13	一二九四	永仁2	8	22	多烏浦天満宮山堺定書	若狭国多烏浦	秦家文書三四号	『小浜市史』諸家文書編三	なし	堺の確定	多門坊、祢宜秦守高	様式なし	現状記録的
14	一二九六	永仁4	5	3	大般若経衆議定書	近江国蒲生郡八日市庭	野々宮神社文書	「盗まれた大般若経」『日本歴史』六三四号	(日下)依衆議定之	仏事	なし	衆議定書	現状変更的。大般若経361巻の奥書の一部
15	一二九八	永仁6	6	4	両社神官村人等一味同心置文	近江国奥島荘・北津田荘	大島神社奥津島神社文書一五号	『大島神社奥津島神社文書』	(書出)定置　両社神官村人等一味同心事、(書止)仍勒状如斯、(奥)又定〔中略〕両庄一同之可為沙汰者也	結束	なし	置文	現状記録的(一味同心)
16	一二九八	永仁6	6		北津田・奥島両村人等社頭一味同心連署定書	近江国奥島荘・北津田荘	大島神社奥津島神社文書一六号	『大島神社奥津島神社文書』	(書出)定　津田・島両村つ〔つ脱〕しんて申上候、(書止)右このむ〔ね脱〕をま〔以下欠〕、(奥)北津田□□〔住人〕、奥島分	結束	97人連署判	定書	現状記録的(一同)
17	一三〇二	正安4	1	11	菅浦宿老紛失定書	近江国菅浦	菅浦文書七四〇号	『菅浦文書』	(本文中)かのあんそをいたす、(書止)よんて、あくるしよう、くたんことし	文書紛失	4人連署	紛失定書	現状記録的
18	一三〇二	正安4	7	3	菅浦紛失定書	近江国菅浦	菅浦文書三三四号	『菅浦文書』	(端裏)あんそのセう文、(書出)定を□〔くもん所カ〕の事、(書止)よんて、あんそ、くたんのことし	文書紛失	9人連署	紛失定書	現状記録的

19	一三一一	応長1	9	17	山西郷内仏神田評議注文	若狭国織田荘山西郷	園林寺文書一六号	『福井県史』資料編八	(書止)仍以公方并庄家一同之評儀〔議〕、永代亀鏡之条如件	田地注文	六番頭6人・公文・惣追捕使・下司・政所の連署	様式なし	現状変更的
20	一三一三	正和2	4		苗村大明神岡屋村弓事定置文	近江国岡屋村	勝手神社文書一九七五号	『近江蒲生郡志』六	(書出)定置札之事、(文中)苗村大明神岡屋村弓事備へし次第	神事	書写者の署判1人	置文	現状記録的。木札(棟札裏書)
21	一三一五	正和4	3	28	三部大明神おり米等支配記録	紀伊国相賀荘市脇村	市脇村三部社所蔵文書	『紀伊続風土記』三輯、一九四頁	(書止)一くらせんも米にたつ毎年夏秋是を支配仕取也、(日下)百姓等敬白	神事	(日下)百姓等敬白	様式なし	現状記録的
22	一三二六	嘉暦1	5	23	大島大座修理田紛失定書	近江国奥島荘・北津田荘	大島神社奥津島神社文書二六号	『大島神社奥津島神社文書』	(書出)定置　大島大座修理田事、(書止)仍置文如件、(奥)津田村人為向後証拠暑〔署〕判	文書紛失	7人連署(判なし)	紛失定書	現状記録的
23	一三四二	康永1	2		奥島・北津田両荘村人等衆議定書	近江国奥島荘・北津田荘	大島神社奥津島神社文書二九号	『大島神社奥津島神社文書』	(端裏)両庄衆儀置文、(書出)両庄村人等衆会儀曰、(書止)衆儀之状如件	供祭えり	(日下)両庄村人等	衆議定書	現状変更的(向後厳密沙汰)
24	一三四五	康永4	11	14	多烏浦沙汰人百姓等置文	若狭国多烏浦	秦家文書八九号	『小浜市史』諸家文書編三	(書出)定、(書止)右大略注進如件、(奥下)沙汰人百姓定置文	四至堺	(奥下)沙汰人百姓定置文	置文	現状記録的
25	一三四六	貞和2	9		菅浦置文	近江国菅浦	菅浦文書一八〇号	『菅浦文書』	(書出)ところおきふミの事、(書止)よんて、ところのおきふミの状、如件	売買禁止	12人連署判	置文	現状変更的(売買規制)
26	一三四八	貞和4	4	20	志摩国島々衆契約状	志摩国	退蔵文庫旧蔵神宮関係古文書二八号	『三重県史』資料編中世一下	(書出)〔前略〕しまかた〳〵の御よりあしの事、(奥)島々のおや□□のおき状なり	荘司職	なし	置文	現状変更的
27	一三五五	文和4	2	15	菅浦紛失定書	近江国菅浦	菅浦文書七七三号	『菅浦文書』	(書出)定「置」〔抹消〕失文書置文事、(書止)案書之状如件	文書紛失	なし	紛失定書	現状記録的
28	一三五七	正平12	3	3	鞆淵惣荘紛失定書	紀伊国鞆淵荘	鞆淵八幡神社文書二四号	『和歌山県史』中世史料一	(書出)定　鞆淵庄置文事、(書止)置文之状如件	文書紛失	21人連署判	紛失定書	現状記録的。木札
29	一三六一	康安1	7	16	東村又次郎男罪科記録	近江国奥島荘・北津田荘	大島神社奥津島神社文書五四号	『大島神社奥津島神社文書』	(書出)又次郎男罪過事條々、(書止)於向後者不可及向合状如件	罪科人	なし	様式なし	現状記録的

30	一三六一	康安1	12	3	菅浦後在家記録	近江国菅浦	菅浦文書二一四号	『菅浦文書』	(書止)よて、のちのために、ところしやう、くたんのことし	後在家	8人連署判	様式なし	現状記録的
31	一三六五	正平20	7	17	東村カミノイケ定書	紀伊国東村	王子神社文書八〇号	『和歌山県史』中世史料一	(書出)サタム、(奥)ムラハコニヤトス	池灌漑	なし	定書	現状記録的
32	一三六五	正平20	10	14	東村物頭置文	紀伊国東村	王子神社文書八一号	『和歌山県史』中世史料一	(書出)サタメオク、(書止)ヨテサタメオク状如件	女性物頭	2人連署判	置文	現状記録的
33	一三六八	応安1	11		奥島荘御供等定書	近江国奥島荘・北津田荘	大島神社奥津島神社文書六四号	『大島神社奥津島神社文書』	(書出)定　大島御供料之事	御供・大座村人人数	(日下)両村人	定書	現状記録的
34	一三六九	正平24	6	17	黒鳥村安明寺五座置文	和泉国黒鳥村	河野家所蔵文書二〇号	「河野家所蔵文書」『日本史研究』二〇七号	(書出)定置黒鳥村惣□(物カ)色々事、(書止)仍置文状如件	飯荷役配分	弥座・新座・南座・本座・僧座それぞれの代表者署判	置文	現状記録的
35	一三七四	文中3	12	3	中南村村人文書紛失定書	紀伊国花園荘中南村	中南区有文書四五号	『和歌山県史』中世史料二	(書出)サタム、カトノフシチ(紛失)ノコト、(文中)ムラウト(村人)□□タムルトコロナリ	文書紛失	公文侍(僧カ)	紛失定書	現状記録的
36	一三八三	永徳3	1	4	今堀郷結鎮頭衆議定書	近江国今堀郷	今堀日吉神社文書三五七号	『今堀日吉神社文書集成』	(端裏)けちのとうのにき(日記)、(書出)定今堀郷家鎮頭事、(書止)仍衆儀之評定如斯、(日下)勤之畢	神事	なし	衆議定書	現状記録的
37	一三八四	永徳4	1		今堀郷結鎮頭等入物衆議定書	近江国今堀郷	今堀日吉神社文書三三一号	『今堀日吉神社文書集成』	(書出)結鎮頭入物注文、(奥書止)依衆儀評定所定如件	神事	なし	衆議定書	現状記録的
38	一三八四	至徳1	12	10	四郷内東郷四至置文	紀伊国四郷	滝区文書六号	『かつらぎ町史』古代・中世史料編、七九一頁	(書出)〔追筆〕「定置」四郷内東郷四至方至事、(書止)此掟背カン人ハ可為悪盗〔党〕者也	四至牓示	四郷ヲトナ七人、サハクリ七人、	置文	現状記録的。一六〇一年(慶長六)、本文書の無効を宣言した平原彦六の追筆あり

39	一三八五	元中2	12	19	花園下荘百姓定書	紀伊国花園下荘	中南区有文書六八号	『和歌山県史』中世史料二	(端裏)シモノシヤウ百シヤウノサタメ状、(奥)下モノシヤウノ状ノ[この後の「申文」を見せ消ちしている]	夫役	使いの署判	定書	現状変更的
40	一三八八	嘉慶2	3		今堀郷神田定書	近江国今堀郷	今堀日吉神社文書三三二号	『今堀日吉神社文書集成』	(書出)今堀郷神田目録帳、(書止)右所定如件	神事	(日下)今堀村人等定之	定書	現状記録的
41	一三八九	康応1	2	25	下笠村老杉神社神事衆議定書	近江国下笠村	老杉神社文書	『近江栗田郡志』巻四、補遺一頁	(日下)為所衆議定置之者也	神事	なし	衆議定書	現状記録的。一四九一年(延徳三)などの追筆多数あり
42	一三九四	応永1	1		恋野村堂座記録写	紀伊国隅田荘恋野村	恋野芋生家所蔵記録	『橋本市史』下、七三三頁	(書止)右之條々堅ク可相守者也	神事	33人連署	様式なし	現状記録的。写本
43	一三九五	応永2	1		赤塚村堂座位記録写	紀伊国隅田荘赤塚村	上田正義氏所蔵文書	『橋本市史』下、七四三頁	(書止)右之條々堅ク可相守者也	神事	17人連署	様式なし	現状記録的。写本
44	一三九五	応永2	2	10	黒鳥村安明寺五座置文	和泉国黒鳥村	河野家所蔵文書二五号	「河野家所蔵文書」『日本史研究』二〇七号	(端裏)八講置文、(書出)黒鳥村安明寺村等定置条々事、(書止)仍為後日証文之状如件	八講	弥座・南座・新座・本座・僧座それぞれの署判	置文	現状記録的
45	一三九五	応永2	10	3	東村馬頭料頭置文	紀伊国東村	王子神社文書九七号	『和歌山県史』中世史料一	(書出)定置　馬頭料頭事、(書止)仍村人評定之状如件	馬頭料頭	なし	置文	内容傾向不明
46	一三九五	応永2	11	8	橋本村・武久村頼母子定書	近江国橋本村・武久村	橋本左右神社文書一三六八号	『近江蒲生郡志』五	(書出)定、橋本、武久、たのもしのさたむる以□、(書止)そのときの、をとなたちの定め也	頼母子	3人連署判	定書	現状変更的。読みは写真版で改めた
47	一三九五	応永2	12		短野村井手岩山定書	紀伊国短野村	短野区文書五九七号	『かつらぎ町史』古代・中世史料編	(書止)仍為後日支証状如件、(日下)定之	山	なし	定書	現状記録的
48	一三九七	応永4	4	25	安原郷成福寺座敷定書	紀伊国安原郷	成福寺文書	『紀伊続風土記』第三輯、八四頁	(書出)定宛安原郷成福寺免畠内座敷事、(書止)仍為後日明鏡、定状如件、(奥)講衆中定	講衆中座敷	2人署判(在判)	定書	現状変更的
49	一三九七	応永4	6		今堀郷衆議定書	近江国今堀郷	今堀日吉神社文書三八九号	『今堀日吉神社文書集成』	(日下)衆儀如件	神事	なし	衆議定書	現状変更的

50	一三九八	応永5	12	25	黒鳥村安明寺在地僧中置文	和泉国黒鳥村	河野家所蔵文書二八号	「河野家所蔵文書」『日本史研究』二〇七号	(端裏)在地僧中置文、(書出)定置」黒鳥村安明寺在地僧中置文事、(書止)所仍定之状如件	麹荷料足	弥座・新座・南座・本座・僧座それぞれの署判	置文	現状変更的
51	一四〇〇	応永7	3		短野村ヨハイ岡山定書	紀伊国短野村	短野区文書六〇二号	『かつらぎ町史』古代・中世史料編	(書止)仍為後日支証状如件、(日下)定之	山	なし	定書	現状記録的
52	一四〇〇	応永7	11		南津田荘上れう使組物等配分定書	近江国南津田荘	大島神社奥津島神社文書九四号	『大島神社奥津島神社文書』	(木札裏書出)定　御子キヤウノ日記	神事	「両村人」として2人連署判	定書	現状記録的。木札
53	一四〇二	応永9	2		短野村栢迫山定書	紀伊国短野村	短野区文書六〇五号	『かつらぎ町史』古代・中世史料編	(書止)仍為後日証文状如件、(日下)定之	山	なし	定書	現状記録的
54	一四〇三	応永10	2		今堀郷座公事定書	近江国今堀郷	今堀日吉神社文書三三号	『今堀日吉神社文書集成』	(端裏)置手状、(書出)注進　サクシノ事、(書止)仍為後日沙汰状如件	座公事	なし	様式なし	現状変更的
55	一四〇七	応永14	7	20	蛇溝惣神畠定書	近江国蛇溝村	蛇溝町共有文書三号	『八日市市史』五	(書出)神之畠蛇溝惣覚、(日下)村人改之	神畠	なし	定書	現状記録的
56	一四〇八	応永15	3	29	粉河寺領三ヶ所沙汰人等衆議定書	紀伊国粉河荘	粉河寺御池坊文書五号	『和歌山県史』中世史料一	(書出)定置肥灰事、(書止)依衆義所定状如件	肥灰	三ヶ所沙汰人等3人	衆議定書	現状変更的
57	一四〇八	応永15	12	27	吉野惣郷衆議定書	大和国吉野郷	金峯神社文書七〇号	『金峯山寺史料集成』	(書止)惣郷衆儀如件	知行関係	惣郷(略押)	衆議定書	現状変更的
58	一四〇九	応永16	6	1	岡屋大明神頭本置文	近江国岡屋村	勝手神社文書一九四七号	『近江蒲生郡志』六	(書出)定置札之事	神事	なし	置文	現状記録的。木札(横板の表書)
59	一四一〇	応永17	9	18	東村ヤマトノ料頭定書	紀伊国東村	王子神社文書一一一号	『和歌山県史』中世史料一	(端裏)ヤマトノニツキ、(書出)定　ヤマトノレウトウノ事、(書止)ヨテサタムルトコロ如件	神事	(日下)東村人等	定書	内容傾向不明
60	一四一一	応永18	8	18	大覚寺僧衆番頭等連署置文	摂津国長洲御厨	大覚寺文書三三号	『兵庫県史』史料編中世一	(書出)堅ク可守此掟〔ヲキテ〕之次第ヲ	大覚寺敷地	僧衆21人、番頭15人	置文	現状記録的
61	一四一三	応永20	11	15	大島社神田定置文	近江国奥島荘・北津田荘	大島神社奥津島神社文書一一一号	『大島神社奥津島神社文書』	(書出)定置　大島神田事、(書止)為両庄村人加判形了、依而状如件	神田	奥島村人ら4人と大島神主1人	置文	現状記録的(如先規)

62	一四一六	応永23	3	25	黒鳥村安明寺五座置文	和泉国黒鳥村	河野家所蔵文書三〇号	「河野家所蔵文書」『日本史研究』二〇七号	(書出)安明寺定置々文事、(書止)仍所定之状如件	熊野先達	弥座・新座・南座・本座・僧座それぞれの署判	置文	現状変更的
63	一四一八	応永25	8	6	三里条々定書	大和国三里(服部・五百井・丹後)	服部神楽講文書三号	「服部神楽講文書」『国立歴史民俗博物館研究報告』一一二	(書出)定 龍田社頭郷役幷三里条々規式等事	神事	なし	定書	現状記録的
64	一四二三	応永30	3	7	小川八王子権現八講法式衆議定書	近江国小川保下小川村	川越文書六九二号	『滋賀県史』五	(書出)定置 御八講規式事 小川、(書止)右依衆議所定置状如件	仏事	10人連署	衆議定書	現状変更的
65	一四二四	応永31	8	15	賀太八幡宮神事入物日記定書	紀伊国賀太荘	向井家文書三六号	『和歌山県史』中世史料二	(書出)賀太庄八幡宮毎年御神事日記、(本文中)仍為後日、所定如件	神事	(日下)賀太惣庄座衆(花押)	日記定書	現状記録的
66	一四二四	応永31	12	11	十禅師社綿向祭神馬定書	近江国必佐荘カ	比都佐神社文書二二五二号	『近江蒲生郡志』六	(書止)仍定処如件	神事	ねこ田神主	定書	現状記録的(久々)。西ト東ト老人六人談合
67	一四二五	応永32	閏6	15	横民野村公事定文	丹波国小野原荘横民野村	和田寺文書五号	『兵庫県史』史料編中世三	(書止)仍為後日支証如件	公事	田所殿(花押)など6人連署判	様式なし	現状変更的
68	一四二五	応永32	11		今堀郷座主衆議定書	近江国今堀郷	今堀日吉神社文書三六五号	『今堀日吉神社文書集成』	(端裏書)置手状、(書出)今堀郷座主衆議定条々事、(書止)仍所定如件	神社	なし	衆議定書	現状変更的
69	一四二八	正長1			大和神戸四ヶ郷徳政碑文	大和国神戸四ヶ郷	奈良市柳生町地蔵石碑文	『日本思想大系』中世政治社会思想下、一七六頁	なし	徳政	なし	様式なし	現状変更的。石碑
70	一四三〇	永享2	8		野々宮郷定書	近江国野々宮郷	野矢氏文書	『近江神崎郡志稿』下、八六頁	(書止)仍所定如件	山野	6人連署(後欠)	定書	現状変更的

71	一四三四	永享6	12	13	高野山夏衆沙汰人等連署置文	紀伊国兄井島	高野山勧学院文書一-四五	『かつらぎ町史』古代・中世資料編、一〇七三頁	(書出)定　免射島事	年貢	時之沙汰人として高野山僧4人と寺尾・兄井・渋田の代表者3人の連署判	定書	現状変更的。領主と村落双方による村落定書
72	一四三六	永享8	4	20	賀太八幡宮座配注文	紀伊国賀太荘	向井家文書三九号	『和歌山県史』中世史料二	なし	宮座	なし	様式なし	現状記録的
73	一四三六	永享8	5	18	東村悦谷勧頭衆定書	紀伊国東村	王子神社文書一二三号	『和歌山県史』中世史料一	(書止)仍定所、如件	池役の田地	(日下)悦谷勧頭衆	定書	現状変更的
74	一四三六	永享8	閏5	8	東村悦谷魚谷両池水配分定書	紀伊国東村	王子神社文書一二四号	『和歌山県史』中世史料一	(書止)右所定如件、(日下)誌之	池灌漑	なし	定書	現状記録的
75	一四三七	永享9	4		成合村春日大明神神事例式写	摂津国成合村	岩家文書一七四号	『高槻市史』三	なし	宮座	悉曇寺頼乗の署	様式なし	現状記録的。一八二七年(文政一〇)一〇月写
76	一四四一	嘉吉1	6		日根野村十二谷下池築堤祭文記録	和泉国日根野村	藤田家文書三号	『泉佐野市史』	(書止)此祭文池ノ支証タルヘシ、可為末代規式如件	灌漑	なし	様式なし	現状記録的
77	一四四一	嘉吉1	8		徳政条々定書	近江国奥島荘・北津田荘	大島神社奥津島神社文書一二八号	『大島神社奥津島神社文書』	(書出)定　奥島北津田徳征〔政〕条々之こと、(書止)仍定之状如件	徳政	北津田・奥島の沙汰人2人	定書	現状変更的。木札
78	一四四二	嘉吉2	4		賀太八幡宮神事入物衆議定書	紀伊国賀太荘	向井家文書四五号	『和歌山県史』中世史料二	(端裏)〔前略〕御神事入物之日記、諸衆敬白、(書出)定毎年四月廿日御神事、(書止)依衆義之疋〔定〕	宮座	なし	衆議定書	現状記録的。一四四二年(嘉吉二)四月「座中にて是おうつす」
79	一四四四	文安1	8		水主神社神人宮座座配定書	讃岐国水主郷	水主神社大般若経函底書	『香川県史』八、九八四頁	(書出)大水主社神人座配之事」定、(書止)右当社座配次第任先例、所定如件	宮座	惣官源盛政(署のみ)	定書	現状記録的。木札
80	一四四八	文安5	11	14	今堀郷衆議定書	近江国今堀郷	今堀日吉神社文書三六九号	『今堀日吉神社文書集成』	(書出)定條々事、(書止)依衆儀、所定如件、(日下)始之	森林など	なし	衆議定書	現状変更的

81	一四四九	文安6	2	13	菅浦惣荘合戦置書	近江国菅浦	菅浦文書六二八号	『菅浦文書』	(端裏)ひさし・もろかわのをきかきなり、(書止)為向後心得如此書付畢、(日下)菅浦惣庄	合戦	菅浦惣庄	様式なし	現状記録的
82	一四四九	宝徳1	11	4	今堀郷神主方へ下行日記定書	近江国今堀郷	今堀日吉神社文書五九〇-二号	『今堀日吉神社文書集成』	(書出)神主方へ下日記、(書止)右定所如件	神事	なし	日記定書	現状記録的。庵室田如法経道場寄進目録帳の一部分
83	一四五一	宝徳3	11	6	今堀郷村人等夏中日記定書	近江国今堀郷	今堀日吉神社文書三二七号	『今堀日吉神社文書集成』	(端裏)夏中之置状、(書出)一聖之間幷夏中之常住物日記、(書止)右所定如件	仏事	(日下)村人等定所如件	日記定書	現状記録的
84	一四五七	康正3	8	5	大忍荘名主等連署契約状案	土佐国大忍荘	安芸文書一六三号	『土佐国地方史料』	(書出)大忍庄西河・東河御百姓之契約状之事、(書止)仍為後日契約状如件	年貢公事など	公文と西河分14人、東河分14人の連判	様式なし	現状記録的
85	一四五八	長禄2	11	15	黒鳥村安明寺五座定書	和泉国黒鳥村	河野家所蔵文書三四号	「河野家所蔵文書」『日本史研究』二〇七号	(書止)仍為後代支証状如件	灌漑池	弥座・新座・南座・本座・僧座それぞれの署判	様式なし	現状変更的
86	一四五九	長禄3	6	30	丹波出雲神社雨悦風流三ヶ村契状	丹波国出雲村・中村・江島里	広瀬氏所蔵丹波出雲神社文書	東京大学史料編纂所影写本六一七・六二／一一	(書止)重評儀〔議〕所定置如件	祭礼頭役次第	江島里・中村・出雲の代表者判と預所の判	置文	現状記録的(任先規例)
87	一四六〇	長禄4	11	1	今堀郷神事置文	近江国今堀郷	今堀日吉神社文書三七一号	『今堀日吉神社文書集成』	(書出)定おきて事	神事	なし	置文	現状記録的
88	一四六〇	長禄4	11	15	千手寺寺僧・直川荘番頭等定書写	紀伊国直川荘	玉井家文書	『紀伊続風土記』第三輯、三頁	(文中)直川荘ヲトナ改之、(書止)仍明鏡如件	仏事	寺僧8人、庄内番頭9人	様式なし	現状記録的
89	一四六一	寛正2	7	13	菅浦惣荘置文	近江国菅浦	菅浦文書二二七号	『菅浦文書』	(書出)菅浦諸沙汰之事」定、(書止)仍置文状如件、(署判)惣庄置文所定　廿人乙名中	盗犯規制	廿人乙名中の6人連署判	置文	現状変更的

90	一四六二	寛正3	3	7	鞆淵惣荘置文	紀伊国鞆淵荘	鞆淵八幡神社文書六四号	『和歌山県史』中世史料一	(書出)御置文事、(日下)誌之	神事	八人御百姓、番頭12人、障子(庄司カ)ら4人の連署判	置文	現状変更的。木札
91	一四六三	寛正4	11	4	今堀郷出入聖出納定書	近江国今堀郷	今堀日吉神社文書五九〇-二号	『今堀日吉神社文書集成』	(日下)之定	仏事	なし	定書	現状記録的。如法経道場寄進目録帳の一部分
92	一四六四	寛正5	3	11	鬼住村山林支証状	河内国鬼住村	鬼住区有文書一号	『河内長野市史』五	(文中)右件山林者、鬼住村地下衆可為計者也、(書止)依為後代支証状如件	山林	壱郎(一臈)ら3人連署判	様式なし	現状記録的
93	(一四六四)	甲申	8	10	鞆淵荘八幡宮山書置案	紀伊国鞆淵荘	鞆淵八幡神社文書六六号	『和歌山県史』中世史料一	(書止)書付置者也	山林	高野山僧2人、公文、下司代、湯本番頭の書判	様式なし	現状記録的。年代は推定
94	一四六五	寛正6	6	21	今泉浦山内馬借定書	越前国今泉浦	西野次郎兵衛家文書一号	『福井県史』資料編六	(書出)馬借中之定之事、(書止)仍末代契約状如件	馬借	勾当原村9人、湯屋3人、別所3人の連署判と日下に時御代官近藤憲祐の署判	定書	現状変更的
95	一四七〇	文明2	4	20	菅浦荘前田百姓中置文	近江国菅浦	菅浦文書八四一号	『菅浦文書』	(書出)定、(書止)仍状如件、(奥)前田百姓中置文	年貢	なし	置文	現状記録的
96	一四七〇	文明2	4	20	菅浦荘百姓中枇杷公事置文	近江国菅浦	菅浦文書八四二号	『菅浦文書』	(端裏)山門へひわ公事なし置文、(書止)置文如件、(奥)ひわの置文	枇杷公事	なし	置文	現状記録的
97	一四七〇	文明2	5	16	難波村惣中定書写	近江国難波村	難波八坂神社文書	『東浅井郡志』四、一七七頁	(書止)仍而所定如件	寄進地	(日下)難波村惣中	定書	現状記録的。難波村牛頭天王寄進帳写の一部分

98	一四七〇	文明2	6		菅浦惣荘前田内得分置文案	近江国菅浦	菅浦文書三五一号	『菅浦文書』	(端裏)まゐ田内徳をきふミ、(書止)仍惣庄として定処如件	前田内得分	(奥)菅浦惣庄乙名共在判	置文	現状変更的
99	一四七一	文明3	4	1	蓮花寺免田証文	紀伊国大野郷	禅林寺文書七二号	『和歌山県史』中世史料二	(書出)蓮花寺之免田下地之事、(書止)仍為後日証文状如件	免田	連判衆として10人連署判と蓮花寺僧1人の署判	様式なし	現状変更的
100	一四七二	文明4	8	24	菅浦竹生島上分置文	近江国菅浦	菅浦文書八四八号	『菅浦文書』	(端裏)竹生島のをきふミなり、(日下)をきふミ也	竹生島への上分	なし	置文	現状記録的
101	一四七二	文明4	9	14	菅浦日差・諸川事書	近江国菅浦	菅浦文書六三二号	『菅浦文書』	(端裏)〔前略〕事書なり、(日下)其時宿老名云、(奥)文明四年九月十四日書之	日差・諸川	なし	様式なし	現状記録的
102	一四七三	文明5	11	27	大野郷十番頭契状案	紀伊国大野郷	尾崎家文書六号	『海南市史』三	(書止)若於此旨背輩、為庄家可令絶交者也、仍状如件	結束	10人の連署	様式なし	現状記録的
103	一四七三	文明5	12	18	東村王子田定書	紀伊国東村	王子神社文書一三七号	『和歌山県史』中世史料一	(書出)敬定　王子田定年之事	王子田	なし	定書	現状記録的
104	一四七四	文明6	3	23	今堀郷堂頭勤仕人数定書	近江国今堀郷	今堀日吉神社文書三四八号	『今堀日吉神社文書集成』	(書出)定　堂頭勤仕人数之事	宮座	法名2人・官途名2人	定書	現状記録的
105	一四七四	文明6	11	9	藺生荘祭礼頭置文	大和国藺生荘	葛神社宮座文書	『都祁村史』五五九頁、『改訂都祁村史』上巻一七八〜一八三頁・中巻四三三〜四三六頁	(書出)オキテ、(書止)カタクコノオキテサダムルモノナリ	宮座	なし	置文	現状記録的。祭礼頭次第の一部
106	一四七五	文明7	4		仰木荘田所大明神親村由緒置文	近江国仰木荘	小椋神社親村所蔵文書一号	『近江地方史研究』二一号	(書出)〔前略〕由緒之次第左仁誌す、(書止)為末世所聞伝之置文之状如件、(日下)親村置文也	宮座由緒	惣修行1人、一和尚3人、公文4人の連署判	置文	現状記録的

107	一四七五	文明7	4	11	仰木荘親村衆式目條	近江国仰木荘	小椋神社親村所蔵文書二号	『近江地方史研究』一二号	(書出)仰木庄親村衆式目條之事、(書止)依式目之状如件	宮座由緒	親村兄衆の修行1人、一和尚3人、公文4人の連署判	様式なし	現状記録的
108	一四七五	文明7	4	11	仰木荘親村惣帳	近江国仰木荘	小椋神社親村所蔵文書三号	『近江地方史研究』一二号	(書止)末世為後学云云、依状如斯、(日下)親村惣帳	下行供米の記録	親村兄衆の修行1人、一和尚3人、公文4人の連署判	様式なし	現状記録的。奥に親村四座兄衆の次第が載せられている
109	一四七六	文明8	10	22	天野地堂置文	紀伊国天野郷	上天野・丹生広良文書一一六号	『かつらぎ町史』古代・中世史料編	(端裏)天野地堂日記　地下、(奥)地下ノヲトナ衆」サタメ□〔ヲ〕カレ候	地堂の下地	神主1人、阿闍梨(院主カ)1人、ハヤシサ・ミネサ・大リサの代表各1人の連署判	置文	現状記録的
110	一四七六	文明8	11	28	東村念仏頭定書	紀伊国東村	王子神社文書一四〇号	『和歌山県史』中世史料一	(日下)評定ナリ	念仏頭	なし	定書	現状記録的
111	一四七九	文明11	1	24	菅浦連署置文	近江国菅浦	菅浦文書八五三号	『菅浦文書』	(書出)定置文之事、(書止)仍定所如件	結束	(日下)人数判あり	置文	現状記録的
112	一四八一	文明13	8	3	霊松寺敷地定書	摂津国真上村	霊松寺文書二二六号	『高槻市史』三	(書出)定　天神御領ノ内牛飼山霊松院敷地堺之事、(本文)為後鏡村人加判在之、(書止)所定如斯	山林	御代官、上御宮別当の僧、大座、新座、コカラ座の代表、全5人連署判	定書	現状記録的

113	一四八二	文明14	12		奥島荘神領講田置文	近江国奥島荘・北津田荘	大島神社奥津島神社文書一七七号	『大島神社奥津島神社文書』	（書出）定奥島神領講田事、質物並売買事、依曲事置手如此畢	神領講田	代官宗忠と政所貞正の連署判。政所貞正は奥島惣荘置文（同文書182号）にも署判している	置文	現状記録的
114	一四八三	文明15	8	10	菅浦荘地下法度定書	近江国菅浦	菅浦文書二二六号	『菅浦文書』	（端裏）地下置文、（書出）定」地下法度公事題目事、（本文中）かさねて地下一庄の依儀一乕状如件	地下法度	3人連署判	定書	現状変更的
115	一四八五	文明17	9	19	大島社大座神事置文	近江国奥島荘・北津田荘	大島神社奥津島神社文書一七九号	『大島神社奥津島神社文書』	（書出）定大さ神し〔事〕の事、（書止）右定をく所也	宮座	4人連署判	置文	現状変更的
116	一四八七	文明19	3	11	賀太荘鮪魚定書	紀伊国賀太荘	向井家文書五四号	『和歌山県史』中世史料二	（書出）定　しひのさかなの事、（書止）右此旨以、公文・沙汰人・さく人をもつて所定如件	漁業	なし	定書	現状変更的
117	一四八七	長享1	10	18	短野村短野山置文	紀伊国短野村	短野区文書六三六号	『かつらぎ町史』古代・中世史料編	（端裏）短野山置文、（書止）仍為末代此置文ヲ記置者也、（奥）短野村	山	なし	置文	現状記録的
118	一四八八	長享2	11	4	今堀郷老人定書	近江国今堀郷	今堀日吉神社文書三七〇号	『今堀日吉神社文書集成』	（書出）指置定之事	公事	なし	定書	現状変更的
119	一四八九	長享3	6	3	山科東荘本所惣地下定書	山城国山科東荘	山科家礼記長享三年五月二九日条	『史料纂集』山科家礼記五	（書出）定　きんせい條々、（書止）右條々雖為一事いほんせしめハ、不云人体、為本所・惣地下可被罪科候也、仍為後日所定如件	山林	大沢久守の署判	定書	現状変更的
120	一四八九	延徳1	11	4	今堀地下置文	近江国今堀郷	今堀日吉神社文書三六三号	『今堀日吉神社文書集成』	（書出）定今堀地下掟之事	村公事	なし	置文	現状変更的
121	一四八九	延徳1	12	28	菅浦荘公文所務次第定書	近江国菅浦	菅浦文書八六一号	『菅浦文書』	（書止）右定如件、惣庄之定也	公文所務	なし	定書	現状変更的
122	一四九〇	延徳2	1		三上荘地侍衆草刈置文	近江国三上荘	御上神社文書一〇八号	『滋賀県史』五	（書止）仍定置之状如件	山の下草	5人連署判	置文	現状記録的

123	一四九一	延徳3	2	16	寺中・北岡惣地下老若相博田地定書	伊勢国宇治郷鹿海北岡	神宮徴古館農業館所蔵文書(東内精兵衛氏寄贈文書)三〇号	『三重県史』資料編中世一下	(書出)定 永財奉賛〔替〕田地之事、(本文)依為惣地下之肝要、(書止)仍為後代証文之状如件	田地の相博	(日下)寺中・北岡惣地下老若(花押)	定書	現状記録的。寺中は鹿海明高寺のことか
124	一四九一	延徳3	9	8	菅浦地下法度置文	近江国菅浦	菅浦文書二二九号	『菅浦文書』	(端裏)地下置文、(書出)定 地下法度置文之事、(書止)仍置文如斯	地下法度	5人連署判	置文	現状変更的
125	一四九一	延徳3	10	24	東村地下定書	紀伊国東村	王子神社文書一五五号	『和歌山県史』中世史料一	(書出)地下之定せいほうの事、(書止)仍定所如件	地下制法	なし	定書	現状変更的
126	一四九二	延徳4	12	1	花園荘頼母子講衆契状	紀伊国花園荘	中南区有文書八七号	『和歌山県史』中世史料二	(書出)タノモシノチヤウノコト、(書止)若、衆の内ニいらんのともから候ハヽ、為衆罰而のく〔退く〕へきものなり	頼母子講	なし	様式なし	現状記録的
127	一四九二	明応1	12	4	奥島惣荘置文	近江国奥島荘・北津田荘	大島神社奥津島神社文書一八二号	『大島神社奥津島神社文書』	(端裏)奥島惣庄をき文事、(書出)定奥島をき文事、(書止)右をき文如件	在家	沙汰人、をとな、政所の連署判	置文	現状変更的
128	一四九四	明応3	1	7	和田荘吉原座衆入定書	紀伊国和田荘吉原村	吉原村中言神社林氏所蔵文書	『紀伊続風土記』三輯、八九頁	(書止)定所如件	吉原座衆入り	一番から廿五番の25人連署	定書	現状変更的
129	一四九五	明応4	2	18	鞆淵荘地下置文	紀伊国鞆淵荘	鞆淵八幡神社文書七〇号	『和歌山県史』中世史料一	(端裏)地下書置山事、(書出)(中略)相論之儀、為末代誌置	山相論	なし	置文	現状記録的
130	一四九六	明応5	6	3	東村地下定書	紀伊国東村	王子神社文書一六三号	『和歌山県史』中世史料一	(書出)地下定ちやうく之の事、(書止)仍定所如件	地下料足	なし	定書	現状変更的
131	一四九七	明応6	11	21	柏原村寄合人数定書	紀伊国相賀北荘柏原村	西光寺文書(柏原区有)七三号	『和歌山県史』中世史料一	(書出)定 柏原村之よりあい之人数之事、(書止)仍所定如件	寄合衆	5人連署判	定書	現状変更的
132	一四九八	明応7	1	8	中村天王八王子社頭役衆議定書	伊勢国中村	津田神社所蔵文書	『宮座と村落の史的研究』第三部第四章	(書出)定」中村八王子頭役事、(書止)右依衆儀所定如件、(奥)諸結衆敬白	宮座頭役	諸結衆敬白	衆議定書	現状記録的。これ以外の番帳は省略
133	一四九八	明応7	3	16	東村頼母子講置文	紀伊国東村	王子神社文書一六九号	『和歌山県史』中世史料一	(書出)たのもしのお〔き脱〕て之事、(書止)仍後日状、如件、(奥)たのもしの衆中のくつろきなく候てハ、くたんうる〔売る〕へからす候	頼母子講	なし	置文	現状記録的

134	一四九八	明応7	閏10	9	鞆淵荘検断置文	紀伊国鞆淵荘	鞆淵八幡神社文書七三号	『和歌山県史』中世史料一	(端裏)就険〔検〕断書置鞆淵庄、(書止)右定所之条々如件	検断	なし	置文	現状記録的。本文中には置文文言なし
135	一四九八	明応7	11	3	黒田下村久喜谷文書紛失定書	丹波国山国荘黒田下村	井本昭之助(現正成)家文書二三四号	『丹波国山国荘史料』	(書出)永代久喜谷文書手継事、(本文)公方様・同地下老若共ニ、永代之手継支証ヲ定置処実正也、(書止)仍而後々後生〔将カ〕来為末代、証文之永代之手継之状、如件	文書紛失	黒田下村惣判・別当民部増清堂判	紛失定書	現状記録的
136	一四九八	明応7	11	3	黒田下村くき谷山文書紛失定書	丹波国山国荘黒田下村	井本昭之助(現正成)家文書二三五号	『丹波国山国荘史料』	(書出)永代く具(きヵ)谷山手継事、(本文)然ヲ彼本支証を一乱ニ紛失ニよつて、村衆一同ニ永代之手継を定置処也、(書止)仍而未来末代為支証之、手継之状、如件	文書紛失	黒田下村惣(略押)・別当民部増清堂(花押)	紛失定書	現状記録的
137	一五〇〇	明応9	12	14	菅浦荘公文公事定書	近江国菅浦	菅浦文書二二五号	『菅浦文書』	(書出)定公文殿諸公事條々、(書止)仍所定如斯	公文の公事	なし	定書	現状変更的
138	一五〇二	文亀2	3	9	今堀郷衆議定書	近江国今堀郷	今堀日吉神社文書三七五号	『今堀日吉神社文書集成』	(書出)定條々之事、(書止)依衆儀定所如件、(日下)改之	惣森など	なし	衆議定書	現状変更的
139	一五〇二	文亀2	8	27	東村衆議定書	紀伊国東村	王子神社文書一七七号	『和歌山県史』中世史料一	(書出)定地下〔に脱〕おいてせ丰ほうの事、(書止)仍衆儀如件	地下制法	なし	衆議定書	現状変更的
140	一五〇三	文亀3	6		大野荘三上郷春日粟田大明神座配定書	紀伊国大野荘	尾崎家文書八号	『海南市史』三	(書止)定状如件	宮座	左座5人、右座5人	定書	現状記録的
141	一五〇四	永正1	1		下田結鎮座経営古記	大和国下田村	鹿島神社文書	『香芝町史』史料編、一四四頁	(書出)下田ホウラクシノサノホツソクノ次第	宮座	なし	様式なし	現状記録的
142	一五〇四	永正1	10	7	今堀郷直物衆議定書	近江国今堀郷	今堀日吉神社文書三七四号	『今堀日吉神社文書集成』	(書出)定條目之事直物之事、(奥)衆儀定之	宮座	なし	衆議定書	現状変更的
143	一五〇四	永正1	11	18	短野村米日記定書	紀伊国短野村	短野区文書六四一号	『かつらぎ町史』古代・中世史料編	(端裏)ムラノニキ、(奥)ムラノニキ、サタムコナリ	村米	なし	日記定書	現状記録的。文面を交差する斜線で抹消している

144	一五〇四	永正1			今堀郷座抜定書	近江国今堀郷	今堀日吉神社文書五七〇号	『今堀日吉神社文書集成』	(奥)定条々	宮座	なし	定書	現状変更的
145	一五〇六	永正3	10	30	菅浦白山講人数定書	近江国菅浦	菅浦文書八六六号	『菅浦文書』	(書出)白山之人数、(奥)定分如此	白山講	なし	定書	不明
146	一五〇八	永正5	11	24	今泉浦・山内馬借中定書写	越前国今泉浦	西野次郎兵衛家文書一六号	『福井県史』資料編六	(書出)〔前略〕浦・山内末代定之事、(書止)仍為後日かきちかへ証文状如件	馬借	中山・かわの・かふらき・こうたう原・ゆや等の者たち19人連署(判はなし)	定書	現状変更的
147	一五〇八	永正5	12	24	東村地下法度定書	紀伊国東村	王子神社文書一八九号	『和歌山県史』中世史料一	(書出)地下定はんとの事、(書止)仍定所如件	地下法度	なし	定書	現状変更的
148	一五〇九	永正6	3	26	三里博奕禁制定書	大和国三里(服部・五百井・丹後)	服部神楽講文書六号	「服部神楽講文書」『国立歴史民俗博物館研究報告』一一二	(端裏)ハクチノアンモン、(書出)禁制　博奕条々之事、(書止)右博奕之旨、所定如件	博奕禁制	ハトリ・イヲキ・タンコの代表者各一人	定書	現状変更的
149	一五〇九	永正6	3	26	三里役条々定書	大和国三里(服部・五百井・丹後)	服部神楽講文書八号	「服部神楽講文書」『国立歴史民俗博物館研究報告』一一二	(応仁元年書出)定　〔中略〕シユエノサタメ、(文明4年書止)仍所定如件	衆会など	なし	定書	現状記録的。応仁元年、文正元年など複数の定書が集成されている
150	一五一〇	永正7	8	12	東村地下定書	紀伊国東村	王子神社文書一九三号	『和歌山県史』中世史料一	(書止)仍後日状如件	地下法度	なし	様式なし	現状記録的
151	一五一二	永正9	3	11	押立神社置文	近江国押立五郷	押立神社文書	『近江愛智郡志』四、一五六頁	(書出)究置	神社	97人連署判	置文	現状記録的。木札
152	一五一三	永正10	4		菅田神社等神事置文	近江国篠田荘カ	菅田神社文書一八〇七号	『近江蒲生郡志』六	(書止)仍為向後、所定置如件	神社	惣官中として12人連署	置文	現状記録的
153	一五一三	永正10	12	16	四郷惣衆衆議定書	紀伊国四郷	滝区文書九号	『かつらぎ町史』古代・中世史料編、七九二頁	(本文)為其、大目百姓衆儀なし候て、此旨定申候、(書止)為仍後日如此定申出候、(日下)四郷惣衆儀	楮売買禁止	(日下)四郷惣衆儀	衆議定書	現状変更的

154	一五一六	永正13	10	29	粉河荘三ヶ村衆議定書	紀伊国東村	王子神社文書一九六号	『和歌山県史』中世史料一	(書出)為三ヶ村定条々こと、(書止)仍為三ヶ村衆議さたむる所如件	訴訟関係規制	なし	衆議定書	現状記録的(右先例諸事)
155	一五一八	永正15	12	21	得珍保南郷諸商売定書	近江国得珍保南郷	今堀日吉神社文書六〇〇号	『今堀日吉神社文書集成』	(書出)任先規旨相定諸商売之事、(書止)右定条々如件、(奥上)南郷	商売規制	(奥)南郷	定書	現状記録的(任先規旨)
156	一五二〇	永正17	12	26	今堀郷衆議定書	近江国今堀郷	今堀日吉神社文書三七二号	『今堀日吉神社文書集成』	(書出)定条々掟之事、(書止)右依衆儀、定所如件	博奕禁制など	なし	衆議定書	現状変更的
157	一五二七	大永7	5	4	得珍保山越衆中衆議定書	近江国得珍保	今堀日吉神社文書六二号	『今堀日吉神社文書集成』	(書出)定　山越衆中掟条々事、(書止)仍為衆儀定所如件	山越衆中の商売規制	(日下)山越衆中(判なし)	衆議定書	現状変更的
158	一五二八	大永8	2		東河原村惣置文	山城国東河原村	大徳寺所蔵文書	『惣村から近世の農村へ―綴喜郡東村の歴史―』、九頁	(書出)一定おきて□□事、(書止)仍おきて状[カ]如件	神事	(日下)東河原村惣(花押)	置文	現状記録的
159	一五二九	享禄2	12	4	今堀郷惣中衆議定書	近江国今堀郷	今堀日吉神社文書二〇号	『今堀日吉神社文書集成』	(書止)仍為以後衆儀して堅定所之状如件	九里半訴訟	(日下)今堀郷惣中(花押)	衆議定書	現状変更的
160	一五三一	享禄4	3	4	丹生郷おとな定書	近江国余呉荘丹生郷	上丹生区有文書	東京大学史料編纂所写真帳	(書止)依為後日定状如件、十八人のおとな也	天神社御拝次第	なし	定書	現状記録的
161	一五三一	享禄4	10	3	善福寺三箇村衆定書	河内国善福寺三箇村	金剛寺文書二五〇号	『大日本古文書』金剛寺文書	(書止)右條々所定如件	越米	「善福寺同三ヶ村衆」として3人連署判	定書	現状変更的。前欠
162	一五三三	天文2	3	24	今泉浦地境定書	越前国今泉浦	西野次郎兵衛家文書二七号	『福井県史』資料編六	(本文)此地定の事	村境	14人連署	様式なし	現状記録的
163	一五三三	天文2			山田天神講置文	近江国山田荘	仲川喜次郎氏文書	『近江栗太郡志』四、五八八頁	(日下)村人より定置状	山田天神講	なし	置文	現状記録的
164	一五三四	天文3	11	5	黒田下村畠掃部等連署山境目定書	丹波国山国荘黒田下村	井本昭之助(現正成)家文書二六一号	『丹波国山国荘史料』	(書出)小谷庵南ハラ山際目之事、(本文)スエイシカキトヲリヲさだめ、(書止)此上当共違乱不可有者也	山境の確定	4人連署判	定書	現状変更的

165	一五三四	天文3			鶴林寺領名主・沙汰人・百姓中置文	播磨国鶴林寺領	鶴林寺文書八号鶴林寺寺料田総目録の一部	『兵庫県史』史料編中世二	(書出)一指坪名々、(本文)依有損亡之煩、名主・沙汰人・百姓中評議而〔中略〕定置上者、(書止)仍掟状之旨如斯	田地の斗代	なし	置文	現状変更的。書き止めの後の年月日は「年号月日」となっている。天文3年は総目録の年紀
166	一五三八	天文7	4	2	白部村定書	近江国奥島荘白部村	若宮神社文書一八七七号	『近江蒲生郡志』六	(書出)右於白部定條目之事、(書止)仍而定條目如件	他所者排除	なし	定書	現状変更的
167	一五三九	天文8	1	11	若宮八幡宮御九社講規式定書	近江国河瀬荘葛籠村	若宮八幡社所蔵文書二二四号若宮八幡縁由記附記の一部ヵ	『滋賀県史』五	(書出)御九社講之規式事、(書止)右此條々堅不可有相違者也	九社講の規式制定	5人の連署(判はただ「判」とあるのみ)	様式なし	現状記録的。九社講は、足利義詮の妾と子の従者であった9人の武士が若宮八幡宮を創立したという縁起(新修彦根市11巻民俗編一三九～一四〇頁)と関わるものであろうか
168	一五三九	天文8	10	18	武佐村南谷小里衆中定書	近江国武佐村	八幡十二神社文書一九四二号	『近江蒲生郡志』六	(書出)定南谷小里衆中之事、(書止)仍為後年定所如件	烏帽子着の規制など	6人連署判	定書	現状変更的
169	一五四一	天文10	6		菅浦置文	近江国菅浦	菅浦文書八八八号	『菅浦文書』	(書止)さのまゝ、おき文残候て如此候、仍如件	北郡錯乱の記録	なし	置文	現状記録的
170	一五四四	天文13	11	24	鞆淵荘宮山定書	紀伊国鞆淵荘	鞆淵八幡神社文書七八号	『和歌山県史』中世史料一	(書出)鞆淵庄之宮山之定事	宮山の四至	9人連署判	定書	現状記録的
171	一五四六	天文15	11	15	柏原村人衆定書	紀伊国相賀北荘柏原村	西光寺文書(柏原区有)七九号	『和歌山県史』中世史料一	(書出)定　不実状之事、(書止)仍定トコロ如件	年行事の不正記録	(奥)村人衆ヲノヲノ	定書	現状記録的

172	一五四六	天文15	12	12	鞆淵八幡宮カシキ山定書写	紀伊国鞆淵荘	鞆淵八幡神社文書七九号	『和歌山県史』中世史料一	(書出)定申八幡宮之御カシキ山之事	宮山の四至	なし	定書	現状記録的。「此証文ハ庄内ニモアリ、本河ニモアリ」
173	一五五二	天文21	10	27	五箇山連署定書	越中国五箇山	生田長範所蔵文書一五二六号	『富山県史』史料編Ⅱ	(書出)申定候条々、(書止)仍定所如件	十日講	下梨・利賀谷・小谷・上梨・赤尾の87人連署判	定書	現状記録的
174	一五五四	天文23	12	11	今堀郷惣分定書	近江国今堀郷	今堀日吉神社文書三四七号	『今堀日吉神社文書集成』	(書出)今堀惣分定条之事、(書止)仍所定如件	(日下)今堀惣分	烏帽子成直物などの規制	定書	現状変更的
175	一五五五	弘治1	9	28	黒田下村頼母子式目	丹波国山国荘黒田下村	井本昭之助(現正成)家文書二八一号	『丹波国山国荘史料』	(端裏)式目、(書出)〔前略〕頼母子御人数式目事、(書止)仍式目如件	頼母子の規約	なし	様式なし	現状変更的
176	一五五六	弘治2	1		東村宮座定書	紀伊国東村	王子神社文書二二六号名附帳の一部分	『和歌山県史』中世史料一	(書出)此年より入申人数、さしきハらう〔臈〕次第、(書止)如此定申候	宮座新座衆臈次の規制	なし	様式なし	現状変更的
177	一五五六	弘治2			今堀郷定書	近江国今堀郷	今堀日吉神社文書五号	『今堀日吉神社文書集成』	(書出)定條々、(書止)右所定如件、(日下)改之	泊まり客人の禁制など	なし	定書	現状変更的
178	一五五七	弘治3	2	4	得珍保山越衆中定書	近江国得珍保	今堀日吉神社文書六四号	『今堀日吉神社文書集成』	(書止)仍而所定如件	山越商人の規制	なし	定書	現状変更的
179	一五五九	永禄2	1		短野村等三ヶ村年男日記定書	紀伊国短野村・妙寺村・西飯降村	短野区文書六六一号堂供養曼荼羅供注文の一部	『かつらぎ町史』古代・中世史料編	(書出)高坊トノヘ御年男日記事、(書止)短野孫七両三人し如此定申候	年男役の代物	なし	日記定書	現状変更的
180	一五五九	永禄2	8	20	交野郡五ヶ郷侍中連判契状	河内国津田村・藤坂村・杉村・芝村・穂谷村	三宮神社所蔵文書四号	『枚方市史』六	(書止)各々連判仍如件、(奥)永禄二年所定置也	軍勢の契約	各村76人連署(判なし)	置文	現状変更的
181	一五五九	永禄2			穂谷惣社記録	河内国津田村・藤坂村・杉村・芝村・穂谷村	三宮神社所蔵文書五号	『枚方市史』六	(書出)河刕交野郡惣社記録、(奥)永禄三年所定置也	遷宮の記録	各村74人連署(判なし)	置文	現状変更的。奥に天正六年、慶長七年の書き継ぎあり

182	一五六八	永禄11	12	14	菅浦壁書	近江国菅浦	菅浦文書九二五号	『菅浦文書』	(書出)当所壁書之事、(書止)仍而為後日如件	置目違反者の排除	(日下)十六人之長男」東西之中老」廿人	様式なし	現状変更的
183	一五七〇	永禄13	1	3	下田鹿島神社結鎮座置文	大和国下田村	鹿島神社文書「下田結鎮座入衆記録」の一部(永禄一三年正月三日条)	『香芝町史』史料篇、四七頁	(書出)サウノサタメヲキテ〔惣の定置手〕	頭の営みの規制	なし	置文	現状変更的
184	一五七〇	元亀1	7	9	今泉浦小屋か谷境衆議定書	越前国今泉浦	西野次郎兵衛家文書六三号	『福井県史』資料編六	(本文)村中協議之上相定申候	山境の確定	4人連署判	衆議定書	現状変更的。偽文書の疑いあり(『福井県史』の見解)
185	一五七〇	元亀1	12	27	布留社式目	大和国布留郷	森武家文書	『改訂天理市史』史料編一、八頁	(書出)布留社式目、(書止)右条々為後代書注処也、以上、(奥)此代長男持人□〔数〕捌衆分	社領の規制など	なし	様式なし	現状記録的
186	一五七一	元亀2	1	2	赤塚村堂座衆連署証文	紀伊国隅田荘赤塚村	上田正義氏所蔵文書	『橋本市史』下、七四八頁	(書止)為後日連銘〔名〕証文如件	堂座の座順	17人連署判	様式なし	現状記録的
187	一五七一	元亀2	4	29	篠原村大土ヶ平山置文	摂津国篠原村	天城文書一七号	『兵庫県史』史料編中世一	(書出)定掟之事、(書止)仍所定如件	山林の規制	16人連署判	置文	現状変更的
188	一五七三	元亀4	6	13	葛籠村葛籠商売座置文	近江国河瀬荘葛籠村	西葛籠共有文書四七八号	『滋賀県史』五	(書出)葛籠職商売座定置條々之事、(書止)右総衆中、以起請文定置條数也	商売座の規制	翻刻には(総衆人名)とあるのみで詳細不明	置文	現状変更的。起請文罰文なし
189	一五七三	天正1	12	24	山上村荒野年貢衆議定書	近江国山上村	図師氏文書	『近江神崎郡志稿』上、八二五頁	(書止)仍衆儀如件	荒野年貢の規制	28人連署判	衆議定書	現状変更的。連署判の詳細は不明
190	一五七六	天正4	2	20	烏帽子等定書	近江国守山村カ	小宮山文書	『野洲郡史』下、五〇三頁	(書出)定法度條々	烏帽子などの規制	なし	定書	現状変更的
191	一五七七	天正5	11	15	安治村家役定書	近江国安治村	安治区有文書二〇〇号	『太閤検地論』Ⅲ	(書出)定　安治村家之事、(書止)仍定状如件	家役の規定	6人連署判	定書	現状変更的
192	一五七七	天正5	12	15	安治村家役置文	近江国安治村	安治区有文書一九九号	『太閤検地論』Ⅲ	(書出)定　安治村家やくおきめ事	家役の規定	6人連署判	置文	現状変更的

193	一五七七	天正5	12	29	名主長衆議定書	近江国山上村	図師氏文書	『近江神崎郡志稿』上、六三〇頁	(本文)為衆議申定上者、聊以不可有意儀〔異議〕	名主長の規定	32人連署判	衆議定書	現状変更的
194	一五七九	天正7	3	16	木島谷名衆中稲荷神社神事定書	和泉国木島谷	「かりそめのひとりごと」所収文書	「和泉地方における中世宮座史料」『阪南論集』一七-四	(書出)廿三日御神事の次第、(本文)一前之宮にて神事定	神事の規定	上之長名衆中9人連署	定書	現状記録的
195	一五七九	天正7	9		大宮天神社神事定書	播磨国川述郷	内藤寿雄氏所蔵文書九号	『兵庫県史』史料編中世二	(書出)播磨国神崎東郡川述郷大宮天神社神事相極次第、(書止)右従先規相極処、仍如件	神事の規定	なし	定書	現状記録的
196	一五八一	天正9	9	19	荒川荘棟別・地打衆議定書	紀伊国荒川荘	三船神社文書三号	『和歌山県史』中世史料一	(書出)条々、(書止)仍衆儀如件	棟別銭などの規定	氏人中・庄中	衆議定書	現状変更的
197	一五八一	天正9	11	16	タカタ惣ヨコナリ米定書	山城国賀茂荘高田村	大野区宮座共有文書	『加茂町史』一、四七三頁	(書止)定状実正明白也	ヨコナリ米の規定	なし	定書	現状変更的
198	一五八一	天正9	12	24	蛇溝村惣鍋衆議定書	近江国蛇溝村	蛇溝町共有文書二三号	『八日市市史』五	(書出)惣なへ置目条之事、(書止)惣衆儀たるへき事、仍掟目如件、(日下)惣衆儀	惣鍋の規定	なし	衆議定書	現状記録的
199	一五八二	天正10	2	8	志那村置文	近江国志那村	藤田文書五四号	『日本思想大系』中世政治社会思想下	(書出)定直〔置〕目条数之事	烏帽子代などの規定	13人連署判	置文	現状変更的
200	一五八二	天正10	11	25	安治村置文	近江国安治村	安治区有文書二〇一号	『太閤検地論』Ⅲ	(書出)定　条々掟目之事	芦などの規定	(日下)安治村惣中	置文	現状変更的
201	一五八二	天正10	12	8	今堀郷年寄惣分・若衆惣分置文	近江国今堀郷	今堀日吉神社文書三六六号	『今堀日吉神社文書集成』	(書出)定地下年寄若衆置目条々、(書止)右所定如件	結束	(日下)年寄惣分(略押)・若衆惣分(花押)	置文	現状記録的
202	一五八三	天正11	3	3	志那村座敷置文	近江国志那村	藤田文書五七号	『日本思想大系』中世政治社会思想下	(書出)志那広座敷直目次第事、(書止)右、皆々談合上にて定所如件	宮座座敷継承の規制	11人連署判	置文	現状変更的
203	一五八三	天正11	7		今堀惣中置文	近江国今堀郷	今堀日吉神社文書四六七号	『今堀日吉神社文書集成』	(書出)定掟目條々事、(書止)右定処如件	検地関係の規制	(日下)今堀惣中」連判	置文	現状変更的

204	一五八三	天正11	11	13	今堀惣分連署置文	近江国今堀郷	今堀日吉神社文書四六八号	『今堀日吉神社文書集成』	(書出)定そせうの事、(書止)仍定おき目如件	訴訟のための結束	(日下)今堀惣分として90人連署判	置文	現状変更的
205	一五八三	天正11	11		大森惣中定書	近江国大森村	村井直治郎氏所蔵文書六〇号	『日本思想大系』中世政治社会思想下	(書出)定条々之事、(奥)大森惣中究也	結束	なし	定書	現状変更的
206	一五八四	天正12	5	4	蒲生郡侍衆申合置文案	近江国蒲生郡	水原小三郎所蔵文書四四六号	『滋賀県史』五	(書出)当所侍衆申合條々事、(書止)仍置目如件	地侍衆の結束	犬丸飛驒秀満在判、以下26人(詳細不明)	置文	現状変更的。署名は翻刻されていない
207	一五八四	天正12	11		五条滝氏人衆中日記定書案	紀伊国五条滝	滝区文書一二号	『かつらぎ町史』古代・中世史料編	(書出)定新ヒラキ之事、(本文)右此日記之表之分	新開地の規定	五条滝ノ氏人衆中長弁判と五条滝南村中久吉判	日記定書	現状変更的
208	一五八四	天正12	12	2	今堀惣分定書	近江国今堀郷	今堀日吉神社文書四六九号	『今堀日吉神社文書集成』	(書出)定一書之事	検地関係の規制	(日下)今堀惣分	定書	現状変更的
209	一五八五	天正13	6	28	上大森惣分置文	近江国上大森村	上大森共有文書一四四四号	『近江蒲生郡志』六	(書出)定置目條々之事	耕作の規制	(日下)上大もり惣分	置文	現状変更的
210	一五八七	天正15	3	4	蛇溝惣衆議定書	近江国蛇溝村	蛇溝町共有文書一号	『八日市市史』六	(書出)定おきめ条々事、(書止)仍為衆儀定所如件	桑木採取禁止などの規制	(日下)蛇溝惣	衆議定書	現状変更的
211	一五八八	天正16	7	11	今堀惣分置文	近江国今堀郷	今堀日吉神社文書三六七号	『今堀日吉神社文書集成』	(書出)定おき目之事、(書止)右定処如件	耕作盗犯などの規制	(日下)今堀惣分(花押)	置文	現状変更的
212	一五八九	天正17	3	27	今堀惣分寄進下地定書	近江国今堀郷	今堀日吉神社文書四五五号	『今堀日吉神社文書集成』	(書止)右定処如件	寄進下地の記録	(日下)今堀惣分	定書	現状記録的

213	一五八九	天正17	12	5	岩蔵・長福寺・鮎江石工等置文	近江国岩蔵・長福寺・鮎江	岩倉共有文書一五三六号	『近江蒲生郡志』六	(書出)定掟之事、(書止)仍後日定状如件	石工の結束	42人連署判(『日本思想大系』中世政治思想は43人)	置文	現状変更的
214	一五八九	天正17	12	21	池田小あしろ山山手銭契状	越前国池田村・院内村	梅田雅文家文書四号	『福井県史』資料編六	(本文)当年より山手銭五十文ニ相定候、(書止)為後日書付状如件	山手銭の規定	6人連署判	定書	現状変更的
215	一五九〇	天正18	10	6	今堀惣分置文	近江国今堀郷	今堀日吉神社文書三六八号	『今堀日吉神社文書集成』	(書出)定掟目之事、(書止)右定をきめ如件	結束	(日下)今堀惣分として4人連署判	置文	現状変更的
216	一五九一	天正19	8	21	今堀惣分連署置文	近江国今堀郷	今堀日吉神社文書四七〇号	『今堀日吉神社文書集成』	(書出)定掟目条々事、(書止)右之掟目やふり申物これあら者、やくそく定付あい不可申者也	結束	(日下)今堀惣分(花押)他74人連署判	置文	現状変更的
217	一五九一	天正19	9	28	宇田村惣置文	近江国宇田村	山中文書二六三号	『水口町志』下	(書出)宇田村掟之事、敬白霊社上巻起請文、	徳政への対応	(日下)宇田村惣	置文	現状変更的
218	一五九三	文禄2	3	27	今堀郷結鎮直定書	近江国今堀郷	今堀日吉神社文書二八一号	『今堀日吉神社文書集成』	(奥)右定如件	宮座の規定	(日下)三郎五郎	定書	不明
219	一五九四	文禄3	2	2	岩倉惣中惣年行事連署定書	近江国岩倉村	岩倉共有文書一四七〇号	『近江蒲生郡志』六	(書出)申さたむる條々	寄合などの規定	惣年行事2人の連署判	定書	現状変更的
220	一五九五	文禄4	3	7	大滝村惣地下定書	越前国大滝村	大滝神社文書二三号	『福井県史』資料編六	(書止)仍相定之処如件	畑方年貢などの規制	64人連署判	定書	現状変更的
221	一五九五	文禄4	12	25	岩倉惣定書	近江国岩倉村	岩倉共有文書一四七一号	『近江蒲生郡志』六	(書出)惣より合にきわめ申事、(書止)きわめの状如件、くわたい成	寄合遅参の規制	19人連署判	定書	現状変更的
222	一五九九	慶長4	5	10	今堀惣分置文	近江国今堀郷	今堀日吉神社文書二五四号	『今堀日吉神社文書集成』	(書出)定置目之事、(書止)仍定置如件	惣森などの規制	(日下)道正(略押)、今堀惣分(花押)	置文	現状変更的

223	一六〇一	慶長6	2		安楽川荘本長衆定書	紀伊国荒川荘	岡家文書九号	『和歌山県史』中世史料一	(書止)右所定如件	宮座の規制	(日下)安楽川本長衆	定書	現状変更的
234	一六〇二	慶長壬寅	4		鬼住村惣中法度起請文	河内国鬼住村	鬼住区有文書一号	『河内長野市史』六	(書出)法度鬼住村惣中	盗犯の規制	(奥)鬼住村中	様式なし	現状変更的
225	一六〇三	慶長8	1	11	東村宮座定書	紀伊国東村	王子神社文書二二六号名附帳の一部分	『和歌山県史』中世史料一	(書出)是より前ハ見申間敷也、(書止)キワメメ〔衍字〕申候	宮座の規制	惣物(花押)	定書	現状変更的
226	一六〇三	慶長8	2	12	苗村惣中置文	近江国苗村	田中常治氏文書一四四七号	『近江蒲生郡志』六	(書出)定掟條々之事	出作などの規制	18人連署判	置文	現状変更的
227	一六〇三	慶長8	12	26	岩倉村石屋置文	近江国岩倉村	中村佐一郎氏所蔵文書	東京大学史料編纂所影写本三〇七一・六一-七四-四	(書出)岩倉石屋之お儀〔き〕めの事、(書止)一筆如此候	田屋などの規制	石屋惣分、年行次〔事〕五衛門(略押)	置文	現状変更的
228	一六〇六	慶長11	3	27	宇治河原村惣定書	近江国宇治河原村	宇川共有文書七九号	『日本思想大系』中世政治社会思想下	(書出)(前略)褒美相定候事	鉄火起請の取り決め	(日下)宇治河原村惣	定書	現状変更的
229	一六〇六	慶長11	3	28	宇治河原村惣定書	近江国宇治河原村	宇川共有文書七〇六号	『滋賀県史』五	(書出)(前略)褒美相定候事	鉄火起請の取り決め	(日下)宇治河原村惣	定書	現状変更的。火誓取人の褒美30石ほか
230	一六〇六	慶長11	3	28	宇治河原村惣定書	近江国宇治河原村	宇川共有文書	『日本思想大系』中世政治社会思想下、三〇二頁	(書出)(前略)褒美相定候事	鉄火起請の取り決め	(日下)宇治河原村惣	定書	現状変更的。火誓取人の褒美20石ほか
231	一六〇七	慶長12	6	10	宇治河原村惣中置文	近江国宇治河原村	宇川共有文書七〇六号	『滋賀県史』五	(書出)宇治河原村惣中鉄火置目□事	鉄火起請の取り決め	(日下)宇治河原村惣	置文	現状変更的
232	一六〇八	慶長13	3	7	天部村牛馬皮張り置文	山城国天部村	京阪文書七号	『京都の部落史』四、二八四頁	(書出)掟書之事、(書止)仍如件、(裏書)拾人組	牛馬皮の張り場所規制	11人の連署判(1人判なし)	置文	現状変更的
233	一六〇八	慶長13	6	18	春日大明神座配衆議定書	紀伊国鳥居村・北村・中村・幡川村	田中家文書四号	『海南市史』三	(書出)定、(書止)右之旨、堅衆儀如件	宮座の規制	41人連署判	衆議定書	現状変更的

234	一六〇八	慶長13	9	1	蛇溝惣中神事直定書	近江国蛇溝村	蛇溝町共有文書一号	『八日市市史』六	(書出)大神次〔事〕なをし定、(書止)定申候	神事の規制	蛇溝惣中として3人連署判	定書	現状変更的
235	一六一〇	慶長15	12	19	橋本南北両村おとな定書	近江国橋本村	左右神社文書二〇四六号	『近江蒲生郡志』六	(書出)両村定之事、(書止)両村をとなとして相きわめ申者也	村の子供の処遇	4人連署判	定書	現状変更的
236	一六一一	慶長16	3	14	中野村惣中置文	近江国中野村	中野共有文書一号	『八日市市史』六	(書出)定掟之□□〔事カ〕、(書止)右条々之置目背相仁於有之者、堅可為曲之事、仍如件	地論際目論の禁止など	(日下)惣中ヨリ	置文	現状変更的
237	一六一二	慶長17	8	26	氷室神社宮座トウ定書	大和国上入田村・下入田村・小野味村・中定村	氷室神社文書	『改訂天理市史』史料編一、四七四頁	(書出)ヲノヲノ相定事	宮座の規定	なし	定書	現状変更的
238	一六一二	慶長17	8	28	一色村惣中置文	近江国一色村	一式共有文書一四四八号	『近江蒲生郡志』六	(書出)定置目之事	田畠作の受渡の規制など	16人連署判	置文	現状変更的
239	一六一三	慶長18	1	12	高木村定書	近江国高木村	高木共有文書八二号	『日本思想大系』中世政治社会思想下	(書出)定	若者の規制など	37人連署判	定書	現状変更的
240	一六一三	慶長18	3	6	下比奈知村年預衆定書	伊賀国下比奈知村	下比奈知村民家所蔵文書	『三国地誌』巻一一一、三二六頁	(日下)年預衆定	山立合の規制など	年預衆として12人連署判	定書	現状記録的
241	一六一四	慶長19	7	16	隅田荘中連署定書	紀伊国隅田荘	六坊家共有文書一九号	『和歌山県史』中世史料一	(書出)〔前略〕定	神社再建費用の取り決め	20人連署判	定書	現状変更的
242	一六一四	慶長19	11	8	北内貴惣置文	近江国北内貴村	北内貴川田神社文書E-一一	『北内貴川田神社文書』	(書出)相定掟之事	走百姓跡職不関与の規制	(日下)北内貴惣	置文	現状変更的
243	一六一四	慶長19	12	3	北都塚村惣百姓中連署定書	甲斐国北都塚村	古屋詮季家文書	『一宮町誌』、四二四頁	(書出)当村名定之事	出合談合などの取り決め	16人連署判	定書	現状変更的。東国における村落定書の初見

244	一六一五	元和1	10	15	田烏浦頼母子定書	若狭国田烏浦	秦家文書一二四号	『小浜市史』諸家文書編三	(書出)定申頼母子の事、(書止)仍而為後日之状如件	頼母子	10人連署判	定書	現状変更的
245	一六一六	元和2	1	11	堅田舟頭中置文	近江国堅田荘	居初庫太氏所蔵文書八四	『日本思想大系』中世政治社会思想下	(書出)堅田舟頭中掟	船頭に関する諸事	(日下)舟頭惣代、辻市兵衛(花押)	置文	現状変更的
246	一六一七	元和3	1	11	北内貴惣おこない定書	近江国北内貴村	北内貴川田神社文書J-五	『北内貴川田神社文書』	(書出)相定おこない究候事、(書止)きわめ可申候事	おこないの取り決め	(日下)惣	定書	現状変更的
247	一六一七	元和3	12	12	下大森村侍衆定書	近江国下大森村	山田義雄文書一号	『八日市市史』六	(書出)侍衆きわめ之事	侍衆の法度	10人の連署判	定書	現状変更的
248	一六一七	元和3	12	27	今堀惣置文	近江国今堀村	今堀日吉神社文書二四七号	『今堀日吉神社文書集成』	(書出)定置目之事	家役の規制	今堀惣代神主(略押)	置文	現状変更的
249	一六一八	元和4	2	1	蛇溝村惣中烏帽子定書	近江国蛇溝村	蛇溝町共有文書三号	『八日市市史』六	(書出)ゑほしきわ目之事、(書止)右□ニ相きわめ申候事	烏帽子着の規定	(日下)へひミそ村惣中(花押)	定書	不明
250	一六二〇	元和6	1	16	慈尊院村座定書	紀伊国慈尊院村	中橋家文書四号慈尊院村座講議定の一部分	『和歌山県史』近世史料四	(書出)相定きたり之事、(書止)右らハ村ニさため申所為後日如件	座の規制	(日下)慈尊院村中	定書	現状記録的
251	一六二〇	元和6	5	27	佐目惣中定書	近江国佐目村	佐目区有文書	『近世村落の経済と社会』、三四八頁	(書出)究之覚	鉄火起請の取り決め	佐目惣中として6人連署判	定書	現状変更的。二〇一〇年の現地調査では見当たらなかった
252	一六二一	元和7	2	25	中野村地下置文	近江国中野村	中野共有文書二号	『八日市市史』六	(書出)一地下之置目之事	結束	なし	置文	現状変更的
253	一六二三	元和9	12	11	慈尊院村座講定書	紀伊国慈尊院村	中橋家文書四号慈尊院村座講議定の一部分	『和歌山県史』近世史料四	(書出)相定慈尊院村座講之事、(書止)為後日如件	座講の規制	奥に「左銘々名前書判」、「右銘々名前書判」	定書	現状変更的

254	一六二三	元和9			一色村中置文	近江国一色村	一式共有文書一四四九号	『近江蒲生郡志』六	(書出)元和九年い之一色村中定置目之事	結束	「一くみ三」として8人連署判	置文	現状変更的
255	一六二五	寛永2	3	1	蛇溝村惣中置文	近江国蛇溝村	蛇溝町共有文書二号	『八日市市史』六	(書出)蛇溝村惣中置目之事	結束	(日下)惣中	置文	現状変更的
256	一六二六	寛永3	6	3	今堀惣中置文	近江国今堀村	今堀日吉神社文書二五五号	『今堀日吉神社文書集成』	(書出)定直[置]目之事	草刈りなどの規制	(日下)惣中	置文	現状変更的
257	一六二六	寛永3	6	12	荒川荘中定書	紀伊国荒川荘	岡家文書八九号	『日本思想大系』中世政治社会思想 下	(書出)定法度之事	博奕の禁制	(日下)安楽川庄中として21人連署判	定書	現状変更的
258	一六二七	寛永4	1	20	中野村十人組定書	近江国中野村	中野共有文書一四五〇号	『近江蒲生郡志』六	(書止)仍て為後日如件	十人組の規制	10人連署判	様式なし	現状変更的
259	一六二八	寛永5	3	16	一色村定書	近江国一色村	一式共有文書一四七五号	『近江蒲生郡志』五	(書出)寛永五年たつ年水入給米相定候事、(書止)仍定如件	水入給米の取り決め	(日下)一色村惣中(印)	定書	現状変更的
260	一六三〇	寛永7	8	11	中野村惣中置文	近江国中野村	中野共有文書四号	『八日市市史』六	(書出)惣中置目之事、(書止)仍置目状如件	結束	11人連署判	置文	現状変更的
261	一六三〇	寛永7	8	11	中野村地下定書	近江国中野村	中野共有文書五号	『八日市市史』六	(本文)地下中置目之事ニ少も相そむき申事、是有間敷候	結束	12人連署判	様式なし	現状変更的。「地下中置目」は中野共有文書4号文書をさすのであろう
262	一六三〇	寛永7	8	11	中野村南組中定書	近江国中野村	中野共有文書六号	『八日市市史』六	(本文)何様之儀も惣中置目にもれて一言之中分無御座候	結束	13人連署判	様式なし	現状変更的。「惣中置目」は中野共有文書4号文書をさすのであろう
263	一六三〇	寛永7	8	11	中野村某組中定書	近江国中野村	中野共有文書七号	『八日市市史』六	(本文)何様之儀も惣中之置目にもれて、一言之しさい申間敷候也	結束	13人連署判	様式なし	現状変更的。「惣中之置目」は中野共有文書4号文書をさすのであろう

264	一六三二	寛永9	3	9	岩本村定書写	越前国岩本村	大滝神社文書九六号	『岡本村史』史料篇、一一二五～一一二六頁	(書出)岩本村為惣中相定証文之事、(書止)為後日起請文仍如件	田畠縄入れと庄屋番についての規制	17人連署	定書	現状変更的。定書と起請文の複合文書。寛永九年岩本村田畠小割帳の末尾に書写されている
265	一六三二	寛永9	5		鬼住村座配定書	河内国鬼住村	鬼住区有文書三号	『河内長野市史』六	(書出)定	宮座座配の取り決め	6人連署判	定書	現状記録的
266	一六三三	寛永10	6	16	江良浦など三ヶ浦組合大網株定書	越前国江良浦など	刀祢春次郎家文書六八号	『福井県史』資料編八	(書出)〔前略〕大網株之定書覚、(書止)為後日定之覚書、仍而如件	大網株の規制	3人連署判	定書	現状変更的
267	一六三三	寛永10			蛇溝村地下置文	近江国蛇溝村	蛇溝町共有文書三号	『八日市市史』六	(書出)蛇溝村地下掟之事、(書止)仍掟如件	今堀村との出入りについての規制	2人連署判	置文	現状変更的
268	一六三四	寛永11	5	4	尾瀬村惣山定書	越中国尾瀬村	羽馬完爾氏所蔵文書一一二八号	『富山県史』史料編Ⅲ	(書止)仍為後日申定之状如件	惣山の取り決め	3人連署判	定書	現状変更的
269	一六三五	寛永12	7	30	柴原南村惣中定書	近江国柴原南村	柴原南町共有文書一号	『八日市市史』六	(書出)きわめ之事	庄屋衆に関する取り決め	(日下)南村惣中	定書	現状変更的
270	一六三六	寛永13			保津村置文	丹波国保津村	五苗文書五号	「丹波国南桑田郡保津村五苗文書」『同志社大学人文科学研究所紀要』三	(書出)南保津下人百姓共ニ掟の事	下人百姓に対する身分規制	なし	置文	現状変更的
271	一六三七	寛永14	2	8	田烏浦年寄中網場定書	若狭国田烏浦	近世文書五漁業　秦家文書二号	『小浜市史』諸家文書編三	(書出)今度北南年寄中寄合相きわめ申候あミ場之事、(書止)仍如件	網場の規制。罰則強化	15人連署判(木印署判)	定書	現状変更的。南北年寄中(拾人衆を含む)の定書
272	一六三七	寛永14	12	9	三津屋村置文	近江国三津屋村	三津屋町共有文書一号	『八日市市史』六	(書出)両方おきめ之事、(書止)為後日書おき仍如件	浪人抱え置きなどの規制	4人連署判	置文	現状変更的

273	一六三八	寛永15	8		日根野村庄屋作法定書写	和泉国日根野村	古谷家文書六号	『泉佐野市史』	(書出)相定申書物之事、(書止)為其互ニ証文仕置、仍如件	庄屋の設定に関する規制	8人連署	定書	現状変更的
274	一六三八	寛永15	12		中野村定書	近江国中野村	中野共有文書八号	『八日市市史』六	(書出)堅究之事	結束	108人連署判	定書	現状変更的
275	一六三九	寛永16	8	21	今堀惣分連署定書	近江国今堀村	今堀日吉神社文書二九六号	『今堀日吉神社文書集成』	なし	結束	72人連署判	様式なし	現状変更的
276	(一六三九)	卯	11	19	今堀村人連署覚書	近江国今堀村	今堀日吉神社文書二九〇号	『今堀日吉神社文書集成』	なし	籾盗犯の規制	68人連署判	様式なし	現状変更的。一六三九年(寛永一六)の年紀推定あり
277	一六三九	寛永16	12	24	猿倉村年貢等定書	越前国猿倉村	室屋文書二号	『勝山市史』資料篇一	(書止)右之趣、相定申候通、相違有間敷者也、仍如件	検地や年貢などの取り決め	23人連署判	定書	現状変更的
278	一六四二	寛永19	4		大虫大明神山割定書	越前国上大虫村ほか3か村	大虫神社文書二号	『福井県史』資料編六	(書止)為後日之以連判相究申候処実正也、仍如件	山割の取り決め	17人連署判	定書	現状変更的
279	一六四二	寛永19	4		上大虫村等四ヶ村山割契約定書	越前国上大虫村・下大虫村・四目村・高森村	岡野文書一号	『越前若狭古文書選』	(書出)山割申四ヶ村証文事、(書止)右四ヶ村之御高ニ随て割分申上ハ、少も申分無御座候、為後日之、以連判、相究申候所実証也、仍如件	山割に関して4か村で契約した取り決め	21人連署判	定書	現状変更的
280	一六四三	寛永20	2		大虫大明神宮立入山氏子連判定書	越前国上大虫村ほか3か村	大虫神社文書四号	『福井県史』資料編六	なし	宮立入山の確認	17人連署判	定書(様式なしから変更)	現状変更的
281	一六四三	寛永20	6	11	中野村惣中番所定書	近江国中野村	中野共有文書九号	『八日市市史』六	(書出)定番所之事	番所の設定	(奥)中ノ村惣中	定書	現状変更的
282	一六四三	寛永20	9	29	三屋村烏帽子着置文	近江国三津屋村	三屋共有文書三一三三号	『近江蒲生郡志』八	(書出)村中書おき之事、(書止)為後日、かき置仍如件	烏帽子成の直物の規定	2人連署判	置文	現状変更的

283	一六四四	寛永21	9	14	服部村おとな衆談合書	大和国服部村	服部神楽講文書一二号永禄一二年服新福寺一結座帳の一部	「服部神楽講文書」『国立歴史民俗博物館研究報告』一一二	(書止)おとな惣中談合申如此候、以上	おとな衆24人の人数維持	2人連署判と惣中の署	様式なし	現状変更的
284	一六四六	正保3	2	8	三津屋村烏帽子成・おとな成直物定書	近江国三津屋村	三津屋町共有文書一号	『八日市市史』六	なし	烏帽子成・おとな成の直物の規定	(日下)惣村中	様式なし	現状変更的
285	一六四九	慶安2	2	13	今泉村山分定書	越前国今泉村	西野次郎兵衛家文書八〇号	『福井県史』資料編六	(書出)山わけ申定之事	山分けの規定	71人連署判	定書	現状変更的
286		午	12	11	今堀惣中寄合定書	近江国今堀郷	今堀日吉神社文書八七〇号	『今堀日吉神社文書集成』	(書止)仍右如件	寄合遅刻者の規制	(日下)惣中	様式なし	現状変更的
287		申	10	17	下大森村法度定書	近江国下大森村	山田義雄家文書二号	『八日市市史』六	(書出)法度之事	村の法度	なし	様式なし	現状変更的
288		亥	11	16	今堀村愛宕山定書	近江国今堀村	今堀日吉神社文書六六二号	『今堀日吉神社文書集成』	(書出)定、(書止)以上	愛宕山の規制	庄屋2人など4人連署判	定書	現状変更的。近世か
289			9	28	荒川荘中毛見定書	紀伊国荒川荘	三船神社文書四号	『和歌山県史』中世史料一	(書出)毛見ニ定はつと〔法度〕之事、(書止)一かくのことく堅相候事、仍而如件	毛見の規定	(日下)安楽川庄中	定書	現状変更的
290					今堀郷徒荷定書	近江国今堀郷	今堀日吉神社文書三七三号	『今堀日吉神社文書集成』	(書出)定証状之事、(書止)仍而定所如件	徒荷の扱い	4人連署判	定書	現状変更的
291					菅浦棟別銭等置文	近江国菅浦	菅浦文書一四六号	『菅浦文書』	(書出)「　　」掟、(書止)以上	棟別銭の書き上げ	なし	置文	現状記録的
292					菅浦諸公事停止事書	近江国菅浦	菅浦文書三一九号	『菅浦文書』	(書出)諸公事聴士〔停止〕之事	諸公事の停止	なし(後欠カ)	様式なし	現状変更的
293					菅浦惣荘乙名置文	近江国菅浦	菅浦文書一二六〇号	『菅浦文書』	(書出)任此置文面、(書止)〔前略〕之定也	年貢加地子の収納など	「惣庄乙名」として8人連署判	置文	現状変更的

294					得珍保四郷定書	近江国得珍保四郷	今堀日吉神社文書三六四号	『今堀日吉神社文書集成』	(書出)四郷定條目之事	商売人への庵室銭賦課	なし	定書	現状変更的
295					今堀村惣中置文	近江国今堀村	今堀日吉神社文書二九一号	『今堀日吉神社文書集成』	(書出)今堀村惣中置目之事	七人組の規制など	なし(後欠カ)	置文	現状変更的。近世か
296					今堀郷衆議定書	近江国今堀郷	今堀日吉神社文書五七九号	『今堀日吉神社文書集成』	(書止)衆儀之趣如件	八人長上(乙名)などの定め	なし	衆議定書	現状変更的
297					菅浦紛失定書	近江国菅浦	菅浦文書二〇三号	『菅浦文書』	(書出)定置　失文書案書之事	文書紛失	なし	紛失定書	現状記録的
298					鞆淵惣荘事書	紀伊国鞆淵荘	鞆淵八幡神社文書二五号	『和歌山県史』中世史料一	(端裏)ソウノヲキフミ	下司との確執	なし	様式なし	現状記録的。置文文言はないが、端裏書からすると置文と認識されていた
299					中村結鎮座置文	和泉国若松荘中村	奥野健一文書二号中村結鎮御頭次第紙背文書の一部	『堺市史』続編四、一〇七二頁	(書出)座中定置条々、(書止)所定置如件	宮座	なし	置文	現状記録的。一三九七年(応永四)の項の紙背文書
300					鞆淵惣荘置文	紀伊国鞆淵荘	鞆淵八幡神社文書四四号	『和歌山県史』中世史料一	(端裏)ヲキフミ、(書出)定おく条々事	付沙汰などの規制	なし	置文	現状変更的
301					荒川荘興山寺御影堂事書	紀伊国荒川荘	岡家文書一〇号	『和歌山県史』中世史料一	(書出)安楽川井路之事	興山寺御影堂建立の覚書	(奥)安楽川庄中	様式なし	現状記録的
302					東村百姓等連署置文	紀伊国東村	王子神社文書一二四号紙背文書一号	『和歌山県史』中世史料一、四八七頁	(書出)定おく〔置〕、(書止)定状如件	村人追放	(奥)東村百姓等連書〔署〕	置文	現状変更的

本章前半では、村落定書のあり方や変遷の概略を示す。また後半では、村落定書の特徴的な内容を紹介する。以上をもって、第三章以降の村落定書に関する詳細な分析を了解するための前提としたい。

一　村落定書のあり方とその変遷

まず、中世における村落定書三〇二点の各文書様式とその変遷や分布について紹介する。[1]

ここでは、村落集団・村落内特定集団の村落定書のみならず、他の様式の文書でありながら実質的には村落定書であるもの、他の文書の一部分としての村落定書、村落集団以外の文書群に残された村落定書についても扱う。なお、年紀のない村落定書については、文書数としては各文書様式のなかに算入してある。ただし中世地下文書としての村落定書の特質を考えるために、年紀のない村落定書については各文書様式とは別に論じる。

(1)　置文系村落定書

①置文

「置文」や「定置」、「置目」や「掟」(置手)などの文言をもつ村落定書が置文であり、村落定書としては最も早く出現する文書様式である。この様式の初出年代は一二五二年(建長四)〔表2-1の1番〕(〔　〕内は表2-1の番号、以下同じ)で、今のところ九二通の置文を確認している。

もともと口頭伝達の世界であった村落内部では、村落定書を作成するにあたり、本来的には特定の文書様式を必要としなかった。しかし、荘園領主、一宮、地域中核寺社、地侍連合などの文書様式を導入することにより、領主層の権威を背景として村落定書の実効性を高めようとした意図があったと思われる。

【史料2-1】　一三九五年(応永二)紀伊国東村馬頭料頭置文(王子神社文書)〔45番〕(〔　〕内は表2-1の番号、以下同じ)

定置　馬頭料頭事
合壱貫五百文者
右此旨、村人等同心ニ定置処也、於違犯之輩ニ者、可被御相差者也、仍村人評定之状、如件
応永弐年乙亥十月三日

冒頭に「定置」という文言があることから、この村落定書は置文といえる。この置文は、粉河寺六月会の馬頭頭人を勤める際の料足を一貫五百文に村人が定めたものである。これに違犯した者は、馬頭の正式な頭人から外し、補助的な役である相頭に格下げすることを規定している。(2)従来からの馬頭料足額の規定を守らない者が出ていることに対する、現状維持対応の村落定書といえよう。置文は、基本的にはこのような現状記録的な村落定書なのである。

②日記定書

日記定書は、「日記」という文言を持つ村落定書の様式である。この様式の初出年代は一二七四年（文永一一）［5番］で、今のところ九通の日記定書を確認している。置文文言があっても日記文言があれば、日記定書とした。この点は、以下の文書様式でも同じである。

【史料2-2】一四二四年（応永三一）紀伊国賀太荘賀太八幡宮神事入物日記定書（向井家文書）［65番］

（端裏書）「賀太庄八幡宮御神事入物日記　此相日記神田作人之方にもあり」
賀太庄八幡宮毎年御神事日記
一七斗五升　　座中之酒

一弐百三十餅　座中引物
右、毎年たいてん（退転）なくつと（勤）めらるへく候
仍為後日、所定如件
一同御供其他入物住（注）文之事
（中略）
応永卅一年八月十五日　　賀太惣庄座衆（花押）

八幡宮宮座での座中の酒と引き出物の分量を記録した村落定書である。中略した部分には、宮座で必要とされる餅・小土器・散米・御幣の紙・供物・神酒の供物などについて記されている。日下には、「賀太惣庄座衆（花押）」の署判がある。この花押は賀太惣荘宮座一臈など代表者のものであろう。

日記とは、基本的に事実を記録したものである(3)。すなわち、日記定書は記録であり、このことは村落定書がもともと村の記録から出発していることを示唆している。そして置文と同様、日記定書も現状記録的な村落定書なのである。

③紛失定書

紛失定書は、「引失」・「紛失」・「案書」などの文言をもつ村落定書の様式である。この様式の初出年代は一二九三年（正応六）［12番］で、今のところ一〇通の紛失定書を確認している。

【史料2-3】一三〇二年（正安四）近江国菅浦紛失定書（菅浦文書）［18番］

（端裏書）「あんそ（案書）のセう文（証文）」

定を□□□□（くあんそ）の事

合一通　田畠をしちけんにさしたるせう文也

右、件あんそのくわんなさいけ（在家）に一貫つゝせう文を、七まいうしないて候を、いかなる人もあて、かのせう文ありとゆ（言）はんともから（輩）にをきてハ、こゝまつたい（後々末代）をふ（経）とゆうとも、へち（別）のさいくわ（罪科）にをこな（行）はれ候へし、よんてあんそくたんのことし（如件）

正安四年七月三日

右馬との（略押）　しやうし（庄司カ）大夫（略押）

平三大夫（略押）　とう大夫（略押）

合大夫（略押）　あん大夫（略押）

いやすけ（略押）　中けん□（検校カ）う（略押）

けんないす（略押）

ここでは、文書の紛失を証明するのみならず、紛失した文書を持ち出して権利を主張する者を特別に処罰することを規定している。この史料中の「あんそ」とは「案書」で、紛失した文書に対する証明書を意味する。(4) なお案書は、案文などともいう。

このように、紛失定書は紛失状とほぼ同等の現状記録でありながら、紛失文書の再出に対する処理をことさらに規定した点などで、村落定書としての規制力が期待されていたといえよう。また紛失物件が村落と何らかの関係を有している点も紛失定書の特徴である。これらのことから紛失定書は、置文や日記定書と同様に、現状記録的な村落定書なのである。

以上のように、置文・日記定書・紛失定書は、いずれも基本的には現状記録的な村落定書という点で共通している。この点から、ここではこれら三者を「置文系村落定書」として一括しておく。

(2) 定書系村落定書

①衆議定書

衆議定書は、「衆議」・「衆儀」の文言を持つ村落定書の様式である。この様式の初出年代は一二八一年（弘安四）［8番］で、今のところ三一通の衆議定書を確認している。

【史料2-4】一三八三年（永徳三）近江国今堀郷結鎮頭衆議定書（今堀日吉神社文書）［36番］

（端裏書）「けちのとうのにき」

定今堀郷家鎮（結）頭事

右於新座輩、雖為一度、遂出仕之者、依其座次第、可来頭指之者也、仍衆儀（議）之評定如斯

永徳三年癸亥正月　日（下略）

結鎮とは、年頭に行われる歩射儀礼である。(5) ここでは、新座の者が新たに結鎮頭を勤めるという状況がでてきたことに対応して、新たな規定を作成している。それは、新座の者が入座後に、臈次の順番に従って結鎮頭役を勤仕せよというものである。

下略した部分には、九月九日頭もこの規定に準じることや、左近次郎の結鎮頭役が「非分の頭」であったので、後年の「廻り合い」の際に勤仕すべきことを規定している。『日本思想大系』中世政治社会思想 下が補注で指摘し

ているように、左近次郎が結鎮頭を勤めるべき時に新座の者が勤めてしまったか、または左近次郎自身が新座の者である可能性もある。どちらとも決しがたいが、左近次郎が左近という官途名を名乗っている点からすると、前者である可能性が高い。いずれにせよ、そういう突発事態に対応して、新たな規範を決めたのが、この結鎮頭衆議定書なのである。

なお、端裏書に「にき」（日記）の記載があり、この衆議定書も記録としての痕跡を残している。しかし、これは現状を変更したことを記録したという点において、この衆議定書が現状変更的な村落定書であることには違いない。

このように衆議定書とは、現状を変更することを取り決めた村落定書なのである。ここにみえる「衆議」とは、「村人等の会議」による決定であることをことさらに示したものである。このような衆議文言をわざわざ記載することは、今後は現状を変更して厳しく対処するという強い意思表示を示したものであるといえよう。

②定書

定書は、単に「定」、「改」などの文言をもつ村落定書の様式である。この様式の初出年代は一二九八年（永仁六）［16番］で、今のところ一一一通の定書を確認している。

【史料2-5】一四九一年（延徳三）紀伊国東村地下定書（王子神社文書）［125番］

地下之定せいほう（制法）の事

上下へ口をきゝ候ハん人ハ、地下のあく（悪）人にてあるへし、万一上よりそ（訴）人なき公事をおほせ候ハヽ、地下一身ニ御わひこと（詫言）申可候、若とう（盗）人候ハヽ、見やい（見合）ニうつ（討）可ものなり、若御とかめ候ハヽ、地下より御わひ事申可候、仍定所如件

延徳三年無神月廿四日

東村地下で新たに制法を定めたものである。内容は三点にわたる。

一点目は、領主側へ密告をしたら、地下の悪人とみなすという規制である。史料では「上下」とあるが、これは「上」に重点があると思う。

二点目は、領主側から「訴人無き公事」をいいかけられたら、地下が一体となって「詑言」をいって事態を回避するという対応方針である。「訴人無き公事」とは、訴える者がいないのに領主側が勝手に行う裁判のことで、中世社会における法慣習を無視した暴政であった(6)。

三点目は、盗人をみつけたら、即座に殺すという対応方針である。「見やい」は「見合い」で、「即座に、その場で」という意味である。ただ、このような盗犯対応は以前から行われていたと思われる。この点は、後述する「地下の大犯三箇条」に関する村落定書などと考え合わせたい。

むしろこの三点目における眼目は、その後に書かれている点にあろう。この盗犯対応に関して領主側から咎め立てがなされた場合、盗犯を処罰した村人を擁護して、村落全体で領主に対応すると決めた。こうした方針を新たに立てたことに眼目があると思われる。これは、村の自検断をあくまで貫徹しようという強固な意思表示といえよう。従来からの盗犯対応をあくまで維持するという点では現状維持的にみえるが、領主への対応を変更しようという点は現状変更的だといえよう。

以上のように定書は、基本的に現状変更的な村落定書である。このように衆議定書と定書はいずれも現状変更的な村落定書なので、ここでは両者を「定書系村落定書」として一括した。

（3）特定様式のない村落定書

特定様式のない村落定書とは、特定の文言・様式をもたないが、内容的には村落集団の意思を示している内部文書である。特定様式のない村落定書の初出年代は一二七〇年（文永七）［4番］で、今のところ四九通確認している。

【史料2-6】一五一〇年（永正七）紀伊国東村地下定書（王子神社文書）［150番］

一先規より□□党等事
一無許（訴）人御公事
一過去御公事
一火付・盗人事かいしゃく（介錯）人同さい（罪）
一流風迄仁押御闕所
幷仁於公方口聞者、為百姓中、則可沙汰者也
仍後日状、如件
永正七年かのへうま八月十二日

「置文」や「定」などの村落定書の特定文言がないことがわかる。しかし、内容的には第二箇条目の「訴人無き御公事」の回避は、前述した一四九一年（延徳三）の東村定書と共通している。盗犯の断罪や「公方口聞」（＝「上下へ口をきゝ候ハん人」）の禁止も同様である。以上の点から、この文書も、内容的には村落定書であるといえよう。

もともと口頭伝達の村落社会で作成されはじめた村落定書は、本来、このように特定の様式や文言を持たなかっ

たと思われる。ところが、現在確認している四九通のこのような村落定書は各時期に散らばって存在している。これは中世のある時期から村落定書を作成し始めた村落が当初は特定様式を用いなかったことによる。

また、近江国今堀郷や菅浦、紀伊国東村など多くの村落文書を残している地域でも、時に特定様式を持たない村落定書を作成している。この点は、中世村落において特定様式に収斂しきれない村落文書の揺らぎを示しているともいえよう。

（4）年紀未詳の村落定書

年紀未詳の村落定書については、前述したようにそれぞれの様式の箇所に算入して検討しているが、村落定書の地下文書としての特質を確認するうえで、改めて論じたい。現在、一九通の年紀未詳の村落定書を確認している。年紀未詳の村落定書の内訳は、置文六通、日記定書〇通、紛失定書一通、衆議定書一通、定書四通、特定の様式なし七通である。

【史料2-7】和泉国若松荘中村結鎮座置文（奥野健一文書）［299番］

座中定置条々

一主親之蒙勘気、又親恨ヲモ成、逐電輩者、免許アリテ後、望者帰座不可有子細

一幼少ヨリ親離、他国シ、成人之後立帰テ、座ヲ望者、能紀而不可有子細

一大犯夜（屋カ）焼 殺人 盗人 輩努々座交不可叶

所定置如件

この村落定書は、和泉国若松荘中村の結鎮御頭次第という頭役帳の応永四年（一三九七）条紙背に書かれたものである。「定置」という文言があるので、様式としては置文である。

内容としては、逐電したり他国に出た者の宮座帰参に関する規定が二箇条と「屋焼（放火）・盗人・殺人」といういわゆる地下の大犯三箇条を犯した者に対する絶交規定一箇条である。

この置文の前には、庄司大夫死後の跡職相続を認めないという記述がある。またこの置文の後には、「一送物之事」として餅などの個数が書かれた記録がある。応永四年条の紙背一紙にこれらの記載がまとめて書かれてあるのは、どういうことを意味するのであろうか。

私は、御頭次第が書かれた後、何らかの事情でこれらの記載をわざわざ御頭次第の紙背に書き付けたのだと考える。庄司大夫に対する制裁（跡職の相続禁止）は、応永四年当時のことなのであろう。送り物の覚書もこの当時になされた算用であろう。それと同様にこの置文も、この当時に決められた内容を失念しないために紙背に記載されたのだと思われる。文書の表ではなく紙背なのは、応永四年の頭役祭祀が勤仕された後に記されたためであろう。

このような年未詳で署判もない置文で頭役帳の紙背に書かれたものであっても、村落民にとっては唯一のオリジナルな「正文」の村落定書であったと指摘しておきたい。

(5) 村落定書の変遷と分布

もともと口頭伝達で運営されてきた村落社会で、現状を記録する内部文書として村落定書は発生した。そのような状況からみて本来は特定様式のない文書として村落定書は成立したと思われるが、残存している村落定書は置文・日記定書・紛失定書・衆議定書・定書の順にあらわれて、それぞれ特定の様式をもっている。このような特定様式は領主層から村落に伝播し、村落定書の実効性を高めようとした意図から村落が村落定書の様式として導入し

表2-2　村落定書の地域分布

近江国	161
紀伊国	70
越前国	13
大和国	11
和泉国	10
丹波国	7
河内国	6
若狭国	5
摂津国	4
山城国	4
播磨国	2
越中国	2
伊勢国	2
志摩国	1
伊賀国	1
讃岐国	1
土佐国	1
甲斐国	1

たものと思われる。

そして村落定書は、現状記録的な置文形式（置文・日記定書・紛失定書）から現状変更的な定書形式（衆議定書・定書）へと推移していく。一五世紀中頃を境目として村落定書は、数的に置文が減って定書が主流となり、内容的には置文も定書と同化して全体的に「現状変更的」となっていった。その背景としては、当時の社会情勢が流動化していることがあげられるが、宮座に新座衆が出現して宮座そのものが変革期に入ったことが直接的な要因として指摘できる。この変革により、一六世紀には乙名・村人身分の宮座から年寄衆・座衆身分の宮座へと変質するのである。(7)

次に、村落定書がどのような地域に分布しているのかみてみよう。表2-2によると、村落定書はおおむね近畿地方と北陸地方に分布している。それは惣村の分布領域とほぼ重なっている。

また私は名主頭役身分の者たちの宮座である名主座が畿内近国を包み込むようリング状に分布していることを指摘し、それを名主座リングと名付けた。(8)この名主座リングの内側は、臈次成功制宮座の分布領域である。臈次成功制宮座とは、宮座成員が宮座頭役と村の成功を負担することにより、臈次をあげていく形態の宮座である。村落定書の分布領域は、この臈次成功制宮座の分布領域ともほぼ重なっているのである。

そこで、村落定書の分布領域で、惣村や臈次成功制宮座の分布地域としては周辺領域にあたる地域について、個別に状況をみておこう。

播磨国の村落定書は、神崎東郡川述郷と鶴林寺の領地における二通である。(9)いずれも東播磨に位置している。播磨国の東部は、惣村ならびに臈次成功制宮座の分布領域である。

伊勢国（村落定書二通）では、惣村または臈次成功制宮座を示す史料はみつかっていない。しかし、伊勢国には民俗として臈次成功制的な宮座がみられるので、[10]臈次成功制宮座の分布領域内とみてよかろう。

伊賀国（一通）も、惣村または臈次成功制宮座の存在を示す史料はみつかっていない。しかし伊賀国にも民俗として臈次成功制的な宮座がみられるので、[11]臈次成功制宮座の分布領域内とみてよかろう。

同じく越中国（二通）も、惣村または臈次成功制宮座を示す史料はみつかっていない。ただ近隣の越前国と同様に、惣村または臈次成功制宮座の分布領域内とみていいかもしれない。

丹波国（七通）は、臈次成功制宮座と名主座が混在する地域である。この地域の村落定書七通のうち四通は桑田郡山国荘黒田下村のものである。山国荘本郷は名主座の地域で、黒田地域は臈次成功制宮座なのである。残る三通は、年代順に多紀郡小野原荘、桑田郡保津村、桑田郡出雲村・中村・江島里である。多紀郡は惣村や臈次成功制宮座の分布地である摂津国に隣接し、桑田郡は山城国に隣接している。そのような地理的な状況がこの地域における村落定書の分布要因としてあげられよう。

讃岐国（一通）は、名主座の分布地域である。讃岐国の村落定書一通は、水主神社の神人宮座に関するもので、例外的に臈次成功制宮座である。[12]

土佐国（一通）も、名主座の分布地域である。土佐国の村落定書一通は一四五七年（康正三）の大忍荘名主等連署契約状で、この「名主等」は実質的に地侍である。[13]讃岐国・土佐国いずれも、惣村とは村落構造が異なっている。

最後に甲斐国（一通）。これは一六一四年（慶長一九）の北都塚村惣百姓中連署定書であり、東国における近世村落定書の先駆けといえよう。[14]

以上のように、村落定書は村落文書のなかでもっとも中核的な位置を占める重要な文書である。それゆえに、村落が直面した問題に対して一番敏感に反応している文書ともいえる。前述したように私は現在三〇二点の村落定書を把握しているが、今後、未知の村落定書が出てくることを期待している。また、近世の村落定書へどのように関連していくのかについては、今後の課題としたい。

二　村落定書の特徴的な内容

次に、村落定書のもつ特徴的な内容についてみていきたい。

（1）村落定書の基本的内容

【史料2-8】一五六八年（永禄一一）近江国菅浦壁書（菅浦文書）〔182番〕

当所、壁書所之事、守護不入、自検断之所也、（中略）仍而為後日如件

十六人之長男
東西之中老
廿人

永禄十一年十二月拾四日

これは、近江国菅浦の村落定書の一節である。この村落定書全体の解釈・位置づけについては議論がある。[15] しかし、菅浦が「守護」（守護大名・戦国大名）の干渉を受けない、「自検断」（自律的な警察権限保持）の在所であるこ

とを、村落の代表者である「長男」(おとな乙名)と「中老」(中の乙名)が宣言していることには違いない。ただし、これは、「独立宣言」のようなものとは異なる。

【史料2-9】一二六二年(弘長二)近江国奥島荘百姓等置文(大島神社奥津島神社文書)[2番]

此等之不思議之於悪口輩者、可被追却御庄内

これは、悪口をいって村落集団を混乱させる輩を追放する規制である。このように村落定書は一義的に、村落集団内部、村落構成員に対する法的規制なのである。したがって、前にあげた菅浦の定書にみられる文言も、外部に宣言する目的のものではなく、村落構成員の内部規律を再確認するためのものなのである。

奥島荘の定書は、鎌倉後期における「惣荘」という荘園単位の村落集団の定書である。このことから、村落定書は、中世前期の村落集団(惣荘)から継続して保持している慣行であることがうかがえる。これ以前、中世前期惣荘の定書は残されてはいない。このことは、村落定書が本来は不文律の慣行であったことを示唆しているものともいえよう。

【史料2-5(一部を再掲)】一四九一年(延徳三)紀伊国東村地下定書(王子神社文書)[125番]

若とう(盗)人候ハヽ、見やい(見合)ニうつ(討)可ものなり

この定書については第一節で既述した(七七頁)。「もし盗人がいたら、その場で処刑せよ」というのが、この箇条の意味である。すなわち、これは、自検断の象徴でもある盗人現行犯に対する処罰規定なのである。

たしかに、村落定書は、近世村法の先駆である。しかし、近世法では、基本的に村落民による盗人現行犯処罰は認めていない。現在の研究においては、中世の村落法と近世の村法との基本的な違いを明確に認識している。そのうえで、中世の村落法がどのように近世の村落慣行に受け継がれていくのかが、研究の焦点となっている。(16)

（2） 村落定書と宮座

中世の村落定書のもう一つの特徴は、祭祀儀礼関係の規定が豊富にみられることである。

【史料2-10】 一三八四年（永徳四）近江国今堀郷結鎮頭等入物衆議定書（今堀日吉神社文書）［37番］

結鎮頭入物注文
八合舛
五升　的帳　　一斗　座酒　三升　女房座
一升　さいの神　一斗　的前　八升　神供米〔ミ五く〕
十三日堂頭事
頭人　二人　　酒　四斗　　六升　大仏供
九月九日頭事
五斗〔升〕　御水　　三斗　座酒
永徳二二年正月　日
依衆儀、評定所定如件

冒頭に「注文」とあるが、末尾に「衆儀（衆議）により、評定し定める所、件のごとし」とあるから、衆議定書とみてよかろう。

「結鎮」というのは、正月に行う徒弓の儀礼で、「歩射」ともいう。[17] 村落内を悪魔払いする儀礼であるが、その折に村境の「さいの神」（塞の神）をあわせ祭るのは、清浄化した村域を結界するためである。

「頭」というのは頭役のことで、今堀郷の鎮守である今堀日吉十禅師社の宮座成員が一年交替で頭人として勤仕するものである。結鎮頭とならんで、十三日堂頭や九月九日頭という頭役が同社の祭祀としてあったことがわかる。

村落定書にこのような祭祀に関する規定がみられるのは、村政が「宮座」という集団によって運営されていたからである。近世になると、宮座は村政から次第にはずれ、単なる祭祀組織になっていった。この点も、中世の村と近世の村の大きな違いである。

また、この定書には「女房座」がみられる。これは、女性が宮座行事に参加していたことを示すものである。このような中世村落宮座のあり方は、触穢意識の深化などにより、女性を基本的に排除する近世宮座と対照的である。その点で興味深いのが、次の史料である。

【史料2―11】一三六五年（正平二〇）紀伊国東村物頭置文（王子神社文書）［32番］

サタメヲク

ヒカシノムラノムスメノ、タソノニ候ハムニ、モノ、トウサスヘカラス

ここには、他村へ嫁いだ村の娘が、東村の鎮守若一王子神社の「モノ、トウ」を勤仕してはいけないと決めら

れている。「モノ丶トウ」は物頭で、東村における女性の物頭とは村巫女だと推測されている。[18] これは、前掲史料2-10永徳四年今堀郷の「女房座」ともども、女性の祭祀参加を示す、貴重な史料である。

(3) 村落定書にみえる生活規制

村落定書の内容は、神事のみならず、村人の生活全般に及ぶ。

【史料2-12】一四八九年(延徳元) 近江国今堀地下置文(今堀日吉神社文書)[120番]

一、惣森ニテ青木ト葉かきたる物ハ、村人ハ村を可落、村人ニテ無物ハ地下ヲハラウヘシ

惣有地である惣森における無断の伐採・採集を禁じている。村落の共有財産である山林、田畠、用水などを維持管理するための規制も、村落定書に課せられた大事な機能なのである。

ところで、この定書の処罰規定には、「村人」は「村を落とすべし」、「村人にてなき者」は「地下をはらうべし」とされている。これはどういう意味だろうか。

「村人」は、「むらうど」などと訓む。この「村人」は、村落民一般をさすのではなく、宮座に参加できる中核的な村落成員の身分呼称なのである。村人は頭役や烏帽子成・官途成・乙名成などを勤め、集団加入年齢である「臈次(ろうじ)」を登りつめて「乙名」となる。「村人」身分集団である宮座は、一臈を筆頭とする乙名たちによって指導されているのである。私は、このような身分を、村落集団独自の身分秩序である「村落内身分」と定義した。[19] 一方、「村人にてなき者」とは、宮座から排除された、村落の准構成員である。

したがって、処罰として「村を落とす」とは、「村人」からその身分を剥奪し「村人にてなき者」にしてしまう

ことである。「地下をはらう」とは、「村人にてなき者」を文字通り村外へ追放するということである。村落定書は、このような村落内身分の秩序に基づいて、機能していたのである。

村落定書における生活規制について、さらにみていこう。


【史料2-13】一五二〇年（永正一七）近江国今堀郷衆議定書（今堀日吉神社文書）［156番］

一、萬之作毛、号拾ト猥事停止畢

これも今堀郷衆議定書の一部である。「よろずの作毛、拾うと号して、みだりのこと、停止しおわんぬ」とよむ。作毛とは、田畠の収穫物のこと。「畢」は完了を示す助動詞だが、ここでは強い意味はほとんどない。「拾う」と号して諸種の収穫物をみだりに採取することを禁止する、というのである。

問題は、「拾うと号して」という箇所である。「〜と号して」というのは、中世では自己の行為を正当化する常套句である。他人の田畠の収穫物でも、拾ったものなので、盗みではないと主張している者がいる。この定書は、「拾う」ことそのものを禁じたのではなく、「拾う」といい逃れして自分勝手に他人の収穫物を盗むことを禁じているのである。

「拾う」とは、「落ち穂拾い」のことである。落ち穂拾いというと、私たちはすぐミレーの有名な絵画を思い出す。しかし落ち穂拾いは、ヨーロッパだけではない。日本においても落ち穂拾いは、寡婦などの生活弱者が生計を支えるための、大事な慣行であった。

それでは、正当な落ち穂拾いと「猥事」との差は、どこにあるのだろうか。それは、牛馬放牧の可否とも共通して、収穫祭の前か後かという時間的な差異にあると思われる。その背後には、年中行事とともに村の土地のあり方が変わるという心意が隠されている。この点の詳細については、残念ながら紙幅の都合上、別稿を参照されたい。[20]

【史料2-14】一四六〇年（長禄四）**近江国今堀郷神事置文**（今堀日吉神社文書）［87番］

一、タヒウト、ヲクへからす

【史料2-15】一五五六年（弘治二）**近江国今堀郷定書**（今堀日吉神社文書）［177番］

一、とまり客人、きんせひの事

いずれも、今堀郷の村落定書の一節である。「旅人置くべからず」、「泊まり客人禁制」。いずれも、村落内の風紀維持の目的などから、村外の者を村落内に寄宿させることを禁じたものである。ただ、重ねて禁じられているところをみると、あまり遵守されなかったのだろう。商業活動が活発で、他地域の商人などとの交渉が頻繁であった今堀郷ならではの規制といえよう。[21]

今堀郷の置文には、さらに興味深い箇条がある。

【史料2-12（一部を再掲）**】近江国今堀地下置文**（今堀日吉神社文書）［120番］

一、犬かうへからす事

これは、前掲した一四八九年（延徳元）の置文の一節である。今堀郷ではなんと、犬を飼育してはいけないという。現代の団地ではあるまいに、なんとも愛犬家には胸の痛む規制ではあるまいか。さて、この箇条の背景には、どんな問題があるのだろうか。

狂犬病、犬の畑荒らし、倹約などの禁止目的を検討した結果、塚本学氏は、今堀郷の犬飼育禁制には村内特定家の武力独占を排除する目的があったと推測している。[22]また川島茂裕氏は、犬をめぐる闘諍の防止を禁制の目的とみている。[23]いずれにせよ、単なるペットではない、犬の時代的な特性を考えなければいけないといえよう。

おわりに

以上、村落定書の様式がどのように変遷したのかという概略を述べてきた。さらには村落定書の豊富な内容の一端も紹介した。

従来、このような村落定書の豊富な内容は注目されてきたが、その古文書としてのあり方についてはほとんど研究がなされてこなかった。

そこで続く第三章では、本章で述べた村落定書の様式のあり方や変遷を、具体的な事例を通して詳細に跡付けていく。また他の文書との関連などを通して、村落定書の持つ文書としての特質についても迫っていきたい。

注

（1）本章前半は、本書第三章（初出二〇一四・二〇一五年）、第四章（初出二〇一八年）の成果に基づいて論述した。二〇一八年現在、合計三〇二通の村落定書を把握している。本章におけるそれぞれの村落定書の数値は、この二〇一八年現在のものに修正してある。
（2）この置文のなかの「相差」を『和歌山県史』中世史料一は「頭差」と読んでいるが、これでは意味が通らない。『日本思想大系』中世政治社会思想　下（岩波書店、一九八一年、一七二〜一七三頁）は「相差」と読み、「もてなし、振舞」の意味に解している。この解釈にも無理がある。
（3）榎原雅治「荘園文書と惣有文書の接点」（同『日本中世地域社会の構造』校倉書房、二〇〇〇年、初出一九九六年）。
（4）田中克行『中世の惣村と文書』（山川出版社、一九九八年）第Ⅱ部第一章。
（5）中世村落における正月儀礼の一環としての結鎮については、薗部「村落の歳時記―結鎮、おこない、そして吉書―」（『日本村落史講座』第六巻 生活Ⅰ、雄山閣出版、一九九一年）・「宮座儀礼の歴史民俗学的比較研究の課題―歩射儀礼を中心に―」（山本隆志編『日本中世政治文化論の射程』、思文閣出版、二〇一二年）・「宮座における歩射儀礼―結鎮・百手・オビシャ―」（『米沢史学』三三号、二〇一七年）を参照のこと。
（6）前掲注（2）『日本思想大系』中世政治社会思想　下、一九三頁頭注。
（7）薗部『日本中世村落内身分の研究』（校倉書房、二〇〇二年）。
（8）薗部『日本の村と宮座―歴史的変遷と地域性―』（高志書院、二〇一〇年）、『中世村落と名主座の研究―村落内身分の地域分布―』（高志書院、二〇一一年）、「丹波国葛野荘の名主座について」（『山形県立米沢女子短期大学紀要』四八号、二〇一二年）、「肥後国海東郷における名主座（ジンガ）について」・「南海道の名主座について（補遺）」（『米沢史学』二九号、二〇一三年）。
（9）天正七年大宮天神社神事定書（内藤寿雄氏所蔵文書九号、『兵庫県史』史料編中世二）・天文三年鶴林寺領名主・沙汰人・百姓中置文（鶴林寺文書八号鶴林寺寺料田総目録の一部、同書所収）。
（10）堀田吉雄『頭屋祭祀の研究』（光書房、一九八七年）。
（11）前掲注（10）堀田著書。
（12）文安元年水主神社神人宮座座配定書（水主神社大般若経函底書、『香川県史』八、九八四頁）。
（13）康正三年大忍荘名主等連署契約状案（安芸文書一六三号、『土佐国地方史料』）。
（14）慶長一九年北都塚村惣百姓中連署定書（古屋詮季家文書、『一宮町誌』、四二四頁）。

(15) 藤田達生『日本中・近世移行期の地域構造』(校倉書房、二〇〇〇年)第一章などを参照のこと。
(16) 水本邦彦『近世の郷村自治と行政』(東京大学出版会、一九九三年)など。
(17) 前掲注(9)に同じ。
(18) 黒田弘子『女性からみた中世社会と法』(校倉書房、二〇〇二年)第五章・付論Ⅱ。
(19) 前掲注(7)・(8)薗部著書。
(20)『体系日本史叢書』一五 生活史Ⅰ(山川出版社、一九九四年、「第三章 中世の生活 第三節 村の暮らし 第2〜4項」薗部執筆)。
(21) 今堀郷の商業活動については、仲村研『中世惣村史の研究』(法政大学出版局、一九八四年)などを参照のこと。
(22) 塚本学「封建的犬所有」(同『生類をめぐる政治　元禄のフォークロア』、平凡社、一九八三年)。
(23) 川島茂裕「動物と中世村落」(前掲注(5)『日本村落史講座』第六巻)。

第三章　村落定書の成立と変遷——文書様式の観点から——

はじめに

本章前半では、中世における村落定書の文書様式とその変遷について論じるものである。ただし村落集団の意思が示されたものでも、百姓等解や申状、請文、村落間の契約状、村落集団の書状など、その意思を特定の外部者に対して伝達することを目的とした文書は、除外した。また村落内の特定集団、たとえば頼母子講衆、氏人衆、侍衆や山越衆などに関する定書も除外した。さらに、京都など都市的な場における定書や商業座集団の定書なども除外した。なお、帳面など記録類の一部分に定書様の記載があるものについても、本章は文書様式論的観点の分析であるので、基本的に除外した（ただし文書の形態が分かるものは採択した）。年紀未詳のものも除外した。以上、できるだけ狭義に村落定書を定義したというのが本章前半のスタンスである。

本章後半では、周辺文書との関連から村落定書を論じる。また本章前半では取り上げなかった年紀未詳の村落定書についても論じる。本章後半では様式論だけでは理解できない村落定書の内実に迫りたい。

次に先行研究についてであるが、中世の村落定書を文書様式論から追究した研究は、管見の限り、存在しない。

私は村落定書における正文・案文という理解の一面性や村落文書における惣判・惣印について論じたことがある。[1]しかし村落定書の様式そのものについては論じていない。近世の村落定書については、法制史的観点からの研究がある[2]が、文書様式という観点からの研究はみられない。

一　村落定書の文書様式

以上のような定義及び研究史を踏まえて、本節では、村落定書の成立と変遷のありかたを文書様式の観点から、問題提起的に追究する。

本節で取り扱う村落定書の様式は、初見年代順に、置文、日記定書、紛失定書、衆議定書と定書である。またこれ以外に、特定の様式をもたない村落定書についても論じる。

（1）置文

まず私が確認したなかで、最も古い年紀を有する村落定書を紹介しよう。

【史料3-1】一二五二年（建長四）和泉国唐国村刀祢百姓等置文（松尾寺文書）［1番］（［　］内は表2-1の番号、以下同じ）

唐国村刀祢与百姓條々置文事
一　八月神事時并客人時、入草可有在家別
（中略）
右所定置之状、如件

建長四年五月十一日　　　百姓等
　　　　　　　　　　　刀祢

このように「置文」や「定置」、「置目」や「掟」（置手）などの文言を持つ村落定書の文書様式を「置文」と呼んでおく。村落定書は、文書様式の上で、まずは置文として登場するのである。

ところで、この置文は、荘園領主である松尾寺に伝来している。これはなぜだろうか。実は、松尾寺は唐国村の刀祢職を買得しているのである[3]。この置文はもともと刀祢の家文書として保管されていたのだが、刀祢職の買収と共に権利文書の一環として刀祢家から松尾寺に移管されたのである。

ここに、刀祢のような荘官のもつ文書群（地下文書）と村落集団の文書群との関係について、考えるべき問題があるように思う。私は、かつて惣村文書（村落文書）の形成を荘園文書の集積と在地慣行の文書化という二つの流れの中で位置づけたことがあり、また富澤清人氏や高橋傑氏は荘園の地下文書は荘官の手に委ねられていたと指摘している[4]。村落集団による荘園文書の集積と在地慣行の文書化の結節点に、荘官が存在しているのである。すなわち、村落文書形成の一つの契機として、荘官文書があるのではなかろうか。唐国村の刀祢百姓等置文が刀祢家文書として保管されていたことを、今後、こういう観点から再検討していく必要があろう。

表2-1のうちで、本章「はじめに」で示した基準により選定された狭義の村落定書は、全三〇二通のうち、二二七通であった。そのなかで「置文」の様式を持つものは六九通確認している（表3-1）。このうち近江国岡屋村の二通と近江国押立五郷の一通は木札である。

さて、置文が村落定書の初出様式であることに、どのような意味があるのだろうか。置文様式の定型的な「置文」、「定置」、「置目」という文言には、「書き置く」、「記し置く」、すなわち記録するという意味があろう。

表３－１　置文を持つ村落

村　落	初見年次	表2-1の番号	文書数
和泉国唐国村	1252	1	1
近江国奥島荘・北津田荘	1262	2, 15, 61, 115, 127	5
紀伊国賀太荘	1270	3	1
紀伊国鞆淵荘	1279	6, 90, 129, 134	4
近江国山前荘	1281	7	1
近江国岡屋村	1313	20, 58	2
若狭国多烏浦	1345	24	1
近江国菅浦	1346	25, 89, 95, 96, 98, 100, 111, 124, 169	9
紀伊国東村	1365	32, 45	2
和泉国黒鳥村	1369	34, 44, 62	3
紀伊国四郷	1384	38	1
摂津国長洲御厨	1411	60	1
近江国今堀郷	1460	87, 120, 201, 203, 204, 211, 215, 216, 222, 248, 256	11
大和国藺生荘	1474	105	1
近江国仰木荘	1475	106	1
紀伊国天野郷	1476	109	1
紀伊国短野村	1487	117	1
近江国押立五郷	1512	151	1
近江国篠田荘	1513	152	1
山城国東河原村	1528	158	1
近江国山田荘	1533	163	1
摂津国篠原村	1571	187	1
近江国安治村	1577	192, 200	2
近江国志那村	1582	199, 202	2
近江国上大森村	1585	209	1
近江国苗村	1603	226	1
近江国宇治河原村	1607	231	1
近江国中野村	1611	236, 252, 260	3
近江国一色村	1612	238, 254	2
近江国北内貴村	1614	242	1
近江国蛇溝村	1625	255, 267	2
丹波国保津村	1636	270	1
近江国三津屋村	1637	272, 281	2
合　計			69

本章で置文様式の文言とした「掟」については、「置手」と表記された村落定書があることに注目したい［54番、後掲史料3－9］（［　］内は表2－1の番号、以下同じ）。「おきて」という言葉の原義はともかく、「置手」と記載する村落民の意識としては、置文と同様に「記し置くこと」に意義を見出していたのではなかろうか。その点で、掟文言も置文様式の一環と位置づけておきたい。

置文という初発の村落定書の目的は、「後世のために現状を記録しておくこと」、そして「その規範を後世の人々が遵守することを強制すること」に主眼があったのではないだろうか。そしてそれは村落定書そのものが本来、現状を記録するためのものであったことを意味しているのではなかろうか。

ただしそう言い切るには、個々の置文、さらには村落定書すべての内容を精査する必要がある。その方法と結果については後述する。

次に、このような置文様式が、どのようなルートで村落文書群の中に取り込まれたのかを考えてみたい。

まず、村落文書のなかに伝来する領主の置文に注目したい。近江国野間荘の八幡神社所蔵文書中には、一四九九年（明応八）の野間荘代官置文が伝来している。(5)この文書の書き出しは「定　野間庄掟條々之事」、書き止めは「仍而掟如件」である。荘園領主の代官とみられる「御代官」と公文代の連署判がある。また紀伊国東村の王子神社文書には、一五四四年（天文一三）粉河寺連署置文が残されている。(6)この文書の書き出しは「定　掟条々之事」、書き止めは「仍所定如件」で、粉河寺の中院宿老年預ら僧侶四人の連署判がある。

また領主文書の中にも村落宛の置文が残されている。近江国柏木御厨で、一四五六年（康正二）御厨鎮守国中神社の「時之和尚」が国中宮十七講米の醵出について御厨諸村に制定した置文が、国中神社文書に残されている。(7)丹波国一宮出雲神社の社領預所は、社領の江島里・中村・出雲各村の代表者とともに、出雲神社雨悦風流に関する置文を制定している。(8)

本章では、領主文書を十分に精査していない。領主側の文書群には、このような置文がまだまだ多く残されていることと思われる。

また地域の土豪が連署して置文を作成した事例もある。一四九〇年（延徳二）、近江国三上荘土豪衆五人は、連署して、同荘内の植林に関して置文を作成して取り決めをしている。(9)

さらにいえば、初発の置文である建長四年和泉国唐国村刀祢百姓等置文が荘官である刀祢と百姓等との連署で作成されていることも示唆的であろう。

以上のような荘園領主、一宮、地域中核寺社、土豪連合などの置文が村落に影響を与え、置文様式の村落文書を作成する契機となったのではないだろうか。

村落定書の中には、後述するように特定の様式を持たないものが数多く伝来している。そのなかで、置文というような特定の様式を導入した背景は何だろうか。また特定の様式を持たない村落定書の伝来と対比して考えると、村落定書に特定様式を導入することには、何か特別な意図が存在していたのではないかと考えられる。

その点で、考慮すべきなのは、置文という様式が荘園領主などの領主層から伝播したものだという点である。このことから、置文という様式を導入して領主層の権威を背景に持つことにより、村落定書の実効性を高めようとした意図があったのではないだろうか。

領主層の持つ置文様式が村落へ伝播した。そして村落定書の実効性を高めるために、村落が村落定書の様式として導入した。本章ではそのように考えておきたい。

（2）日記定書と紛失定書

①日記定書

次にとりあげるのは、日記定書である。これは、「日記」という文言をもつ村落定書の様式である。文中に置文文言があるものでも、日記の文言があれば日記定書とした。先般からある置文のみならず、日記文言も加えたことにこの村落定書作成の意味があると考えたからである。

まずは、日記定書の初見文書をみてみよう。

【史料3-2】一二七四年（文永一一）近江国大島社三度神事日記定書（大島神社奥津島神社文書）［5番］

（端裏書）「神事定日記定書事」

神主（花押）

注進　大嶋社三と神事日記事

合

御淆（酒カ）ハせん〳〵の定（割注省略）

とう（頭）人のさた

（中略）

文永十一年十□□日　村人等□

□□（略押）宗利（略押）

□□（略押）利宗（略押）

書き出しに「神事日記」とあり、端裏書にも「神事定日記定書事」とある。内容的には大島社三度神事における供物負担などのありかたを記録したものである。現状を記録し後世に残すという点では、置文と同様の機能が期待されたといえよう。ただ、日記という記録簿の形態を持っているということは、置文よりもいっそう記録保持という意味合いが強いといえよう。[10]

表3-2のように、一七世紀前半までの年紀を有する村落定書のなかで、日記定書を七通確認している。

表3-2　日記定書を持つ村落

村　落	初見年次	表2-1の番号	文書数
近江国奥島荘・北津田荘	1274	5,9,11	3
紀伊国賀太荘	1424	65	1
近江国今堀郷	1449	82,83	2
紀伊国短野村	1504	143	1
合　計			7

さて日記定書様式の村落への伝播・導入に関してだが、荘園領主と村落との中間に位置している在地寺社において、次の二つの文書をいまのところ確認している。

一つは摂津国黒鳥村の安明寺。ここには、一二八六年（弘安九）安明寺供養法置物日記という日記定書が残されている。[11]「供養法置物日記」という書き出しで、一番衆・二番衆など僧四人の署判があり、大般若経布施米の配分を記録した文書である。安明寺は黒鳥村のみならず、上泉郷（荘）・坂本郷（荘）など周辺地域に経済・文化・宗教上で大きな影響力を持つ地域中核寺院であった。[12]

もう一つは、紀伊国賀太荘の伽陀寺である。伽陀寺は、葛城修験の中核として隆盛を誇っていた。[13]この寺の文書を多く伝える向井家に一四二三年（応永三〇）の伽陀寺二月頭免田日記定書が残されている。[14]この文書の書き出しは「賀太本庄伽陀寺二月頭免田之事　但三番之分日記」、書き止めは「右定所如件」、日下には「衆中之定」と記されている。内容は、賀太荘内における伽陀寺の免田に関するものであり、荘民に大きな影響を持つ内容である。賀太荘の日記定書［65番］が本文書の翌年一四二四年（応永三一）に作成されているのは、偶然であろうか。

いずれにせよ、日記定書も置文と同様、領主層の影響によって村落内へ伝播したことで、村落定書の様式として導入されたと考えてよいだろう。

②紛失定書

次は紛失定書である。これは、「引失」、「紛失」、「案書」などの文言を持つ村落定書の様式である。日記定書と同様に、置文文言があるものでも、引失や案書などの紛失文言があれば紛失定書とした。先般からある置文のみならず、紛失文言も加えたことにこの村落定書作成の意味があると考えたからである。

まず紛失定書の初見文書をみてみよう。

【史料3-3】一二九三年（正応六）紀伊国相賀北荘柏原村柏原御堂結衆紛失定書（西光寺文書）［12番］

柏原御堂西三反田券分弐通引失証文者、一通者佐藤大夫西光院阿ミタ仏ニ奉渡売券文、一通者其本券文也、若自何所も尋出者あミた仏可奉、（中略）仍為後日沙太（汰）、置文状、如件

正応六年癸巳八月十五日　　結衆各々

筆師昇願房（花押）

「引失証文」に関する置文という体裁をとる日記定書である。なお、同日付で柏原御堂結衆田券紛失状（西光寺文書（柏原区有）六号）が作成されていることからみて、この紛失定書は単なる紛失状ではない。

まず紛失した事実を記録している点では、紛失状と同等の効力をこの紛失定書はもっている。その上で、紛失した文書が再出した場合の処理方法を、柏原御堂の結衆である相賀北荘の荘民に規制しているのである。その処理も、新たな処置というわけではなく、本来あるべき西光院（＝柏原御堂）阿弥陀仏に返付するというものである。

この点で、紛失定書は紛失状とほぼ同等の現状記録でありながら、紛失文書の再出に対する処理をことさらに規定した点で村落定書としての規制力が期待されていたといえよう。

表3-3のように、一七世紀前半までの年紀を有する村落定書のなかで、紛失定書を九通確認している。なお、このなかで紀伊国鞆淵荘のもの一点［28番］は木札である。

表3-3　紛失定書を持つ村落

村　落	初見年次	表2-1の番号	文書数
紀伊国相賀北荘柏原村	1293	12	1
近江国菅浦	1302	17,18,27	3
近江国奥島荘・北津田荘	1326	22	1
紀伊国鞆淵荘	1357	28	1
紀伊国花園荘中南村	1374	35	1
丹波国山国荘黒田下村	1498	135,136	2
合　計			9

紛失定書様式の村落への伝播・導入であるが、公文が作成した日記定書を見出している。それは、一三七四年（文中三）の紀伊国花園上荘の公文侍従による紛失定書である。[15] この文書の書き出しは「サタム　カトノフシチノコト（定　件之紛失之事）」で、署判には「公文侍□」とある。注目したいのは、本文中に「ムラウト（村人）□□（サ）タムルトコロナリ」と書かれている点である。形としては、公文による紛失定書なのであるが、実際には村人たちによる制定を背景としているのである。このような公文による紛失定書が、村落における紛失定書の直接の前提になったであろうことは想像に難くない。

したがって、紛失定書も領主層の影響によって村落内へ伝播したものを、村落定書の様式として村落が導入したと考えてよいだろう。

ただしもう一点、注意しておきたいのは、既存の紛失状における「村人等」の署判や「在地証判」の問題である。たとえば、摂津勝尾寺に残る一二九八年（永仁六）の惟宗延末紛失状には、本文中に「名主幷村人之連署」とあり、「村人等」として六人の署判がある。[16] またもう一点別の同年惟宗延末紛失状の本文中には「申請在地之証判」と書かれているのである。

このような紛失状に対する村人等の署判や在地証判も、村落集団が紛失定書を作成する内在的な契機の一つになったのではないだろうか。

日記定書と紛失定書をみてきたが、いずれも現状記録を残すことに制定の基本的な目的があった。この点において、置文と日記定書・紛失定書とは同様の性質の村落定書ということができるのではないだろうか。

そして、以上のような事情は、改めて、村落定書の原点は「記録」にあるということを示唆しているものと思われる。

(3) 衆議定書

次に扱うのは、衆議定書である。これは、「衆議」や「衆儀」などの文言を持つ村落定書の様式である。置文文言があるものも、衆議文言があれば衆議定書とした。先般からある置文のみならず、衆議文言も加えたことにこの村落定書作成の意味があると考えたからである。

衆議定書の初見文書は、次の史料である。

【史料3-4】一二八一年(弘安四)近江国大島社座衆議定書(大島神社奥津島神社文書)[8番]

定

注進　座之衆儀(議)之旨之□□

(中略)

一当日之饗モ横座六人、五合可増之也

右衆儀之旨如件、雖経未来際、不可有違乱、仍勒状如件

弘安四年四月廿日　記之

この衆議定書は、大島神社・奥津島神社の神事社役について規制したものである。しかし単に現状を記録しただけではなく、横座六人の饗については従来より五合増やすように規定している。この点で、衆議定書は置文のように単なる現状記録でないことが分かる。

ただ、この「五合増すべし」という規定が一般座衆よりも横座の者を優遇している従来慣行の確認だと解釈することも可能である。そこで、同じく大島神社奥津島神社文書における別の衆議定書をみていくと、一三四二年（康永元）の史料にはこの衆議定書の性質が明確に表れている。

【史料3-5】一三四二年（康永元）近江国奥島・北津田両荘村人等衆議定書（同神社文書）［23番］

（端裏書）
「就中庄之供斎（菜）恵利沙汰両庄衆儀置文　康永元

二月末□」

康永元年二月　日両庄村人等衆会儀曰、

右件子細者、中庄孫三郎大夫被切上当庄之供斎之恵利之間、令両庄一同奉振神木、即為発向奉入庄堺之処、彼孫三郎大驚、奉向神與（輿）雖歎申、一切村人無管（寛）宥之儀、然間、惣追補（捕）使代輔阿闍梨御房被口入之間、条々雖（難）有歎治之子細、暫神與（輿）奉帰入、而向後於彼供斎之恵利幷御神領等有致煩輩（者脱）、為有厳密其沙汰、仍為後日亀鏡、衆儀之状如件

康永元年二月□□日　　両庄村人等

表3－4　衆議定書を持つ村落

村　落	初見年次	表2-1の番号	文書数
近江国奥島荘・北津田荘	1281	8,10,23	3
近江国今堀郷	1383	36,37,49,68,80,138,142,156,159	9
近江国下笠村	1389	41	1
紀伊国粉河荘	1408	56	1
大和国吉野郷	1408	57	1
近江国小川保下小川村	1423	64	1
紀伊国賀太荘	1442	78	1
伊勢国中村	1498	132	1
紀伊国東村	1502	139,154	2
紀伊国四郷	1513	153	1
越前国今泉浦	1570	184	1
近江国山上村	1573	189,193	2
紀伊国荒川荘	1581	196	1
近江国蛇溝村	1581	198,210	2
紀伊国鳥居村・北村・中村・幡川村	1608	233	1
合　計			28

大島神社・奥津島神社の供祭えりを中荘の孫三郎大夫に切り上げられたため、奥島荘・北津田荘の村人等は、荘境まで発向して神木を中荘に入れようとした。しかし、孫三郎大夫の詫びと追捕使代輔阿闍梨の仲裁によって、今回は神木・神輿を元に戻した。今後は、供祭えりや神領を脅かす者は、厳しく追及することを衆議で定めたものである。

ここには神領と供祭えりを守るための厳しい決意が示されており、今後問題が起きれば、今回のことは先例としないで厳しく対処することとなった。これは現状の記録というよりも、現状を変更し、今後は厳しく対処することを決めたものといえよう。

以上のように衆議定書とは、基本的には現状を変更することを取り決めた村落定書なのである。この村落定書における衆議とは、「村人等の衆議」による決定であるという事実に基づいている。このような衆議文言をわざわざ記載することは、今後は厳しく対処するという強い意思表示であるといえよう。

表3－4のように、一七世紀前半までの年紀を有する村落定書のなかで、衆議定書を二八通確認している。

衆議定書様式の村落への伝播・導入であるが、荘園領主や中核寺院の衆議文言を持つ下知状類や衆議定書をいくつか確認している。

紀伊国の粉河寺。一四七七年（文明九）粉河寺衆議下知状・一五一七年（永正一四）粉河寺衆議状・年未詳（一五六二年（永禄五）カ）粉河寺衆儀下知状案・年未詳粉河寺氏人中衆議状案は、いずれも書き止めに「依衆議下状如件」・「衆儀如件」・「衆儀如件」・「此旨衆儀候」という衆議文言が用いられている。[17] またこれらの下知状類は、いずれも粉河寺の所領である紀伊国東村に出されたものであり、どれも王子神社文書として伝来している点に注意したい。

またいずれも美濃国の事例であるが、地域の中核寺院で衆議定書が作成されている。一つは汾陽寺で、一四九〇年（延徳二）汾陽寺衆徒衆議定書であり、もう一つは新長谷寺の一六〇一年（慶長六）新長谷寺夏中勤行衆議定書である。[18] 書止文言は、前者が「仍衆評所定如件」、後者が「依衆儀所定之状如件」である。いずれも時期が遅く、また村落との関連は不明であるが、地域への影響力が強い中核寺院で衆議定書が作成されていることに注目しておきたい。

前述したように粉河寺衆議下知状類は、東村に出され、そして東村に残されたものである。一四七七年（文明九）の粉河寺衆議下知状が東村に出された後、一五〇二年（文亀二）と一五一六年（永正一三）の二度にわたって東村で衆議定書が作成されているのである。

このように、衆議定書も領主層や地域の中核寺院などの影響によって村落内に伝播し、村落が村落定書の様式として用いたものと考えてよいだろう。

なお、伊勢国宇治山田の都市共同体山田三方も、衆議定書を作成していることを参考までに付言しておく。[19]

最後に村落定書における衆議定書の意義について考えてみたい。前述したように置文が現状記録的な性格が強かったのに対して、衆議定書は現状を変更する内容を示している。現状を変更する決定をするためには、強い意志と多くの賛同者が必要であったと思われる。衆議文言は、そのような意志とそれに対する賛同を強調するために用いられたのではなかろうか。

後述するように、村落定書そのものが現状記録から現状変更へと性質を変えていく。衆議定書は、その変化における尖兵的な役割を担っていた様式だといえよう。

（4）定書

様式のある村落定書の最後、第五番目の様式であり、また中世で最後の村落定書様式として、定書様式をあげておこう。定書とは、単に「定」、「改」などの文言をもつ村落定書の様式である。

定書の初見文書をみてみよう。書き出しに「定」という文言がみえる。

【史料3-6】一二九八年（永仁六）近江国北津田・奥島両村人等社頭一味同心連署定書（大島神社奥津島神社文書）［16番］

（端裏書）「□□もん」

定　津田・島両村人つ（つ脱）しんて中上候

　社とうの沙汰にをきてハ、いちとうたるへし

（中略）

右このむ（ね脱）をま□□

　永仁六年六月

北津田（住人カ）□□（三九人の連署判省略）
奥島分
（五八人の連署判省略）

この定書は、大島神社・奥津島神社社頭の沙汰において「一同たるべし」すなわち結束することを定めており、現状変更というよりも現状記録・現状維持の要素が強いように思われる。同じく奥島荘の一三六八年（応安元）の御供等定書（大島神社奥津島神社文書）また、紀伊国東村の一三六五年（正平二〇）東村カミノイケ定書（王子神社文書）も現状記録的な定書である［33・31番］。このように初期の定書は現状を記録する内容のものが多い。

そこで次の史料をみておきたい。

【史料3―7】一四三〇年（永享二）近江国野々宮郷定書（野矢氏文書）［70番］

一木草かるべからざる事
（中略）
右於背此旨者、可為三百文過怠者也、（中略）仍所定如件
永享二年庚戌八月日　（六人連署判省略。署判の途中で後欠）

この定書では、木草の刈り取りなど五項目の規制がなされ、罰則規定が設けられている。すなわち、木草が勝手に刈り取られている現状を変更しようとしたものである。このように、一五世紀中頃から次第に現状変更型の定書が増えてくる。後に詳述するが、全体的にみて定書は現状変更型の村落定書なのである。

表3-5　定書を持つ村落

村　落	初見年次	表2-1の番号	文書数
近江国奥島荘・北津田荘	1298	16,33,77	3
紀伊国東村	1365	31,59,74,103,110,125,130,147	8
紀伊国花園下荘	1385	39	1
近江国今堀郷	1388	40,104,118,144,155,174,177,208,212,218	10
紀伊国短野村	1395	47,51,53	3
紀伊国安原郷	1397	48	1
近江国南津田荘	1400	52	1
近江国蛇溝村	1407	55,234,249	3
大和国三里(服部・五百井・丹後)	1418	63,148,149	3
近江国必佐荘	1424	66	1
近江国野々宮郷	1430	70	1
讃岐国水主郷	1444	79	1
近江国難波村	1470	97	1
近江国菅浦	1483	114,121,137	3
紀伊国賀太荘	1487	116	1
紀伊国和田荘吉原村	1494	128	1
紀伊国相賀北荘柏原村	1497	131,171	2
紀伊国大野荘	1503	140	1
近江国余呉荘丹生郷	1531	160	1
河内国善福寺三箇村	1531	161	1
近江国奥島荘白部村	1538	164	1
近江国武佐村	1539	168	1
紀伊国鞆淵荘	1544	170,172	2
越中国五箇山	1552	173	1
近江国守山村	1576	190	1
近江国安治村	1577	191	1
播磨国川述郷	1579	195	1
山城国賀茂荘高田村	1581	197	1
近江国大森村	1583	205	1
近江国岩倉村	1594	219,221	2
越前国大滝村	1595	220	1
紀伊国荒川荘	1601	223,257	2
近江国宇治河原村	1606	228,229,230	3
近江国橋本村	1610	235	1
大和国上入田村・下入田村・小野味村・中定村	1612	237	1
近江国高木村	1613	239	1

伊賀国下比奈知村	1613	240	1
紀伊国隅田荘	1614	241	1
甲斐国北都塚村	1614	243	1
近江国北内貴村	1617	246	1
近江国佐目村	1620	251	1
近江国一色村	1628	259	1
河内国鬼住村	1632	265	1
越前国江良浦など	1633	266	1
越中国尾瀬村	1634	268	1
近江国柴原南村	1635	269	1
若狭国田烏浦	1637	271	1
近江国中野村	1638	274,281	2
越前国猿倉村	1639	277	1
越前国上大虫村ほか3ヵ村	1642	278	1
越前国今泉村	1649	285	1
合　計			84

表3-5のように、一七世紀前半までの年紀を有する村落定書のなかで定書様式のものを八四通確認している。

定書様式の村落への伝播・導入についてみてみよう。いまのところ荘園領主や中核寺社などの定書をいくつか確認している。

荘園領主でもある地域中核寺社の高野山、粉河寺、気多神社（能登国一宮）は、領民に向けて定書を出している。[20]高野山「定　免射嶋事」、粉河寺「定　条々」、気多神社「定　宿直番帳之事」の書出文言をそれぞれ持ち、気多神社の定書には「右所定如件」の書止文言もある。気多神社の定書は木札で、そこに記された宿直番には名主と思われる名前もあることから、領民の目にも触れる形で掲示されたのであろう。また粉河寺の定書は紀伊国東村に残されている。いずれも、領主から定書様式が村落へ伝播していく状況を如実に示している。ただし、この粉河寺の定書（一五六〇年（永禄三））よりも以前に、東村では定書が作成されている。

また中近世移行期の武将である佐久間信栄の定書が、近江国安治村に残されている。[21]これには、「仍所定如件」の書止文言がある。

荘園の本所代官や政所の定書もみられる。それは、一四八九年（長享三）山科東荘本所・惣地下禁制と一四八二年（文明一四）奥島・北津田荘代官・政所定書である。[22]前者には「定　きんせい條々」の書出文言と「仍為後日所定如件」という書止文言がある。後者には「定奥島神領講田事」という書き出しがある。前者は荘園領主山科家の代官大沢久守、後者は代官と政所により出されている。いずれも代官や荘官から領地に出されており、また後者は奥島・北津田荘の現地に残されたものでもある。

以上のように、定書は荘園領主関係者や中核寺社などの影響によって村落内に伝播し、村落が村落定書の様式として用いたものと考えてよいだろう。

なお、伊勢国宇治山田の都市共同体山田三方も、定書を作成していることを参考までに付言しておく。[23]

（5）特定様式のない村落定書

村落定書のなかには、置文文言や定文言のような特定の文言・様式をもたないものがある。ただし、いずれも村落の意思決定事項を記しており、内容的には村落定書なのである。

特定様式のない村落定書の初見文書は、次の奥島荘百姓等契状である。

【史料3-8】一二七〇年（文永七）近江国奥島荘百姓等契状（大島神社奥津島神社文書）［4番］

奥島百姓等一味同心事

若此旨そむき、かへりちうおもせん者ニ於テハ、在地ヲ可追者也

文永七年十一月廿二日

表3－6　特定の様式がない村落定書を持つ村落

村　落	初見年次	表2-1の番号	文書数
近江国奥島荘・北津田荘	1270	4,29	2
若狭国多烏浦	1294	13	1
紀伊国相賀荘市脇村	1315	21	1
近江国菅浦	1361	30,81,101,182	4
紀伊国隅田荘恋野村	1394	42	1
紀伊国隅田荘赤塚村	1395	43,186	2
近江国今堀郷	1403	54	1
丹波国小野原荘横民野村	1425	67	1
大和国神戸四ヶ郷	1428	69	1
紀伊国賀太荘	1436	72	1
摂津国成合村	1437	75	1
和泉国日根野村	1441	76	1
和泉国黒鳥村	1458	85	1
紀伊国直川荘	1460	88	1
近江国仰木荘	1475	107	1
大和国下田村	1504	141	1
紀伊国東村	1510	150	1
越前国今泉浦	1533	162	1
大和国布留郷	1570	185	1
近江国中野村	1627	258,261,262,263	4
近江国今堀郷	1639	275	1
近江国三津屋村	1646	284	1
合　計			30

この文書は、定書様式の初見文書である一二九八年（永仁六）北津田・奥島両村人等一味同心連署定書（大島神社奥津島神社文書）［16番、史料3－6］と類似の内容である。しかし、村落定書特有の文言はない。

表3－6のように、一七世紀前半までの年紀を有する村落定書のなかで「特定様式のない村落定書」を三〇通確認している。なお、このなかに石碑が一点ある［69番］。

上記にあげた特定様式のない村落定書のなかには、様式的に村落定書ではないものもある。しかし、村落定書特有の様式がなくとも村落定書だと認識されていた文書は確かに存在するのである。そこで、次の文書をみてみたい。

【史料3－9】一四〇三年（応永一〇）近江国今堀郷座公事定書（今堀日吉神社文書）［54番］

（端裏書）
「置手状」

注進　サクシ（座公事）ノ事、コトコトク、サクシ（座公事）ヲ出サラム人ヲ者、サヱ（座）ハ入申ヘカラス、
一明阿弥陀仏、信次郎、五郎二郎、介五郎、九郎二郎、兵衛五郎、彦太郎、馬太郎
チケ（地下）ノ中人、マウト（間人）ノ人ラニヲイテハ、三ツアニ（兄）ニテアリトモシモニツクヘシ、
一サクシ一々今ニ出サラム人ラハ、サニ入ヘカラス、
仍為後日沙汰状如件
応永十年ひつしのとし二月日

この座公事定書には、特定の村落定書文言がない。しかし、端裏書には「置手状」と記されているのである。端裏書がいつ頃のものかは明らかではないが、同じ今堀郷の一四二五年（応永三二）座主衆議定書［68番］にも「置手状」の端裏書がある。「置手」という特異な表記からみて、中世村人の筆による可能性が高い。

そして重要なのは、この端裏書の執筆者がこの文書を置文と認識していた点である。このように、特定の村落定書文言がなくとも、内容的にみて村落定書であるとみなす文書観念が、中世の村落内部にあったといえよう。村落内部は、本来、口頭伝達で物事が進む世界であったと考えられる。そこに文書主義が入り込みつつあったというのが、中世村落における文書事情であったと思われる。(24)

そのような口頭伝達と文書主義の狭間におかれたという状況を如実に示しているのが、村落内部文書である村落定書であろう。その点に関しては、村落内部文書における署判のありかたを通して、以前、議論をしたところでもある。その折には、村落内部文書においては、署判がない文書を一律に案文や写しだとみなす古文書学の「常識」は通用しないことを指摘した。(25)

このようなありかたは、村落内部文書の文書様式においても同様なのではなかろうか。他の個人や団体へ手交す

る文書においては、文書様式が一定の機能を発揮する。これが従来の古文書学の常識である。しかし、村落内部においては、そういう「常識」は本来、無用なものであろう。したがって、特定の村落定書様式に統一するという力学は働かないし、さらには特定の様式がなくとも村落定書として通用しているものと思われる。

そのために、新たに村落定書を作成しはじめた村が、一四世紀から一七世紀においても、特定の文言のない村落定書を作成しているのである。

中世村落において、一定の割合で特定の文言のない村落定書が存在し続けた背景を、以上のように考えておきたい。

そこで次に問題になるのは、本来無用であった村落定書の特定の様式・文言が、なにゆえ村落に導入されていったのかという点である。この点については、特定の文言がどのように用いられ推移していったのかという点とともに、改めて考えてみたい。

（6）置文から定書へ

まず、置文などの各様式がどのような年代に作成されてきたか、その推移をみてみたい。各様式の初見と最終事例、及び点数をまとめておく。

置文………一二五二年〜一六四三年、全六九通
日記定書…一二七四年〜一五〇四年、　七通
紛失定書…一二九三年〜一四九八年、　九通
衆議定書…一二八一年〜一六〇八年、　二八通
定書………一二九八年〜一六四九年、　八四通

表3-7　各様式の推移

年　代	置　文	日記定書	紛失定書	衆議定書	定　書	様式なし	合　計
13世紀後半	6	3	1	2	1	2	15
14世紀前半	3	0	3	1	0	1	8
14世紀後半	5	0	3	4	8	4	24
15世紀前半	4	2	0	6	9	7	28
15世紀後半	18	1	2	1	13	4	39
16世紀前半	5	1	0	7	13	3	29
16世紀後半	13	0	0	6	14	3	36
17世紀前半	15	0	0	1	26	6	48
合　計	69	7	9	28	84	30	227

表3-8　近世村落定書様式の年代別推移

年　代	置　文	定　書	様式なし	小　計	備　考
17世紀後半	0	7	3	10	
18世紀前半	1	8	13	22	
18世紀後半	4	14	12	30	
19世紀前半	5	36	8	49	
19世紀後半	0	22	4	26	1868年迄
合　計	10	87	40	137	
比　率	7%	64%	29%	100%	

様式なし…一二七〇年～一六四六年、　三〇通

もっとも点数の多いのが定書で、それについで多いのが置文である。この各様式の推移を年代ごとにまとめたのが、表3-7である。

表3-7によると、紛失定書が一五世紀後半、日記定書が一六世紀前半でそれぞれ消えてしまうのに対して、それ以外の様式と様式のない村落定書は各年代を通して存在することがわかる。しかも、衆議定書と様式のない村落定書が各年代細々と（それぞれ一桁台）存在するのに対して、置文と定書は次第に増加する傾向にある。とりわけ一五世紀後半以降、定書の増加傾向は顕著である。一五世紀後半以降の定書は六六通あり、これは置文の全点数六九通にほぼ匹敵している。

この点に関連して、近世の村落定書について見通してみたい。表3-8をみてみよう。

表3-8は、前田正治氏が収集した近世村法(26)のうち、一七世紀後半以降の年紀がある一三七通を文書様式の面から整理したものである。神崎直美氏が把握

している近世村法は二〇〇〇通程に及ぶというから、一三七通というのは、近世村法のごく一部にすぎない。以上のように表3-8の数値内容は、近世村落定書の文書様式の概括的な見通しにすぎないことを踏まえて、そのありかたをみておきたい。まず定書が圧倒的に多く（全体の六四％）、それも年代を追うごとに増えていくという点が指摘できる。一方、置文は全期間を通じてわずか一〇通しか確認できない（七％）。なお「様式なし」というのは中世村落定書のような文書様式がないものを意味しているに過ぎない。ここに近世的な新たな文書様式が出現している可能性があるが、本章ではとりあげて分析はしない。[27]

以上のように、中世の文書様式から整理してみた限りにおいて、近世では定書が主流であり、置文はほとんど廃れている。このことは、定書と置文との比較という観点においては、一五世紀後半以降の定書の増加という流れが近世ではさらに展開したものといえよう。

次に、中世における村落定書の地域分布についてみてみたい。

第二章一（5）で述べたように、村落定書の主な分布は、いわゆる惣村の分布地域とほぼ重なっている。このことに関しては、自治的な村落結合の強さ、そして識字率の高さや紙の豊富な流通などの要因を考えるべきであろう。

その点で、服藤弘治氏の近世村法の分布に関する指摘は興味深い。[28]同氏によると、近世村法は、領主権力が相対的に弱い非領国地域に多く、強固な権力を誇った辺境外様大藩ではほとんど存在しないという。

このことは、中世の村落定書の地域分布と類似している。中世において惣村が、村落自治という点でずば抜けて特異な達成を遂げており、それ以外の地域では名主座という宮座組織によって権威主義的な村落運営が行われていた。[29]以上のことは、中世の村落定書の地域分布の要因が服藤氏の指摘する近世村法の分布のありかたと同様の因子を持つことを強く示唆している。

（7）年代的推移と内容傾向

さて次は、様式のありかたの年代的推移と村落定書の内容との関連についてみてみたい。

本章ではこれまで、村落定書の内容に関して、「現状を記録する」とか「現状を変更する」というような表現を用いてきた。このことは、個々の村落定書についての検討結果を整理し、表2-1の備考欄に前者を「現状記録的」、後者を「現状変更的」と記載していることに基づいている。

ここで改めて、「現状記録的」と「現状変更的」という村落定書の内容規定に関して、本章での基本的な認識について説明しておきたい。

本章における「現状記録的」とは、現状を記録して、後世にそれを遵守させる村落定書のありかたをいう。特に「先例に任せ」などの文言があることを「現状記録的」であることの目安とした。

一方、「現状変更的」とは、現状を変更して、新しい規範を定めた村落定書のありかたをいう。ただし、「現状記録的」な村落定書でも、「現状」が弛緩しているので、それを記録して立て直すというケースもあり、それを現状変更と捉えることもできる。

また前掲、置文の初見文書、一二五二年（建長四）和泉国唐国村刀祢百姓等置文［1番、史料3-1］のように、大部分は「現状記録的」であるが、「現状変更的」な規定が一箇条みられるという村落定書もある。この置文の場合は、大勢が現状記録的であるので、現状記録的な村落定書とみなした。

以上のように、「現状記録的」と「現状変更的」という本章の分類は、あくまで相対的なものなのである。したがって個々の村落定書を認識する上ではあまり適切な指標ではないかもしれない。しかし、多数の村落定書を集めて特定の時期における全体的な傾向や複数の時期にわたる変遷を大づかみにするには、好都合な指標ではなかろうか。

さて前述のように、置文と日記定書・紛失定書は本来「現状記録的」な性格を持っているものと思われる。その一方で、衆議定書と定書は本来、「現状変更的」な性質があるのではないかと想定している。そこで、置文・日記定書・紛失定書を「置文系統」の村落定書として一括してみた。一方、衆議定書・定書を「定書系統」の村落定書として一括した。その両系統の村落定書の数を年代ごとにまとめたのが表3-9である。

置文系統は、全八六通。一桁台と二桁台、増減を繰り返しながらも、全年代にまんべんなく存在する。

一方、定書系統は全一一二通。当初は一桁台で推移するが、一四世紀後半から二桁台になり、次第に数を増やしていく。一六世紀前半からは、数の上では置文系統よりも優位となり、一七世紀前半には最大の二七通となっている。

表3-9の数値に基づき、置文・定書両系統の村落定書の内容とその推移を「現状記録的」または「現状変更的」という枠組みで試論的にまとめてみた。その結果を示したのが、表3-10である。

表3-9　各様式系統の推移

年　代	置文系統	定書系統	合　計
13世紀後半	10	3	13
14世紀前半	6	1	7
14世紀後半	8	12	20
15世紀前半	6	15	21
15世紀後半	21	14	35
16世紀前半	6	20	26
16世紀後半	13	20	33
17世紀前半	15	27	42
合　計	85	112	197

表3-10によると、置文系統は、一三世紀後半から一五世紀前半までは一〇〇%・八三%が「現状記録的」であり、この系統が本来的に「現状記録的」な村落定書であったことを示している。ところが、一五世紀後半から次第に「現状変更的」なものが漸増し、一六世紀後半・一七世紀前半では九二%・一〇〇%が「現状変更的」なものになってくる。そのために、置文系統全体では「現状記録的」六〇%、「現状変更的」四〇%という割合になっているのである。

一方、定書系統についてみると、一三世紀後半・一四世紀前半は、六七%・一〇〇%が「現状変更的」である。ところが、一四世紀後半になると七五%が「現状記録的」となり、一五世紀前半も五〇%が「現状記録的」となってい

表3-10　各様式系統の内容傾向

年　代	置文系統			定書系統		
	現状記録的	現状変更的	不　明	現状記録的	現状変更的	不　明
13世紀後半	10	0	0	1	2	0
	100%	0%	-	33%	67%	-
14世紀前半	5	1	0	0	1	0
	83%	16%	-	0%	100%	-
14世紀後半	7	0	1	9	3	0
	100%	0%	-	75%	12%	-
15世紀前半	8	0	0	7	7	1
	100%	0%	-	50%	50%	-
15世紀後半	12	7	0	5	9	0
	63%	37%	-	36%	64%	-
16世紀前半	6	0	0	8	12	0
	100%	0%	-	40%	60%	-
16世紀後半	1	12	0	4	15	1
	8%	92%	-	21%	79%	-
17世紀前半	0	15	0	1	25	1
	0%	100%	-	4%	96%	-
合　計	49	35	-	35	74	-
	58%	42%	-	32%	68%	-

る。その後、次第に「現状変更的」なものが増えていき、一七世紀前半には九六％が「現状変更的」となる。そして定書系統全体では六八％が「現状変更的」という状況になっている。

以上のような流れをまとめると、一五世紀後半を境目にして村落定書は、数的には置文が減って定書が主流となり、内容的には置文も定書と同化して「現状変更的」となっていった。そしてそれは、村落定書全体が現状変更的なものへ変わっていったことのあらわれだったといえよう。

以上、本節では村落定書の様式のあり方とその変遷を探るために、年紀を有し、他の文書様式と峻別できる村落定書のみを対象として考察してきた。

しかし、村落定書には、周辺の村落文書と関連しつつ存在しているものがある。また年紀未詳の村落定書にも豊かな村落世界が拡がっている。

次節ではそのような村落定書に視野を拡げて考察をすすめたい。

二　村落定書と周辺文書

前節では、村落定書の様式の変遷を明らかにする目的から、年紀のない村落定書などを議論の対象から外していた。本節では、前節で扱わなかった以下のような村落定書について論じたい。

①他の様式の文書でありながら、実質的には村落定書であるもの
②他の文書の一部分としての村落定書
③村落集団以外の文書群に残された村落定書
④村落内特定集団の村落定書
⑤年紀のない村落定書

これらの村落定書は、他の文書様式でありながら内容的には村落定書と同じ意味を持つ①など、他の文書（様式）とのいわばボーダーライン上にある村落定書といえよう。本章では、それらの村落定書について考察を加えるものである。

なお本節でも前節同様、一七世紀半ば・一六五〇年以前の村落定書を対象とする。年紀未詳のものについても、内容的に一七世紀半ば以前のものと推定されるものだけを扱った。

（1）他の様式の文書でありながら、実質的には村落定書であるもの

まずここでは、村落に伝来した文書で、他の様式の文書でありながら実質的には村落定書といえるものについてみてみよう。

まずは契約状にみえる村落定書を七点、表2-1から列挙する。

○26番　志摩国島々（島々のおや）置文
○84番　土佐国大忍荘（名主）様式なし
○86番　丹波国出雲村・中村・江島里（一宮の村々）置文
○102番　紀伊国大野郷（十番頭）様式なし
○180番　河内国津田村・藤坂村・杉村・芝村・穂谷村（地侍衆）置文
○214番　越前国池田村・院内村　定書
○279番　越前国上大虫村・下大虫村・四目村・高森村　定書

まず具体的に、26番の文書の概略を示しておこう。

【史料3-10】一三四八年（貞和四）志摩国島々衆契約状（退蔵文庫旧蔵神宮関係古文書）［26番］

このもとのしようししよく（荘司職）の事により候て、しまかた〳〵（島方々）の御よりあい（寄合）の事
（中略）
後日の為ニしやう件如（マヽ）
　貞和二二年四月廿日
　　嶋々のおや□□のおき状なり

この文書は、志摩国の島々の首長たち（島方々）が寄合をして決めたことがらを書き止めたものである。島方々相互の契約状であるとともに、奥に「おき状」（置き状）とあるように置文でもある。

このように、形式的に契約状または内容的に相互契約の要素を持っていながらも、その一方で「重評議……所定置如件」〔86番〕、「所定置也」〔180番〕、「相定候」〔214番〕、「相究申候」〔279番〕というように村落定書の文言を持っているものがみられるのである。また、村落定書の特定文言はないものの、「談合」〔86番〕や、荘園の「番頭衆」の合議〔102番〕の結果をまとめており、内容的に村落定書といえるものもある。ただし村落定書の要素をもつ契約状であっても、ある村落集団が他の村落集団に差し出した形の契約状や請状などは、村落定書の様式とはいまのところ認めない。

なお、86番は後述するように村落伝来の文書ではないが、相互契約の要素がある村落定書なので、ここでもとりあげた。

このように、契約状でありながら、村落定書の様式もあわせ持っていたり、内容的に村落定書と同様のものを持っている文書も、広義の村落定書と位置づけることができよう。

また契約状以外の文書様式のもので、実質的に村落定書だということができるものも七通ある。

○35番　紀伊国花園荘（公文侍（または僧）の署判）　内容的にはムラウトの紛失定書

○92番　河内国鬼住村（山林支証状、様式なし）　内容的には地下衆の権利確認

○99番　紀伊国大野郷（免田証文、様式なし）　内容的には中村両番頭と公事人らの連判合議書

○108番　近江国仰木荘（惣帳、様式なし）　内容的には親村成員の合議連判により確定した神事供米の記録と後世への規制

○113番　近江国奥島荘・北津田荘（代官・政所、置文）　内容的には、事実上、奥島惣庄の置文（「政所貞正」は、一四九二年（明応元）惣庄置文〈大島奥津島神社文書一八二号〉に「をとな」と連署している）

○224番　河内国鬼住村（法度起請文、様式なし）　内容的には鬼住村中による盗犯規制

○273番　和泉国日根野村（庄屋得分証文、定書）　内容的には庄屋八人の合議による規制

具体的に35番の文書の概略を示しておこう。

【史料3-11】一三七四年（文中三）紀伊国中南村村人文書紛失定書（中南区有文書）［35番］

サタム（定）、カトノフシチ（紛失）ノコト（事）

（中略）

ムラウト（村人）□□（等定るカ）タムルトコロナリ

文中三年十二月三日

キノヘトラ

公文侍（僧カ）□

この文書は形式的には公文による紛失定書である。しかし、本文中に「村人等定る」（一部推定）というような文言があり、実質的には村落による紛失定書といえる。このほか前掲した六通の文書も、文書様式としては別の文書でありながら、内容的には村落定書なのである。これらも、広義の村落定書ということができよう。

（2）他の文書の一部分としての村落定書

次に村落文書群中で、他の文書の一部分にみられる村落定書について考えたい（一三通）。

○14番　近江国八日市庭（大般若経奥書の一部）　衆議定書

○19番　若狭国織田荘山西郷（田地注文の一部）　様式なし

○91番　近江国今堀郷（寄進目録帳の一部）　定書
○165番　播磨国鶴林寺領（寺料田惣目録の一部）　置文
○167番　近江国河瀬荘葛籠村（若宮八幡縁由記附記の一部か）　様式なし
○176番　紀伊国東村（名附帳の一部）　様式なし
○179番　紀伊国短野村・妙寺村・西飯降村（堂供養曼荼羅供注文の一部）　日記定書
○183番　大和国下田村（下田結鎮座入衆記録永禄一三年正月三日条の一部）　置文
○194番　和泉国木島谷（かりそめのひとりごとの一部）　定書
○225番　紀伊国東村（名附帳の一部）　定書
○250番　紀伊国慈尊院村（座講議定の一部）　定書
○253番　紀伊国慈尊院村（座講議定の一部）　定書
○283番　大和国服部村（服新福寺一結座帳の一部）　様式なし

具体的に14番の文書をみてみよう。

【史料3-12】　一二九六年（永仁四）大般若経衆議定書（野々宮神社文書）［14番］

近江国蒲生上郡八日市庭南方十禅師社御経、
但此御経於奉売者盗人也
永仁丙申五月三日　依衆議定之

この文書は、南方十禅師社、現在の野々宮神社（滋賀県東近江市）に伝わる大般若経第三六一巻の奥書である。

衆議によって定められたことからすると、これは南方十禅師社の宮座衆による村落定書であろう。

この部分だけで立派な村落定書であるが、これはお経そのものに書かれていることに意味がある。このように別様式の文書や記録にわざわざ記載されていることに意味がある点は、上記の19・91・165・176・179・183・225番も同様である。

例えば176・225番は東村宮座の入座者記録である名附帳に記載された村落定書であるが、それらには書き込まれた年やその前後の時期の宮座衆に対する規制の意味が込められている。

176番の一五五六年（弘治二）東村宮座定書は、名附帳の同年条に、「此年より入申人数、さしきハらう（臈）次第……如此定申候」と書き込まれたものである。この年の入座者が一七人というように多数なので、頭役を勤仕する順番などをあらかじめ整理しておく必要があったために定められたものといえよう。

225番の一六〇三年（慶長八）東村宮座定書は、名附帳の一五四八年（天文一七）の条に、「是より前ハ見申間敷也、慶長八年……キワメメ（衍字）申候」という付箋が貼り付けられたものである。これは何らかの事情で、天文一七年以前の名附帳記載をみることを禁じた村落定書である。したがって、この年の箇条に貼り付けられていることにこそ意味があるといえよう。

このように東村のいずれの村落定書も、名附帳のその部分に記載（貼付）されていることに積極的な意味があるわけである。

なお、167番は若宮八幡縁由記附記の一部のようだが、全体像がわからないので、いまのところ詳細は不明である。

これら以外の194・250・253・283番の村落定書は、村落が書写集成した文書集の一部である。

以上のような他の文書の一部分にみられる村落定書も、広義の村落定書と位置づけてよかろう。

（3）村落集団以外の文書群に残された村落定書

次に村落集団以外の文書群中にみられる村落定書（八通）について考えてみたい。

○71番　紀伊国兄井島（高野山勧学院文書）　定書
○86番　丹波国出雲村・中村・江島里（一宮である出雲神社文書）　置文（契約状の要素もある）
○99番　紀伊国大野郷（禅林寺文書、免田）　様式なし
○112番　摂津国真上村（霊松寺文書、敷地）　定書
○119番　山城国山科東荘（山科家礼記、山林）　定書
○123番　伊勢国宇治郷鹿海北岡　（もと鹿海明高寺文書、田地）　定書
○165番　播磨国鶴林寺領（寺料田惣目録の一部）　置文
○217番　近江国宇田村（山中文書）　置文

具体的に71番の文書についてみてみよう。

【史料3-13】一四三四年（永享六）高野山夏衆沙汰人等連署置文（高野山勧学院文書）［71番］

（端裏書）（島の年貢の本券）
「シマノネンクノホンケン」
（外題）
「加判釈迦南院権大僧都浄栄（花押）」

定　免射島事（兄井）

一於年貢者依有子細、往古ハ舛之上ヲ手量幷莚付等任諸国之法候シヲ、御百姓達年来ワヒ事被申候エトモ、夏衆方ニ其依無承諾、当寺之年預釈迦南院ヲ縁ニ被取申候了、

（中略）

一若又山上山下之間ニ違乱出来事アラハ、其為支証此置文、山上ニ一本、又山下ニ一本有是云々、又山下ノ本ニハ山上ノ判アリ

時之沙汰人

一﨟　良智（花押）往生院　観音院

三﨟　浄円（花押）宝幢院　奥坊

二﨟　行順（花押）清浄心院　山本坊

四﨟　教塵（花押）千手院　明星院

兵衛太郎

（寺尾）テラヲ

（兄井）アニイ

道栄（筆軸印）

（渋田）シフタ

道徳（筆軸印）

この文書は、高野山勧学院に伝来しているものである。引用した本文にあるように「山上ニ一本」として伝えられた「此置文」がこの文書ということであろう。

本文書作成には、年貢の収納方法をめぐって、「御百姓達」と高野山の「夏衆方」が対立していたのを、釈迦南院が仲裁に入って作成されたという経緯がある。署判者の高野山僧侶の沙汰人四人が「夏衆方」の代表者、寺尾・兄井・渋田各村の三人が「御百姓達」の代表者ということであろう。それに加え袖に釈迦南院権大僧都浄栄の花押があるのは、仲裁者としてこの内容を承認した証だと思われる。

したがってこの文書は領主側と村落側の合意書ということができる。そういう意味では一種の契約状といえる

が、村落間の契約状とは異なるので前項では扱わなかった。また内容的には領主側の一方的な押し付けではなく、村落側の意向も踏まえられたものである。

この文書も村落集団の意思を表したものとして、広義の村落定書といってよいのではなかろうか。

86番の文書は、丹波出雲神社の祭祀に関する出雲村・中村・江島里三か村の置文で契約状としての要素もある。この文書が伝来しているのは、この三か村ではなく、広瀬氏所蔵丹波出雲神社文書である。

99番は、紀伊国大野郷中村における蓮花寺免田の作職を不動寺本尊に寄付すると取り決めた「証状」に、中村の両番頭と公事人等一〇人と蓮花寺堯金の署判が据えられたものである。蓮花寺は中村にある寺で、一四〇〇年（応永七）大野郷年貢帳（禅林寺文書三九号）の中村分には「蓮花寺出」と記された公畠・佃畠・佃などが散見する。この蓮花寺免田が最終的に禅林寺の手に渡ったため、この証状が禅林寺に伝来するのであろう。

112番の文書は、霊松院（霊松寺）の敷地堺に関して重ねて敷地を寄進するという内容の定書に、御代官と上御宮別当ならびに村人の「大座」代表・「新座」代表・「コカラ座」代表が署判したものである。文書は霊松寺に伝来している。

119番は、山科家礼記長享三年五月二九日条の記事に引用された文書で、大沢久守が署判している「定　きんせい条々」である。この書き止めに「為本所・惣地下、可被罪科候也、仍為後日所定如件」とあることから、領主側の一方的な規制ではなく、村落側と合議の上の定書だと判断した。

123番は、寺中・北岡惣地下がシャクモン田と野田新開田とを交換した定書である。交換相手は、文書本文にみえる北之坊ということになる。署判は寺中北岡惣地下老若（花押）となっている。この文書は、東内精兵衛氏寄贈文書であるが、もとは鹿海明高寺の文書であった。[30] そうなると北之坊は明高寺の子院かと思われるが、同寺は一五七〇年（元亀元）の草創なので、この文書が作成された一四九一年（延徳三）には存在していない。[31] したがって、北之坊は宇治郷鹿海村の他の寺の子院と考えられる。ただしどの寺であるか、今のところ特定できない。いずれにせよ、この文書は某寺北之坊が寺中・北岡惣地下老若と交換した相博状として北之坊の手を経て鹿海明高寺に伝来したものといえよう。寺中北岡惣地下老若にも某寺北之坊の相博状が存在していたであろうが、現存していないようである。以上の点からみて、これも某寺北之坊と寺中・北岡惣地下老若が共同で作成した定書という面があると指摘できよう。

最後に165番。これは鶴林寺の寺料田目録のなかにある村落定書である。本節の（2）と共通するが、領主側の文書なので、ここでも扱った次第である。「一指坪名々」という書き出しで、本文中に「依有損亡之煩、名主・沙汰人・百姓中評議而、近年以来三斗三升宛定置」とあり、書き止めに「仍掟状之旨如斯」とある（年月日だけはなぜか「年号月日」となっている）から、この文面自体は立派な村落定書である。鶴林寺の寺料田についてこのような取り決めがあって、そのことを鶴林寺側も容認して料田惣目録中に取り込んだということなのであろう。村落定書を領主が受容した事例として興味深い。

以上のような領主側と共同で作成した村落定書、領主側に残された村落定書、そして領主文書の一部に組み込まれた村落定書、これらも広義の村落定書とみていいと思う。今後、この視点で領主文書を調べていけば、このような村落定書はまだまだ発掘できるだろう。

（4）村落内特定集団の村落定書

次に村落内の特定集団による村落定書二四通をみてみよう

○26番　志摩国島々（島々のおや）置文
○46番　近江国橋本村・武久村（頼母子講衆）定書

○50番　和泉国黒鳥村（在地僧衆）置文
○73番　紀伊国東村（勧頭衆）定書
○94番　越前国今泉浦（馬借中）定書
○122番　近江国三上荘（地侍衆）置文
○126番　紀伊国花園荘（頼母子講衆）様式なし
○133番　紀伊国東村（頼母子講衆）置文
○145番　近江国菅浦（白山講衆）定書
○146番　越前国今泉浦（馬借中）定書
○157番　近江国今堀郷（山越衆）衆議定書
○175番　丹波国山国荘黒田下村（頼母子講衆）様式なし
○178番　近江国今堀郷（山越衆）定書
○180番　河内国津田村・藤坂村・杉村・芝村・穂谷村（地侍衆）置文
○181番　河内国津田村・藤坂村・杉村・芝村・穂谷村（地侍衆）置文
○188番　近江国河瀬荘葛籠村（葛籠座商売座）置文
○206番　近江国蒲生郡（侍衆（地侍））置文
○207番　紀伊国五条滝（氏人衆）日記定書
○213番　近江国岩蔵・長福寺・鯰江（石工）置文
○227番　近江国岩倉村（石工）置文
○232番　山城国天部村（被差別民の拾人組）置文

○244番　若狭国田烏浦（頼母子講衆）　定書
○245番　近江国堅田荘（船頭）　置文
○247番　近江国下大森村（侍衆（地侍））　定書
26番の島々のおやの置文は前にあげた（史料3-10）ので、ここでは46番についてその概略をみてみよう。

【史料3-14】一三九五年（応永二）近江国橋本村・武久村頼母子定書（橋本左右神社文書）［46番］

（端裏書）（講頼母子）（定）
「かうたのもしのさためのもの」
定、橋本・武久、たのもしのさたむる以□
合　応永弐年きのといのとし（一同）十一月八日（御徳政）
たとゐいかなる天下いちとうのことくせいあるといふとも、（講頼母子）かうたのもしをやふる事あらんものわ、（座）さをはらうへき物なり（略押）
道教房（略押）　道真房（略押）
道舜房（略押）
（乙名）

そのときの、をとなたちの定めなり（写真版で一部読みを改めた）

これは、橋本・武久両村の講頼母子（頼母子講）の定書である。「をとなたちの定め」とあるが、頼母子講に関わるものなので、特定集団の定書とみなした。これも村落内部に関わるものなので、広義には村落定書と位置づけることができよう。

ここで出てくる特定集団は以下の通りである。島々のおや一通、頼母子講衆五通、在地僧衆一通、勧頭衆一通、馬借中二通、地侍衆五通、白山講衆一通、山越衆二通、商売座一通、氏人衆一通、石工二通、被差別民一通、船頭一通である。

島々のおやはおとな衆または地侍衆とも考えられるが、詳細はいまのところ不明である。被差別民拾人組の村落定書は、被差別部落や皮革生産という点を差し引いて考えれば、通常の村落定書とみることもできよう。また地侍が主体の村落であれば、地侍衆の定書も実質的にその地域の村落定書だとみなせるだろう。

以上のように村落内特定集団の村落定書は、個別に評価を加えていけば、その村落としては通常の村落定書である可能性もある。ここではそこまで立ち入って評価していないが、そういう評価の余地を踏まえつつ、前述したように村落内特定集団のものも広義の村落定書と位置づけておきたい。

(5) 年紀のない村落定書

年紀のない村落定書一九通についてみてみよう。

○93番　甲申年（推定寛正五年）　紀伊国鞆淵荘　様式なし
○276番　卯年（推定寛永一六年）一一月一九日　近江国今堀村　様式なし
※上記二通は、表2-1では推定年紀の箇所に入れた。
○286番　午年一二月一一日　近江国今堀郷　様式なし
○287番　申年一〇月一七日　近江国下大森村　様式なし
○288番　亥年一一月一六日　近江国今堀村　定書
○289番　九月二八日　紀伊国荒川荘　定書

○290番　近江国今堀郷　定書
○291番　近江国菅浦　置文
○292番　近江国菅浦　様式なし
○293番　近江国菅浦　置文
○294番　近江国今堀郷　定書
○295番　近江国今堀村　置文
○296番　近江国今堀郷　衆議定書
○297番　近江国菅浦　紛失定書
○298番　紀伊国鞆淵荘　様式なし
○299番　和泉国若松荘中村　置文
○300番　紀伊国鞆淵荘　置文
○301番　紀伊国荒川荘　様式なし
○302番　紀伊国東村　置文

以上、一九通のうち、置文六通、日記定書〇通、紛失定書一通、衆議定書一通、定書四通、特定の様式なし七通である。日記定書がみられず、点数もまばらであるが、年紀のない村落定書が特定の様式に偏っているとはいえない。

表2-1の全三〇二通のなかで一九通という数値は、全体の一割未満であり、多いわけではない。したがって、年紀のない文書群から特段の特徴が読みとれるわけではない。

個別の文書のなかで注意したいのは、302番の紙背文書としての村落定書である。

【史料3-15】紀伊国東村百姓等連署置文（王子神社文書）［302番］

定おく東村地下之人集(衆カ)一同状、茶家(屋カ)平内二郎、村ニワつらい、公方ニうしろくらきニよりて、長(永)かの物(者)お地下ニおくへからす、もしひいきの物あらハ、同罪ニおこなうへし、そのこ(子供)共、同失地あるへし、定状如件

東村百姓等連書(署)

これは東村の悦谷・魚谷両池の池水配分注文の紙背に書かれたものである。末尾に「東村百姓等連書（署）」とあるから、別に連署したものがあった可能性は否定できない。しかし、それに相当する別紙の村落定書は残されていない。私は実際に連署された別紙はなかったのではないかと考えている。

ここで制裁を受けている平内二郎は、この両池の池水配分をめぐってトラブルを起こしたのではないだろうか。そのために、池水配分注文の紙背にわざわざその制裁文を記録したのだと思う。「東村百姓等連書」という記載は、それだけで、今回百姓等らは皆この制裁に合意したことを示したものと思われる。この記載は、これが案文なのだということを示すためのものではあるまい。

村落定書をみていると、正文か案文か戸惑うものに多く出会う。これは案文だということを示す記載もまれにあるが、署判がないものや村人等などのような集団名だけのものも少なくない。このような村落定書のありかたに対して、通常の武家文書や公家文書をみている目からすると、なんとなく落ち着かない居心地の悪さを感じてしまう。しかし、村落の文書を正当に評価するためには、そのような感覚を私たちは捨て去る必要があるのではなかろうか。

以上のような点から第二章で指摘した299番やこの302番の村落定書は、村落民にとっては唯一のオリジナルな「正文」であったと重ねて指摘しておきたい。

表3-11　各様式系統の内容傾向（全体）

年代	置文系統			定書系統			特定の様式なし		
	現状記録的	現状変更的	不明	現状記録的	現状変更的	不明	現状記録的	現状変更的	不明
13世紀後半	10	0	0	1	3	0	2	0	0
	100%	0%	–	25%	75%	–	100%	0%	–
14世紀前半	5	2	0	0	1	0	1	1	0
	71%	29%	–	0%	100%	–	50%	50%	–
14世紀後半	7	1	1	3	7	3	4	0	0
	88%	13%	–	30%	70%	–	100%	0%	–
15世紀前半	5	1	0	6	10	1	4	3	0
	83%	17%	–	38%	63%	–	57%	43%	–
15世紀後半	19	7	0	8	10	0	9	2	0
	73%	27%	–	44%	56%	–	82%	18%	–
16世紀前半	6	1	0	8	15	1	4	0	0
	86%	14%	–	35%	65%	–	100%	0%	–
16世紀後半	1	21	0	5	17	1	2	3	0
	4%	96%	–	23%	74%	–	40%	60%	–
17世紀前半	0	18	0	3	32	1	0	9	0
	0%	100%	–	9%	91%	–	0%	100%	–
合　計	53	51	1	34	95	7	26	18	0
	51%	49%	1%	25%	70%	5%	59%	41%	0%

（6）再び、村落定書の様式の変遷を読む

本節では周辺の村落文書と関連する狭義の村落定書と年紀のない村落定書について論じてきた。そこで表2-1のうち、全く年紀の推定ができない一七通を除いた二八五通について、改めて各様式系統の内容傾向についてみておきたい。また今回は特定の様式をもたない村落定書も分析の対象とした。すなわち前節で扱った狭義の村落定書のみならず、周辺文書との関連をもつ広義の村落定書、そして特定の様式をもたない村落定書も含めた、村落定書全体の内容傾向の分析となる。

置文系統は現状記録的な傾向が強いが一六世紀後半からほとんどが現状変更的となる。ただ全期を通してみると、現状記録的なものが51%と若干多い。

定書系統は一三世紀後半から一六世紀後半までは現状記録的だが、一六世紀後半から次第に現状変更的になっていく。

前節でみた狭義の村落定書の動向と比べると、現状変更的に変化する時期がやや遅れていることが分か

る。その理由は広義の村落定書には現状記録的なものが多いことがあげられる。他の文書様式を借りたり、他の文書の一部を用いて村落定書が記される場合、現状記録的な用途に用いられることが多い傾向にあるといえよう。

　また今回はじめて分析した特定の様式がない村落定書の場合、やはり一六世紀前半までは現状記録的な面が強いが、一六世紀にそれが逆転し、一七世紀前半ではすべてが現状変更的になる。村落定書の初期的なあり方を示す特定の様式がない村落定書は、置文系統と同様に、現状記録的な性質が根強かったのであろう。このことは、現状記録から村落定書が出発したと考えられることとよく符合する事実ではなかろうか。ただその特定の様式がない村落定書も、置文系統と同様に、現状変更的となる。このことはやはり、一五世紀後半から一六世紀にかけての村落の変革が影響しているのであろう。

おわりに

　まず、村落定書の様式のありかたを、特定様式のない村落定書との関係から、まとめてみよう。もともと口頭伝達の世界であった村落内部では、村落定書を作成するにあたり、特定の文書様式を本来的には必要としなかったのではないだろうか。初出の村落定書は既に置文という様式を持っていたが、それ以前の村落における紛失状や日記などの記録のなかに村落定書の前史があったものと思われる。

　そしてまた置文や定書などの様式が村落にもたらされた後も特定様式のない村落定書が存在し続けたのは、一つには新たに村落定書を作成し始めた村落が特定様式を持たなかったことによる。もう一つには、特定様式を既に導入していた村落でも、様式にとらわれず村落定書を作成し続けたことによる。このことは、中世村落は村落定書の作成にあたって、文書の様式について基本的にあまり執着していなかったことを意味するのではないだろうか。

とはいいながらも、中世村落は村落定書に文書様式を導入した。その点については、置文のところで言及したように、領主層の文書様式を導入することにより、村落定書の実効性を高めようとした意図があったものと思われる。

また、村落定書の様式の変遷とその意味についてまとめる。最初の様式である置文は、書き置くことが目的の村落定書で、現状記録的な内容であった。日記定書や紛失定書も現状記録的であり、その点で置文と同系統の村落定書といえる。このように、村落定書は本来、現状を記録することに主眼があったと思われる。

ところが、置文の約半世紀後に出現した定書は、何かこれまでと異なることを決めることが目的であり、現状変更的な内容であった。ただし、一四世紀後半から一五世紀前半にかけては、置文同様、現状記録的な時期があった。定書に先行して出現した衆議定書も同じように現状変更的な内容であり、その点で定書と同系統の村落定書といえる。

そして一六世紀後半以降、置文も含めて、村落定書全体が「現状変更的」となっていく。その背景には、戦乱など変化する社会情勢への対応ということがあったものと思われる。具体的には、小百姓など村落集団から排除されている者たちからの突き上げを排除し威圧することにより、村落集団の結束の乱れを統制する目的があったのではなかろうか。

そしてそのような現実的対応のなかで、村落定書を作成する意識が、先例主義から新規意思決定主義へと転換していったように思われる。先例に依存するだけでは対応できない現実が、新規に決定した村落意思を内外に示し強制する村落定書を生み出したものといえよう。

最後に今後の課題を、二点ほどあげておきたい。

村落定書と他の村落文書がどのように関連するのかについては、今後、議論が必要である。本章で述べた範囲でいえば、紛失状や日記と村落定書との関連である。この議論は、村落定書の発生のありかたを再検討する視点をもたらしてくれるかもしれない。

また前述したように、近世においては定書様式が村落定書の主流となる。そのことが村落定書（村法）の内容と関連しているのかどうか。中世という時代の範囲を超えるが、これも大事な研究課題といえよう。

注

（1）本書第五章（初出一八八六年）・第六章（初出一九九九年）・第七章（初出二〇〇一年）。
（2）前田正治『日本近世村法の研究』（有斐閣、一九五〇年）、神崎直美『日本近世の法と刑罰』（巌南堂書店、一九九八年）など。
（3）『和泉市史』一巻（和泉市、一九七六年）六九二頁、山下有美「和泉松尾寺の寺院社会」（『身分的周縁と近世社会』六、吉川弘文館、二〇〇七年）など。
（4）本書第一章（初出一九八八年）、富澤清人『中世荘園と検注』（吉川弘文館、一九九六年）六四頁、高橋傑「鎌倉期公文の文書管理について—弓削島荘を中心に—」（『民衆史研究』七四号、二〇〇七年）。
（5）明応八年野間荘代官置文（八幡神社所蔵文書、『滋賀県史』第五巻、二九五頁）。
（6）天文一三年粉河寺連署置文（王子神社文書二〇七号、『和歌山県史』中世史料一）。
（7）康正二年国中宮十七講米置文（木札）（国中神社文書、『甲賀市史』下巻、六八一頁）。なお、一四六七年（応仁元）にも同様に置文が制定されている（応仁元年国中宮安居供花置文（木札）、国中神社文書、『甲賀市史』下巻、六八二頁）。『甲賀市史』第二巻（甲賀市、二〇一二年）三三七～三三九頁にこの木札について言及がある。
（8）長禄三年出雲神社雨悦風流置文（広瀬氏所蔵丹波出雲神社文書、東大史料編纂所影写本）。
（9）延徳二年近江国三上荘土豪連署植林置文（御上神社文書一〇八号、『滋賀県史』第五巻）。

（10）榎原雅治「荘園文書と惣有文書の接点」（同『日本中世地域社会の構造』、校倉書房、二〇〇〇年、初出一九九六年）。
（11）弘安九年安明寺供養法置物日記（河野家所蔵文書七号、「河野家所蔵文書」、『日本史研究』二〇七号、一九七九年）。
（12）『日本歴史地名大系』大阪府の地名Ⅱ（平凡社、一九八六年、黒鳥村の項）など。
（13）『角川日本地名大辞典』和歌山県（角川書店、一九八五年、伽陀寺の項）など。
（14）応永三〇年伽陀寺二月頭免田日記定書（向井家文書三五号、『和歌山県史』中世史料二）。
（15）文中三年公文侍従文書紛失定書（中南区有文書四五号、『和歌山県史』中世史料二）。
（16）永仁六年惟宗延末紛失状（摂津勝尾寺文書、鎌倉遺文一九八六八号）、同年惟宗延末紛失状（同文書、鎌倉遺文一九八六九号）。
（17）文明九年粉河寺衆議下知状など（王子神社文書一四一・一九七・二一六・二三〇号、『和歌山県史』中世史料一）。
（18）延徳二年汾陽寺衆徒衆議定書（汾陽寺文書二五号）、慶長六年新長谷寺夏中勤行衆議定書（新長谷寺文書一三号）、いずれも『岐阜県史』史料編古代中世一所収。
（19）明応二年山田三方酒座衆議定書（『徴古文府』三輯）など。
（20）永享六年兄井嶋沙汰人僧等連署定書（勧学院文書一-四五号、『かつらぎ町史』古代・中世史料編）、永禄三年粉河寺連署定書（王子神社文書二一三号、『和歌山県史』中世史料一）、天文一七年宿直番定書（気多神社文書一三三七号、『増訂加能古文書』）。
（21）天正二年佐久間信栄定書写（安治区有文書、西岡虎之助『荘園史資料』、四六三頁）。
（22）長享三年山科東荘本所・惣地下禁制（山科家礼記長享三年五月二九日条）、文明一四年奥嶋・北津田荘代官・政所定書（大島神社奥津島神社文書一七七号、『大島神社・奥津島神社文書』）。なお、近江国大浦下荘には「於大浦下庄定條々制札事」という書出文言をもつ制札が残されている（文明一五年大浦下荘制札、連敬寺文書一八九号、『滋賀県史』第五巻、三〇〇頁）。ただし、これに署判している源朝臣通貞・源朝臣員儀の所職などは不明である。
（23）明応六年山田三方布座定書（徴古文府所収文書、『宇治山田市史』上巻、一二九頁）など、多くの山田三方定書が残されている。
（24）前掲注（1）に同じ。

（25）本書第五章（初出一八八六年）。
（26）前掲注（2）前田著書の附録村法集。
（27）前掲注（2）神崎著書、三一九頁。
（28）服藤弘治『幕府法と藩法』（創文社、一九八〇年、九頁）。
（29）薗部『中世村落と名主座の研究—村落内身分の地域分布—』（高志書院、二〇一一年）。
（30）石井昭郎「伊勢国鹿海明高寺古文書について」（『古文書研究』三三号、一九九〇年）。
（31）前掲注（30）に同じ。

第四章　村落定書の源流——注置状と置文——

はじめに

本章は、村落定書である置文の源流を、注状・注置状との関係から考察するものである。前章までで述べたように、置文・日記定書・紛失定書・衆議定書・定書といった村落定書の特定の文書様式は領主諸層から村落へ伝播し、村落定書の実効性を高めようとした意図により村落が村落定書の様式として導入したと思われる。これが村落定書の源流の一つである。

それに加えて私は、在地社会における紛失状や日記などの記録類も、文書様式としての村落定書の源流であろうと推定していた。そこに、新たな源流の候補が現れた。

佐藤雄基・大河内勇介両氏は、中世地下文書研究会の研究活動として、若狭国多烏浦の秦家文書を原本調査した(1)。そこで両氏は、「注状如件」などの書止文言を持った「注状」（しるしじょう）が、記録保存を目的とした「置文」の機能をもっていたと述べる。そして「但後日為注置処也、仍注状如件」というような書止文言を持つ「注置状」（しるしおきじょう）も、同じく記録としての機能を持っていたと指摘した。

この佐藤・大河内論文の指摘から、注状や注置状が置文の先行形態ではないかという強い示唆を受けた。二〇一七年六月に行われた中世地下文書研究会で、多烏浦研究のエキスパートである春田直紀氏も同論文を評して、注状・注置状が置文に転化したのではないかと発言している。(2) そこで本章では、注状や注置状と置文との関連を改めて考察したい。

まず大河内・佐藤論文の内容確認も兼ねて、若狭国多烏浦・秦家文書における注状・注置状と置文について考察する。次に秦家文書以外の文書群も含めて、注状全般についてみていく。そして最後に、注置状と置文との関連について考えていきたい。

一　注状・注置状の全体像

後掲表4-1に、注状・注置状・置文関係史料の一覧を示した。

文書の探索には、東京大学史料編纂所のデータベースである「古文書フルテキストデータベース」・「平安遺文フルテキストデータベース」・「鎌倉遺文フルテキストデータベース」などを利用した。本章は注状や注置状と置文との関連に注目する論考なので、中世前期に重点をおいて史料を探索した。

注状の書止文言には「記状」や「誌状」のような記載も考えられるが、いまのところ「記状」や「誌状」の記載を用いた書止文言は一通もみつかっていない。

また、注置状の書止文言には「注置」以外に「記置」や「誌置」の記載が考えられるが、「誌置」という記載は一通も見当たらなかった。本章では、「記置」という書止文言の文書も含めて、一括して「注置状」と呼ぶことにする。

なお表4-1にあるように、注状は一四五一年（宝徳三）、注置状は一四九二年（延徳四）を最後として、これ以後みられなくなる。中世後期における史料探索の不十分さを考慮する必要があるが、いまのところ一六世紀以降は注状・注置状ともに作成されなくなるのではないかと想定している。

村落のみならず領主側のものも含めると、置文にも「注置」・「記置」・「誌置」の文言がある。本章では便宜上、それらを「注置文」・「記置文」・「誌置文」として、書出文言・書止文言の違いが分かるように文書名を表記した。ただいずれも文書様式としては「置文」であることにかわりはない。

以上を前提として、今回、検出した注状・注置状・置文の一覧を表4-1に示した。表4-1の「文書名」欄には注状・注置状・置文（注置文・記置文・誌置文）に特化した文書名をつけたが、もとの文書集がつけた解・返抄・牒・売券などの文書名を否定するわけではない。「文書様式」欄の記載も同様である。また「書出文言」・「書止文言」の欄には、注状・注置状・置文に関係する文言のみしか採録していない。以上のような条件のもと、表4-1には関係文書一一〇通と参考文書四通を掲載した。

表4-1　注状・注置状・置文関係史料一覧

番号	西暦	和暦	月	日	文書名	文書集の文書名	文書群	出典	書出文言	書止文言	文書様式	備考
1	七四八	天平20	11	19	小治田藤麻呂注状案	解	東南院文書四六九号	『大日本古文書』	なし	仍注状、以解	注状	
2	七五〇	天平勝宝2	5	13	東大寺三綱注状案	返抄	東南院文書六四五号	『大日本古文書』	なし	今注状、以牒	注状	
3	七五〇	天平勝宝2	7	2	東大寺三綱注状案	牒	東南院文書六四七号	『大日本古文書』	なし	今注状、以牒	注状	
4	七五一	天平勝宝3	4	12	伊賀国阿拝郡司注状	解	東南院文書四七〇号	『大日本古文書』	なし	仍具注状、以解	注状	

5	七五七	天平宝字元	11	12	越前国使等注状	解	東南院文書五〇一号	『大日本古文書』	なし	仍具注状、附粟田人麻呂請処分、以解	注状	
6	七五八	天平宝字2	1	12	越前国坂井郡司注状	解	東南院文書五〇四号	『大日本古文書』	なし	仍具注状、謹請裁申上、謹解	注状	
7	七六一	天平宝字5	11	2	矢田部造麻呂家地注状	連券の売券	東南院文書五六四号、三九三頁	『大日本古文書』	なし	仍具注状、以謹解	注状	
8	七六六	天平神護2	9	19	越前国足羽郡司注状	解	東南院文書五〇九号	『大日本古文書』	なし	仍注状弁状進如件、謹解	注状	
9	七六六	天平神護2	9	1□	越前国足羽郡司注状	解	東南院文書五一〇号	『大日本古文書』	なし	仍具注状□	注状	
10	七六六	天平神護2	10	7	越前国幡生庄使注状案	解	東南院文書五二七号	『大日本古文書』	なし	仍具注状申送、謹解	注状	
11	七八九	延暦8	12	30	治部省注状	牒	正倉院文書	『平安遺文』四二八九号	なし	今注状、故牒	注状	
12	七九一	延暦10	1	21	宇治豊川注状	解	東南院文書三-四一	『平安遺文』六号	なし	仍注状立券文以解	注状	
13	八三三	天長10	3	4	八木造大庭麿墾田注状	売券	東京国立博物館文書	『平安遺文』五五号	なし	仍注状立券文如件、以解	注状	
14	一〇二九	長元2	9	28	栄山寺注状	牒	栄山寺文書	『平安遺文』五一六号	なし	今注状、謹牒	注状	
15	一〇三六	長元9	11		栄山寺注状	牒	栄山寺文書	『平安遺文』五七二号	なし	今注状、謹牒	注状	
16	一〇四六	永承1	11	28	栄山寺注状	牒	栄山寺文書三	『平安遺文』六三八号	なし	今注状、謹牒	注状	
17	一〇五〇	永承5	11	13	栄山寺注状	牒	彰考館本栄山寺文書	『平安遺文』六八四号	なし	今注状、謹牒	注状	
18	一〇五九	康平2	3	25	栄山寺注状	牒	栄山寺文書	『平安遺文』九二五号	なし	仍注状、謹牒	注状	
19	一〇六六	治暦2	8	25	曼荼羅寺僧善芳注状案	解	東寺百合文書ユ	『平安遺文』四六三六号	なし	仍事注状、以解	注状	
20	一〇六八	治暦4	4	8	曼荼羅寺僧善芳注状案	解	東寺百合文書ユ	『平安遺文』四六三七号	なし	仍注事状、以解	注状	
21	一〇九〇	寛治4	10	28	僧永能注状	解	法隆寺文書九	『平安遺文』一二八九号	なし	仍為後日注状、以解	注状	

22	一〇九九	承徳3	7	25	民有年注状案	解	宮内庁書陵部所蔵壬生家古文書	『平安遺文』一四〇五号	なし	仍注状、以解	注状	
23	一一〇一	康和3	11	2	定林寺・妙安寺所司等注状	解	法隆寺文書一	『平安遺文』一四六五号	なし	仍注状、以解	注状	
24	一一一九	元永2	3		観世音寺三綱等注状案	解	東大寺文書別集一七号	『大日本古文書』	なし	仍注状、以解	注状	
25	一一三六	保延2	2	18	僧幸尊注状	譲状	百巻本東大寺文書五号	『平安遺文』二三四二号	なし	仍為後代、注状譲与之状、如件	注状	
26	一一五〇	久安6	3		慈徳寺所司注状	解	京都大学所蔵兵範記仁平二年夏巻裏文書	『平安遺文』二六九二号	なし	仍注状、謹解	注状	
27	一一五一	仁平1	8	16	僧暹祐家地注状	売券	京都大学所蔵東大寺文書	『平安遺文』二七三九号	なし	為後日沙汰、注状、以解	注状	
28	一一五五	久寿2	12	25	紀守助田地注状	去文	大宮文書	『平安遺文』二八二七号	なし	仍注状、以解	注状	
29	一一五六	久寿3	1	17	藤原経定中納言注置状案	譲状	宮内庁書陵部所蔵文書	『平安遺文』二八三〇号	なし	為後日注置如件	注置状	
30	一一六一	永暦2	7	25	紀元延田畠注状	処分状	百巻本東大寺文書一七号	『平安遺文』三一五六号	なし	為後日沙汰、注状、如件	注状	「注状」のみの書止文言の初見
31	一一六八	仁安3	11		厳島社神主佐伯景弘注状	解	藝藩通志一八厳島神社文書	『平安遺文』三四八三号	なし	注状、以解	注状	
32	一一六八	仁安3	11		厳島社神主佐伯景弘注状	解	史料通信叢誌第壱編・厳島誌・藝藩通志一八	『平安遺文』補一一〇号	なし	注状、以解	注状	
33	一一六九	仁安4	12		長福寺注置状	縁起幷資財帳	長福寺文書	『平安遺文』三八一七号	なし	右所注置如件	注置状	
34	一一七一	嘉応3			某注状	僧恵深畠売券裏書	東大寺文書四‐七三	『平安遺文』三五七四号	なし	若為後日沙汰、注状如件	注状	注状単独の書止文言
35	一一七五	承安5	5	17	東大寺荘園文書注置状	文書目録	狩野亨吉氏蒐集文書一八	『平安遺文』三六八五号	なし	注置之状如件	注置状	
36	一一八一	養和1	12	25	僧宗玄田地注状	売券	九条家文書	『平安遺文』補一三五号	なし	仍為後〔日〕沙汰、注状、以解	注状	
37	一一八二	養和2	3	12	平姉子注置状	田地直米請取状	興福寺文書	『平安遺文』四〇一九号	なし	注置子細之状如件	注置状	
38	一一八五	元暦2	1	19	僧文覚注置状	起請文	神護寺文書	『平安遺文』四八九二号	なし	所記置如件	注置状	
39	一一八六	文治2	3	7	僧聖心注置状	譲状	醍醐寺文書	『鎌倉遺文』六九号	なし	仍為後日之証拠、注置之状如件	注置状	

40	一一八七	文治3	6	18	大和国清澄荘住人等注状	住人等解	東大寺文書四-三七	『鎌倉遺文』二四一号	なし	注状以解	注状	住人等解に注状文言が使われる
41	一一九三	建久4	4	6	大和国平田荘惣追捕使注置状案	注文	談山神社文書	『鎌倉遺文』六六九号	なし	所注置如件	注置状	在地の惣追捕使作成文書
42	(一一九七)	(建久8)			宇治川鱣請等注状	陳状	勧修寺本永昌記浦文書	『鎌倉遺文』九四八号	なし	仍注状如件	注状	注状単独の書止文言、年代は推定
43	一一九八	建久9	4	29	礼阿弥陀仏注置状	田地寄進状	百巻本東大寺文書九一号	『鎌倉遺文』九七九号	なし	仍為後代、所記置状如件	注置状	記置
44	一一九九	建久10	2	28	信阿弥陀仏注置状	田地売券	百巻本東大寺文書二六号	『鎌倉遺文』一〇三八号	なし	為向後注置状如件	注置状	
45	一二〇九	承元3	10	22	清原末則注置状	注文	東寺百合文書ツ	『鎌倉遺文』一八一四号	なし	注置処之状如件	注置状	
46	一二一五	建保3	4	14	小野行友注状	質地流券	勝尾寺文書	『鎌倉遺文』二一五六号	なし	仍為後日沙汰、謹注状、新立巻〔券〕文件如	注状	
47	一二一七	建保5	4	21	僧教俊記置文	(領主の)置文	百巻本東大寺文書八七号	『鎌倉遺文』二三一〇号	定置	仍後日証験、重記置之状如件	注置状・置文	記置、(領主層個人の)置文
48	一二二一	承久3	9	7	尼青蓮屋地注状	譲状	九条家文書	『鎌倉遺文』二八二九号	なし	仍為後日沙汰、謹注状、新立巻〔券〕文件如所注状□□	注状	
49	一二二二	貞応1	7		高野山御影堂御物等注置状写	目録	高野山文書続宝簡集一二	『鎌倉遺文』一〇五八九号	なし	右随当時見在物等、注置之状如件	注置状	
50	一二二四	貞応3	4	13	沙汰者源及注置状	譲状	国立歴史民俗博物館所蔵水木家資料	東京大学史料編纂所HP	なし	仍為散後代之不審、委注置之状如件	注置状	
51	一二二五	嘉禄1	8	24	惟宗氏女注状	譲状	九条家文書	『鎌倉遺文』補八六九号	なし	仍為後日沙汰、注状如件	注状	注状単独の書止文言
52	一二二六	嘉禄2	1	22	幸心田地注置状	寄進状	東大寺文書三-四	『鎌倉遺文』三四三五号	なし	所注置寄進状如件	注置状	
53	一二二七	嘉禄3	9	3	伊賀国内保荘神人注状	注文	百巻本東大寺文書六号	『鎌倉遺文』三六六〇号	なし	所注状如件	注状	注状単独の書止文言
54	一二三一	寛喜3	2	15	頼宗注置状案	処分状	壬生家文書	『鎌倉遺文』四一〇二号	なし	為後日所注置如件	注置状	

55	一二三一	寛喜3	7	26	有玄寄進地注置状	寄進状	百巻本東大寺文書九一号	『鎌倉遺文』四一七五号	なし	仍為後日証文、注置子細之状如件	注置状	
56	一二三一	寛喜3	7	26	有玄寄進地注置状	寄進状	東京古典会六十周年記念入札目録	『鎌倉遺文』四一七六号	なし	仍為後日証文、注置子細之状如件	注置状	
57	一二三三	貞永2	2	27	紀利包畠地注置状	売券	勝尾寺文書	『鎌倉遺文』四四五二号	なし	仍為後日証文、注置状如件	注置状	地下文書の注置状の初見
58	一二三九	延応1	11	5	貞円捧物注置状	注文	東大寺文書四-一二二	『鎌倉遺文』五四九七号	なし	右注置之状如件	注置状	
59	一二四四	寛元2	8		白国宗直記置文案	置文	白国文書	『鎌倉遺文』六三七〇号	なし	為存知之、記置処之状如件	注置状・記置文	記置、(領主層個人の)置文
60	一二四四	寛元2	10	5	紀国ノリ田地注状	売券但し書き	大徳寺文書	『鎌倉遺文』補一三二八号	なし	為後日沙汰、注状如件	注状	注状単独の書止文言
61	一二四七	寛元5	1	15	永平寺奇瑞注置状	奇瑞記	全久院文書	『鎌倉遺文』六七九三号	なし	仍自今以後為伝聞随喜、記置之状如件	注置状	記置
62	一二五〇	建長2	2	6	福阿弥陀仏畠地注置状	処分状	光明寺文書	『鎌倉遺文』七一六〇号	なし	仍為後代之証文、注置状之如件	注置状	
63	一二五〇	建長2	3	29	清原是延田地注状	売券	高野山文書又続宝簡集七〇	『鎌倉遺文』七一九〇号	なし	新券文注状如件	注状	
64	一二五〇	建長2	7	10	勝尾寺重書注置状	目録	勝尾寺文書	『鎌倉遺文』七二一二号	なし	為後代亀鏡、加番頭之連署、注置之状如件	注置状	
65	一二五〇	建長2	8	8	円実記置文	置文	大乗院文書	『鎌倉遺文』補一四七三号	(冒頭添書)御置文、記置	仍所記置如件	記置文	記置、(領主層個人の)置文
66	一二五三	建長5	6	8	僧真教飛行三鈷注置状	飛行三鈷記	高野山文書続宝簡集七四	『鎌倉遺文』七五六一号	なし	為散未来之不審、粗所記置之也	注置状	記置
67	一二五三	建長5	8	3	法隆寺注状	牒	春日神社文書	『鎌倉遺文』七六〇五号	なし	仍粗注状、牒送如件	注状	
68	一二五四	建長6	7	5	僧深賢注置文案	置文	醍醐寺文書一七八四号	『大日本古文書』	定置	為向後注置之状如件	注置文	(領主層個人の)置文
69	一二五六	建長8	2		厳慶田地注置状案	寄進状	東大寺文書	『鎌倉遺文』七九六七号	注置	為備後日証文、注置此状之状如件	注置状	

70	一二五六	建長8	7	17	聖源田地注置状	譲状	百巻本東大寺文書一〇号	『鎌倉遺文』八〇一五号	なし	為後日沙汰、状注置事明鏡也、仍状如件	注置状	
71	一二五七	康元2	3	7	僧光善田地注状	処分状	高野山文書続宝簡集六〇	『大日本古文書』	なし	為後日亀鏡、注状事如件	注状	僧覚鏡田地処分状の連券
72	一二五九	正嘉3	3	5	摂津国吹田荘下司職注置状	下司職記録	春日神社文書	『鎌倉遺文』八三五五号	なし	仍記置之	注置状	記置
73	一二六五	文永2	3	22	伊王女家地注置状	売券	元興寺極楽坊柱銘	『鎌倉遺文』九二二四号	なし	仍限永代、念仏衆等所記置也、但於本券者焼失畢	注置状	記置、柱銘
74	一二六八	文永5	1		近江国鯰江荘由来注置状	由来記	春日神社文書	『鎌倉遺文』九八四九号	なし	仍尋訪古老案内者、所記置之状如件	注置状	記置
75	一二七〇	文永7	1	8	僧慶意畠地注置状	寄進状	勝尾寺文書	『鎌倉遺文』一〇五六七号	なし	為向後亀鏡、所注置此状如件	注置状	
76	一二七〇	文永7	3	24	若狭国多烏浦立始次第注状	注進状	秦家文書一四号	『小浜市史』諸家文書編三	(端裏書)しるし状	如此ノ注状如件	注状	注状(しるし状)と読み下している初見
77	一二七〇	文永7	3	24	若狭国多烏浦作畠注状	注進状	秦家文書一五号	『小浜市史』諸家文書編三	(端裏書)しるし状	こにちのためにしるすところ也、状如件。(日下)此注也	注状	
78	一二七一	文永8	12	14	僧真俶・大中臣実基記置文案	置文	醍醐寺文書	『鎌倉遺文』一〇九三五号	なし	大概記置之状如件	注置文	(内容的に領主層の)置文
79	一二七二	文永9	5		僧覚継注置状	証状	水木氏所蔵文書	『鎌倉遺文』一一〇四六号	なし	仍別シ天注置之状如件	注置文	
80	一二七六	建治2	5		僧憲誉所領所従等注置状	注文	中家文書	『鎌倉遺文』一二三五〇号	注置	仍為後日、所注置如此	注置文	中家文書は地下文書(長谷郷丹生神社神官家)
81	一二七九	弘安2	2	3	大長寿院四方堺注置状	四方指	中尊寺文書	『鎌倉遺文』一三四〇八号	記置	仍為後日証文、記置所如件	注置文	記置
82	一二七九	弘安2	12	21	紀伊国鞆淵八幡宮遷宮記置文	遷宮記	鞆淵八幡神社文書七号	『和歌山県史』中世史料一	記置	仍為後代、大概所記置如件	記置文	鞆淵荘における置文の初出例、下司・公文の署判

83	一二八四	弘安7	閏4	3	島津久経鋳鐘注置状写	願文	三国名勝図会	『鎌倉遺文』一五一七一号	なし	仍為後代、聊所記置也矣	注置文	記置
参考1	一二九四	永仁2	8	22	若狭国多烏浦天満宮山堺定書	定書	秦家文書三四号	『小浜市史』諸家文書編三	なし	なし	村落定書	置文文言・定書文言いずれもなし。内容的に村落定書
84	一二九五	永仁3	5	30	沙弥観阿田地注状	売券	大徳寺文書二八九三号	『大日本古文書』	なし	仍為後日沙汰、証文注状如件	注状	
参考2	一二九六	永仁4	2	22	若狭国多烏浦夫用途日記	注進状	秦家文書三七号	『小浜市史』諸家文書編三	(端裏書)日記。注進〔中略〕夫用途日記	なし	日記	日記にも注進という記載あり
85	一二九六	永仁4	7	10	僧忠瑜記置文	置文	東寺百合文書り	『鎌倉遺文』一九〇九六号	なし	仍為末代、所記置如件	記置文	(領主層個人の)置文
86	一二九八	永仁6	2	6	安楽寺垣内注置状写	坪付	森家文書一号	『和歌山県史』中世史料二	注置	仍為後代之、注置状如件	注置状	
87	一二九九	永仁7	2	11	某注状	注状	秦家文書三九号	『小浜市史』諸家文書編三	なし	但後日為注置処也、仍注状如件	注状	注置文言あり。秦家文書における注置文言の初出
88	一二九九	永仁7	4		東大寺注状案	牒	東南院文書七-五	『鎌倉遺文』二〇〇五八号	なし	仍粗注状、以牒、牒到准状、故牒	注状	
89	一二九九	永仁7	4		東大寺注状案	牒	東南院文書七-五	『鎌倉遺文』二〇〇五九号	なし	仍粗注状、以牒、牒到准状、故牒	注状	
90	一二九九	永仁7	4		東大寺注状案	牒	東南院文書七-五	『鎌倉遺文』二〇〇六〇号	なし	仍粗注状、以牒、牒到准状、故牒	注状	
91	一二九九	永仁7	4		東大寺注状案	牒	東大寺東南院文書八三一(四)	『大日本古文書』	なし	仍粗注状、以牒、牒到准状、故牒	注状	
参考3	一二九九	正安1	12	18	汲部浦・多烏浦しんわたり山中分載状	中分状	秦家文書四〇号	『小浜市史』諸家文書編三	なし	これおの〔載〕するところ、くたんのことし	載状	注状のバリエーションか
92	一三〇一	正安3	1	11	薬勝寺沙汰次第注置状写	次第注文	紀伊続風土記附録四古文書部四薬勝寺	『鎌倉遺文』二〇七〇一号	なし	仍為後代亀鏡、注置之状如件	注置状	
93	一三〇三	乾元2	5	25	三条実盛記置文	置文	大徳寺文書	『鎌倉遺文』二一五四二号	なし	委曲先日置文ニ記置了、不可被依違之状如件	記置文	記置、(領主層個人の)置文

94	一三〇四	嘉元2	8		東三条殿文殊堂御香寄人由緒記置状案	由緒書	禅定寺文書	『鎌倉遺文』二一九六九号	なし	是ヲ記置者也	注置状	記置
95	一三一四	正和3	5	22	尼妙恵文書紛失注置状	紛失状	白河本東寺文書一七六	『鎌倉遺文』二五一四五号	注置	為備後代亀鏡、注置状如件	注置状	紛失状に注置状文言を使う
96	一三一六	正和5	11	10	法性寺・孝恩寺領等注置状	目録	革島文書	『鎌倉遺文』二六〇一八号	なし	右且注置如件	注置状	地下文書中に伝来した注置状
97	一三一八	文保2	6	20	加賀国荒御前遷宮注置状	日記	白山比咩神社文書	『鎌倉遺文』二六七一一号	なし	為末代、秘見所注置也焉	注置状	
98	一三一八	文保2	12	21	大伴良実田地注状	寄進状	薬徳寺文書	『鎌倉遺文』二六九〇一号	なし	但為後日証文、注状如件	注状	注状単独の書止文言。薬徳寺は和佐荘下司大友氏管理する在地寺院
99	一三二四	元亨4	11	10	(具書)得分物注状	注進状の誤記か	円覚寺文書	『鎌倉遺文』二八八七六号	(不明)	(不明)	注状	注状の文書名のみ
100	一三三一	元徳3	4	晦	兵庫北関供料注置状	結解状	東大寺文書	『鎌倉遺文』三一四二二号	なし	右注置如件	注置状	
101	一三三四	建武1	5	27	地頭置文	置文	秦家文書七五号	『小浜市史』諸家文書編三	(端裏書)定置状。定置	所定置之状如件	置文	地頭の置文
102	一三四〇	暦応3	3	10	大井荘用途注置状	納帳	東大寺文書四二八号	『大日本古文書』	なし	右大概所注置如斯	注置状	
103	一三四五	康永4(貞和1)	11	14	沙汰人百姓等置文	注進状案	秦家文書八九号	『小浜市史』諸家文書編三	定	右大略注進如件、(奥下)沙汰人百姓定置文	置文	五人百姓等からの注進内容を沙汰人百姓が「宛下」し記録したものか
104	一四二九	正長2	6	15	宗安田地注置文	置文	真珠庵文書五二六号	『大日本古文書』大徳寺文書別集	置文	為万一後日沙汰注置者也、仍置文如件	注置文	注置文言のある領主層個人の置文
105	一四五一	宝徳3	10	28	(本文中)先日之注状		東寺百合文書を二四八号	『大日本古文書』東寺文書六	(不明)	(不明)	注状	注状の文書名のみ
106	一四五九	長禄3	10	25	僧澄恵由緒注置状案	由緒記	醍醐寺文書七三二号	『大日本古文書』	なし	為後日所注置也	注置状	記置

107	一四六二	寛正3	8		僧澄恵相論注置状	日記	醍醐寺文書七四三号	『大日本古文書』	なし	仍為未来記置処也	注置状	記置
108	一四八七	長享1	10	18	短野山記置文	置文案	短野区有文書六三六号	『かつらぎ町史』古代・中世史料編	（端裏書）短野山置文	仍為末代、此置文ヲ記置者也	記置文	記置文
109	一四九二	延徳4	2	29	僧澄恵坊舎等注置状	預け状	醍醐寺文書七〇七号	『大日本古文書』	なし	仍為後日、所記置之状如件	注置状	記置
110	一四九五	明応4	2	18	鞆淵荘地下誌置文	覚書	鞆淵八幡神社文書七〇号	『和歌山県史』中世史料一	（端裏書）地下書置山事。為末代誌置	なし	誌置文	誌置
参考4	一五五五	天文24	3		真珠庵衆議定書	衆議法度	真珠庵文書三七号	『大日本古文書』大徳寺文書別集	なし	此条乍先規事旧、未被記置之、仍今以衆儀所定也	衆議定書	記置かれなかった先規を改めて衆議で定める

二　秦家文書における注状・注置状と置文

秦家文書は多烏浦刀祢家の文書である。百姓等申状案、村落定書、宮座頭役差定なども伝来しているように[3]、秦家文書は地下文書であり、村落文書（惣村文書）との接点が濃密である。

この秦家文書における注状・注置状と置文をみていこう。まず表4-1の76・77番。

【史料4-1】一二七〇年（文永七）若狭国多烏浦立始次第注状（秦家文書）［76番］（［　］内は表4-1の番号、以下同じ）

（端裏書）「たからす、たちはしめたる、しるし状也」

注進　此多烏浦ハ去伊なんは（稲庭）の。（時貞ノ）権守御時、成重しん検校多。（烏）立始可蒙仰候て立始所也、（中略）此より後の

ために、如比ノ注状如件

文永七年庚午才次三月廿四日

秦守高（花押）

【史料4－2】一二七〇年（文永七）若狭国多烏浦畠注状（秦家文書）［77番］

（端裏書）「たからすのはたけのしるし状也」

注進　多烏浦年来人作タル畠注状次第事

（中略）

こんねはたけのらうセきあるによりて、こにちのためにしるすところ也、状如件

文永七年庚午才次三月廿四日　此注也

秦守高（花押）

この二つの注状には、いずれも「しるし状」という端裏書がついている。実は書止文言「注状如件」の「注状」をどう訓むかということは大事な問題なのであるが、この点は後述する。秦家文書中において注状は当初から「しるしじょう」と訓まれていたことを銘記しておきたい。

また佐藤・大河内論文には、「注進状」という上申文書の文書様式を転用する形で地下社会において文書が作成されていくという、重要な指摘があった。史料4－1・2はいずれも書出文言に「注進」とあるために注進状という文書名がつけられていたが、佐藤・大河内論文の指摘する通り、この二通は上申文書ではなく、村落内における記録である。その傍証として、参考2番の日記という記録にも、端裏書に「注進」と書かれているのである。もちろ

ん、これも村落内部の記録である。以上、史料4-1・2の注状が村落内の記録である点を確認した。

なお、参考3番の書止文言は「これおのするところ、くたんのことし」とあり、漢字表記では「載状」となる。この載状は、注状のバリエーションといえよう。


【史料4-3】一二九九年（永仁七）某注状（秦家文書）［87番］

汲部小山代米清米壱石伍斗八、（中略）但後日為注置処也、仍注状如件
永仁七年己亥二月十一日

この史料4-3注状は、「但後日為注置処也、仍注状如件」という書止文言を持つ。ここで「注状如件」とあるのでこの文書は注状と認められるが、その一方で「注置処也」という文言もみえる。ここからすると、史料4-3を注置状とみることも可能である。ここに、注状から注置状への展開を想定することができる。

この注状から注置状への転化は、内容に記録的な要素が強まったものとも評価できる。史料4-1は多烏浦開発の記録、史料4-2は同浦の畠の記録である。一方、この史料4-3は一部意味不明ながら、山手塩の代銭を刀祢勘料として地頭に没収されたために、山を売って代銭を調達したという記録である。史料4-1・2に比べて、史料4-3は特定の事件ことがらに対する記録という切迫した状況が強く出ている。ここにただ「注す」のみならず、「注し置く」とたたみかけた意思が働いたものといえよう。

さてこの注状・注置状と置文は、どのように関連するのであろうか。多烏浦においては参考1番のように、特定の文言は持たないが内容的に村落定書だという文書が、一二九四年（永仁二）という早い段階でみられる。それについで、次の置文が出現するのである。

【史料4-4】一三四五年（康永四）沙汰人百姓等置文（秦家文書）［103番］

（端裏書）「□尾山五人百姓等宛文」(経)

定

一番　清三郎大夫分

東限、弥二郎名ノ畠ノ上ノ尾ヲ峯マテ、尾ニハ石ヲ立、、

限西、経尾ノ登路ヲサカウテ、北面ヲサカウ、

（中略）

右、大略注進如件

康永四年乙酉十一月十四日

沙汰人百姓定置文

史料4-4の書出文言に「定」とあり、書止文言が「右、大略注進如件」、そして奥下に「沙汰人百姓定置文」という記載がある。この奥下の「定置文」という文言から「沙汰人百姓等置文」という文書名が導き出されている。これが多烏浦における置文の初見である。この置文には「注置」という文言こそないが、注置状から転化して成立したものではなかろうか。

ところが一方、101番、一三三四年（建武元）に地頭から出された置文が秦家文書に伝来している。そのわずか一一年後にこの史料4-4が成立している。このことから史料4-4の置文は、この地頭置文から置文様式を導入し

て作成されたものとも考えられる。

史料4-4多烏浦の置文の源流は、地頭置文なのか、それとも注置状なのか。この問題をさらに追究するため、平安・鎌倉期の注状・注置状と置文との関連を、秦家文書以外の文書群を含めて広く考察してみよう。まずは注状についてみていきたい。

三　注状

表4-1によると、注状は参考文書一通を含めて五五通検出できる。注状の初出は七四八年（天平二〇）で、奈良時代から「仍注状、以解」というような書止文言がみられる［1番］。解や牒の公式様文書から売券・譲状に至るまで同様に注状文言が用いられている。さらにその注状文言が書止文言に転化している。このような変遷を従来の古文書学はほとんど顧慮してこなかった。このことをどう考えるか、新たな問題であろう。

「仍注状、以解」というような書止文言の汎用性は、「注状」を「状を注す（しるす）」と訓むことによって担保されてきた。「状を注す」とは「事情を記す」という意味である。「仍注状、以解」は「それで以上のような事情を記しましたので、上申します」ということになる。もともと「注状」は「しるしじょう」ではなく、「じょうをしるす」なのだ。

この「注状（じょうをしるす）」文言が七四六年［1番］から一二五三年（建長五）［67番］まで一貫して使われてきた。その間、一一八七年（文治三）［40番］には「住人等解」のなかでも「注状以解」（状を注すこと、もって解す）という書止文言が使われ始めた。これは、「注状」書止文言が地下文書の世界に根づき始めたことを意味している。

そのような流れのなか、前述した秦家文書、一二七〇年（文永七）の注状［76番］で初めて端裏書で「しるし状」

という記載がなされたのである。すなわちこれは、「じょうをしるす」から「しるしじょう」への転換であった。

ここで注目したいのは、この変換が初めてなされたのが地下文書である秦家文書〔前掲76・77番〕においてだという点である。これは公式様文書以来の書止文言「注状（じょうをしるす）」が「しるしじょう」として換骨奪胎された瞬間なのだと思う。それまでの「じょうをしるす」七四八年から一二五三年まで四二通の歴史を覆すものであった。このことは、「書状」が「じょうをかく」から「しょじょう」に転換したことと同様の意義があるのだろう。

その後も「注状（じょうをしるす）」文言が続く〔84〜98番〕が、領主側の文書記載に「注状（しるしじょう）」という記載がみられるようになる〔99・105番〕。これは、秦家文書のような地下文書における「注状（しるしじょう）」文言が公認され、領主も用いるようになったことの証左であろう。在地社会から領主層へ文書様式が伝播したものともいえよう。

このことを踏まえて、次に注状・注置状と置文の関係をみてみよう。

四　注置状と置文

表4-1からまず、領主側の注置文言、注置状と注置文についてみていこう。領主側の注置状は、当初から一一九八年（建久九）〔43番〕まで「所記置如件」（記し置くところ、件の如し）という文言だった。それが翌年の44番では「為向後、注置状如件」（向後のため、注置状〈または注し置く状〉、件の如し）というような、まさに「注置状」そのものの文言に変化してくる。

そして、その延長線上、一二一七年（建保五）〔47番〕には「仍後日証験、重記置之状如件」（よって後日の証験として、重ねて記し置くの状、件の如し）という文言を持つ「記置文」が出現する。

このように、領主側では一二一七年（建保五）に注置状から記置文言を持つ記置文が転化・成立したのである。

次に、在地社会の状況をみてみよう。41番や80番の注置状の書止文言「所注置如件」は「注し置くところ、件のごとし」と訓むしかないだろう。これは領主側当初の注置状と同じ状況である。

ここで、在地の寺院である勝尾寺の文書に初めて出てくる注置状［57番］の書き止め「仍為後日証文、注置状如件」に注目したい。この文言の後半は「注置状」そのものの文言になっている。これが、地下文書のなかで「注置状」文言をもつ注置状の初見である。

そして秦家文書の八七番は、端裏書に「しるし状」とありながら書止に「但後日為注置處也、仍注状如件」とある。これは「ただし後日のため、注し置くところなり、よって注状、件の如し」と訓むしかない。これが秦家文書のなかの注状であり、また同文書における注置状の初見でもあった。これに続く92・95・96番文書の書止文言も「注し置くの状」または「注置状（しるしおきじょう）」と訓むしかない。

これに前後して82・108・110番に、「記置」（記し置く）や「誌置」（誌し置く）という書止文言を持つ「記置文」や「誌置文」が出現する。

【史料4-5】一二七九年（弘安二）紀伊国鞆淵八幡宮記置文（鞆淵八幡神社文書）**［82番］**

記置　鞆淵御園御遷宮事

（中略）

仍為末代、大概記置如件

弘安二年己亥十二月廿一日　公文盛幸（花押）

巧匠大工惣方

下司兵庫允久忠（花押）

【史料4-6】一四八七年（長享元）短野記置文（短野区有文書）［108番］

（端裏書）
「短野山置文」

（中略）

仍為末代、此置文ヲ記置者也

長享元丁未年拾月十八日

短野村

【史料4-7】一四九五年（明応四）鞆淵荘地下誌置文（鞆淵八幡神社文書）［110番］

（端裏書）
「地下書置山事」

就石走与鞆淵山相論儀、為末代誌置

（中略）

旹明応四年乙卯二月十八日

史料4-5は、「仍為後代、大概所記置如件」（よって後代のため、大概記し置くところ、件の如し）という書き止めの紀伊国鞆淵園遷宮次第置文である。また史料4-7は端裏書に「地下書置山事」（地下に書き置く山の事）とあり、書出に「為末代誌置」（末代のため誌し置く）とある鞆淵荘地下置文である。

一方、史料4‐6は端裏書に「短野山置文」、書き止めに「仍為末代、此置文ヲ記置者也」（よって末代のため、この置文を記し置くものなり）とある短野山置文である。

二つの文書群の事例であるが、地下文書の世界でも注置状から記置文・誌置文への展開がなされたものといえよう（ちなみに地下文書のなかで書き止めに「注置」という漢字表記をもった置文はみあたらない）。

鞆淵八幡神社文書や短野区文書には、この記置文や誌置文以前に注置状は残っていない。したがって同一文書群内での注置状から置文への転化事例をいまのところ確認できない。

一方の領主側でも注置状から置文への流れがあり、転化前後のものはいずれも東大寺文書であった。しかし、かたや外部から流入した寄進状（注置状）であり、かたや領主側の個人の置文であった。これも相互に直接関連をもたない文書間における様式転化の流れなのである。

これらの点からみて地下文書においても、複数の文書群にわたる時間的な推移の中で、注置状を前提として記置文・誌置文が転化・成立したと考えるべきであろう。

この見通しをもって、多烏浦・秦家文書の事例を再検討しよう。前述したように、史料4‐4・康永四年沙汰人百姓等置文には「注置」のような文言がない。

そこで注目したいのは、「注進」という文言である。前述したように、秦家文書76・77番の注状には「注進」という文言があった。それに、参考二番の「日記」という記録にも端裏書に「注進」と書かれていた。この注進文言を佐藤・大河内論文は、注進状という上申文書の様式を取り込み、地下文書内部での記録様式に転化させたものと指摘していた。

そして史料4‐4康永四年置文にも「右、大略注進如件」という「注進」文言をもつ書止がみられるのである。

この「注進」文言の共通性から、地頭置文の様式を取り込んだとみるよりも、秦家文書中の注状や注置状の延長線上で史料4-4康永四年置文は転化・成立したとみる方が自然であろう。

以上のように、佐藤・大河内論文やそれを承けた春田氏の推測通り、多烏浦において注状（しるし状）→注置状（しるしおき状）→置文という文書様式転化の流れがあったと考える。

その他の地下文書群における置文も、注置状から転化・成立したものがあったと思われる。鞆淵八幡神社文書の記置文・誌置文や短野区文書の記置文の事例は、その可能性を強く示唆している。

五　多烏浦の村落定書

ここで多烏浦に戻り、秦家文書の村落定書を表2-1から抜き出してまとめると、表4-2のようになる。

表4-2　若狭国多烏浦の村落定書

番号	西暦	和暦	月	日	文書名	地域	文書所蔵者	出典	文言	内容	署判	様式	備考
13	一二九四	永仁2	8	22	多烏浦天満宮山堺定書	若狭国多烏浦	秦家文書三四号	『小浜市史』諸家文書編三	なし	堺の確定	多門坊、祢宜秦守高	様式なし	現状記録的
24	一三四五	康永4	11	14	多烏浦沙汰人百姓等置文	若狭国多烏浦	秦家文書八九号	『小浜市史』諸家文書編三	(書出)定、(書止)右大略注進如件、(奥下)沙汰人百姓定置文	四至堺	(奥下)沙汰人百姓定置文	置文	現状記録的
242	一六一五	元和1	10	15	田烏浦頼母子定書	若狭国田烏浦	秦家文書一二四号	『小浜市史』諸家文書編三	(書出)定申頼母子の事、(書止)仍而為後日之状如件	頼母子	10人連署判	定書	現状変更的
268	一六三七	寛永14	2	8	田烏浦年寄中網場定書	若狭国田烏浦	近世文書五漁業　秦家文書二号	『小浜市史』諸家文書編三	(書出)今度北南年寄中寄合相きわめ申候あミ場之事、(書止)仍如件	網場の規制。罰則強化	15人連署判(木印署判)	定書	現状変更的。南北年寄中(拾人衆を含む)の定書

【注】「番号」は表2-1の番号

全部で四通に過ぎないが、特定の様式をもたない村落定書→置文→定書というように、本書第二章・第三章で指摘した村落定書の本来的な様式変遷のありかたを、多烏浦秦家文書が一身に体現している状況がみえる。ちなみに私が最近調べている村落宮座の歩射儀礼、その一三三七年（建武四）の初見文書も秦家文書にある。(4)

秦家文書は家文書であるが、惣村文書との関係で、さらに研究する価値のある文書群だと改めて認識した。

以上のように、秦家文書のなかで注状及び注置状が転化して置文が成立したと考える。すなわち、注状・注置状が置文の源泉の一つであったといえよう。

なお、前述したように領主側の記置文は一二一七年（建保五）に成立していた［47番］。これに比べて、秦家文書中の注置状から転化したとみられる置文は一三四五年（康永四）、鞆淵八幡神社文書の注置文は一二七九年（弘安二）に成立している。これは領主側の置文からみて、六二年から一二八年遅れての成立である。

このことは、領主側よりも在地社会の側のリテラシーが低いことの反映であろう。しかし一方で地下文書の世界でも、次第に識字能力を高めていたのである。

【史料4－8】一五五五年（天文二四）越前国江良浦刀祢申状（刀根春次郎家文書）(5)

（前略）

一宗幸　是ハ旅僧ニて御座候、在所ニいろは字ニても候へ、みる者無御座候間、少々家を作置申候処ニ、是もはち（鉢）を開き堪忍　仕候（下略）

これは、越前国江良浦刀祢申状の一節である。ここでは、旅の僧宗幸に読み書きを教えてもらうため、浦人たちが家を用意して宗幸を江良浦に定住させた（「鉢を開く」）事情が記録されている。

畿内はもとよりのことであるが、近国の越前国それも海村で、一六世紀半ばには基礎的な識字教育を在地社会が用意していたことが分かる。そして若狭国多烏浦は、その隣国であり同じく海村でもある。多烏浦秦家文書における注状→注置状→置文という様式の転化も、このような識字教育の積み重ね・リテラシーの深化を基盤として成し遂げられたものであろう。(6)

おわりに

私はこれまで置文を含む村落定書の源流として、領主の置文や定書が在地社会に下降・分有されたという契機を想定してきた。それに加え、紛失状や日記が村落定書に転化していく道筋も想定していたが、実証的にそれを論じる用意はなかった。

今回、佐藤・大河内論文の示唆を受けて、秦家文書において注状・注置状から置文が転化成立していく道筋について考えてみた。秦家文書は、注進状という上申文書を地下文書中の記録として転化させた。それを契機として、注状そして注置状が形成し、そこから置文が成立したのである。この注進という文言の共通性からみて、秦家文書における注置状から置文への転化はほぼ間違いない。そしてその背景に、在地民たちのリテラシー向上という要因もあったと思われる。

そして他の地下文書における置文にも、注置状から転化したものがあったのではないかと指摘した。

このように、置文には注状・注置状からの転化として成立したものがあった。一方また、領主の置文に触発されその様式をとりこんで成立した地下文書の置文もあったはずである。すなわち地下文書の置文には、この二つの源流が想定できるのである。

最後に、今後の課題について触れておく。

まず、前述した紛失状や日記などの記録類。これらも、まだ探究の進んでいない、村落定書の源流候補である。

また、本書第二章・第三章では一五世紀後半を境目として置文系村落定書から定書系村落定書へ転換していくと指摘した。その際は、現状記録的な内容から現状変更的な内容への変化に着目して議論をたてた。しかし考えてみれば、置文から置文文言がなくなり定文言のみになれば定書となる。すなわち置文から定書への変化は、文書様式の転化としても認識できるわけである。

こうした点に留意しつつ、今後も村落文書・地下文書の文書様式やその源流について、考えていきたい。

注

（1）佐藤雄基・大河内勇介「秦家文書―文書調査の成果報告を中心に―」（春田直紀編『中世地下文書の世界』、勉誠出版、二〇一七年）。

（2）春田直紀「中世地下文書研究の成果と課題」（二〇一七年六月一八日中世地下文書研究会レジュメ）。

（3）一二九三年（正応六）多烏浦百姓等申状案（秦家文書三三号）・一二九四年（永仁二）多烏浦天満宮山堺定書案（同三四号）・一三三四年（建武元）汲部・多烏両浦間置文（同七五号）・一三七四年（応安七）多烏浦天満宮頭役差定（同九九号）など、いずれも『小浜市史』諸家文書編三所収。

（4）一三三七年（建武四）一〇月志積刑部尉歩射田寄進状（秦家文書八二号）、薗部「宮座における歩射儀礼―結鎮・百手・オビシャ―」（『米沢史学』三三号、二〇一七年）。

（5）一五五五年（天文二四）七月越前国江良浦刀祢申状（刀根春次郎家文書一三号、『福井県史』資料編8 中・近世六 敦賀市三方郡）。

（6）坂田聡「中世後期における村の文書とリテラシー」（『新しい歴史学のために』二八九号、二〇一六年）。
二〇一八年六月二日中世地下文書研究会の席で高橋一樹氏から識字率のリテラシーと文書リテラシーには乖離があるというご指摘をいただいた。確かにそうであろう。ただ文書リテラシーの高さは識字率の高さと連動しているとも思われる。また本書第二章の「表2-2 村落定書の地域分布」によると、近江国・紀伊国に次いで越前国には村落定書が多い。これは、北陸地方における識字に対する積極的な姿勢に下支えされた結果でもあろう。

付論一　明応七年丹波国山国荘黒田下村の紛失定書二通

二〇一七年八月、恒例の中央大学山国荘調査団現地調査に参加した。その折に私は、京都市右京区京北下黒田町の井本正成家文書の再調査に従事した。そこで、既に紹介されている二通の文書を再び目にした。そのうち一通は、次のような文書である。

【史料 付1-1】一四九八年（明応七）丹波国黒田下村惣・別当民部増清紛失定書[1]

（井本昭之助（現正成）家文書、以下同）［表2-1の136番］（以下［　］内の番号は表2-1の番号）

（端裏書）「下村く具（きカ）谷」

永代く具谷山手継之事

合壱所者

際目ハ、東ハ浪流レヲ、南ハ谷

西く具谷ノサコヲ、北ハコハリ尾ヲ

丹波国山国庄之内黒田下村ニ有と者

右件之山ハ大江之右近宛て相伝之山也、

雖然依有直用、下村惣へ永代売
渡申処実正明白也、然ヲ彼本
支証を一乱ニ尋失ニよつて村衆
一同ニ永代之手継を定置処也、
萬一於已後ニ号支証と兎角申
輩出来者、可為盗人之罪科
者、仍而未来末代為支証之
手継之状如件

明応第七年霜月三日　黒田 村惣（木印署判「へと一交差」）

別当民部 増清（花押）

この文書には従来、黒田下村惣山地売券と文書名が付けられていた(2)。しかし、このような理解でいいのだろうか。

冒頭は「永代く具谷山手継之事」とあり、この文書がくき谷の手継証文に関する文書であることを示している。その次にくき谷の四至牓示が記され、この山が「山国庄之内黒田下村」にあることが分かる。

本文に入ると、くき谷は大江右近が相伝していたが、必要に

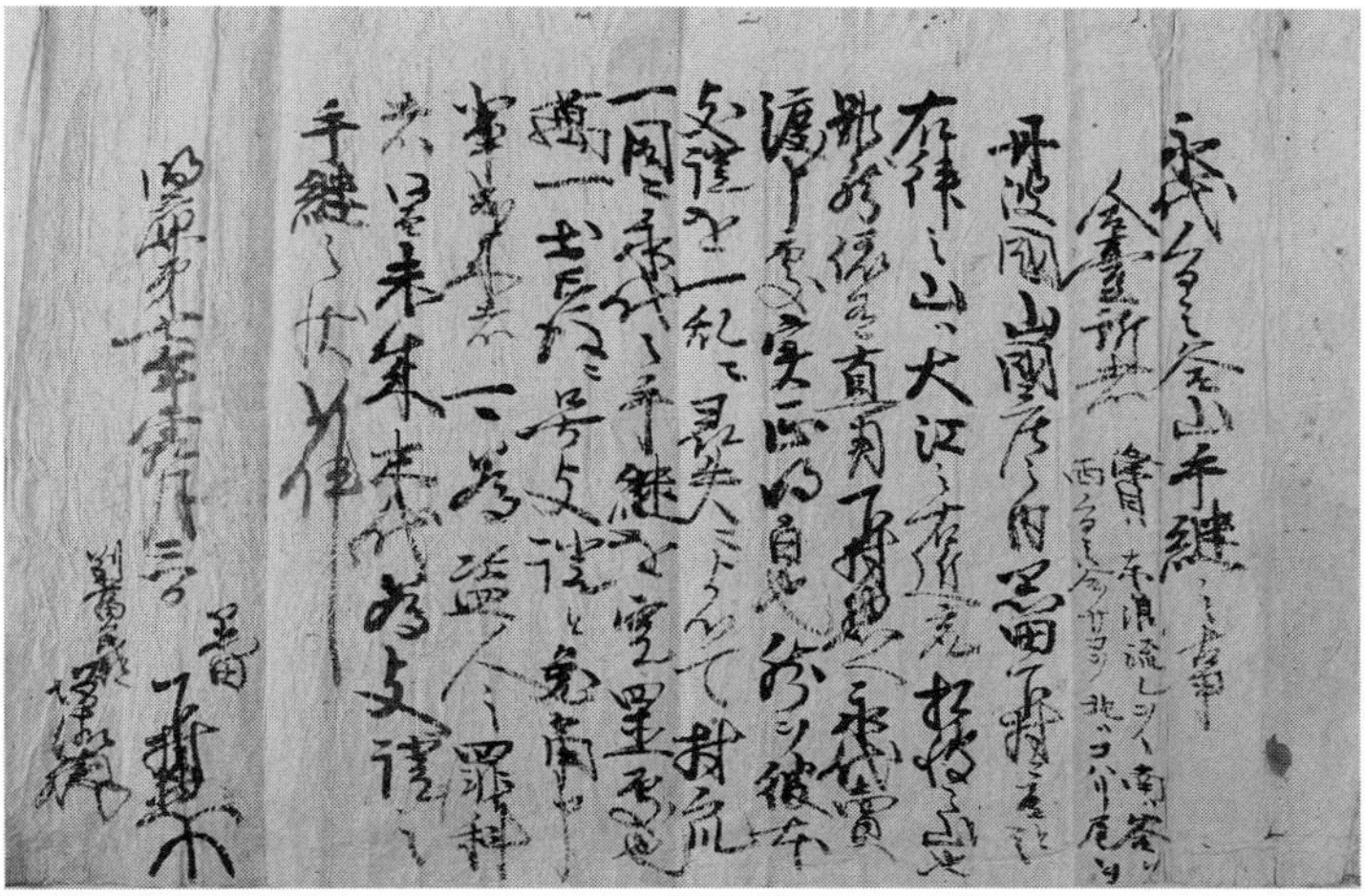

史料 付1-1

迫られ黒田下村惣へ永代売買されたという経緯が示される。

重要なのは、この次である。この時の売券が「一乱」で紛失された。そのために「村衆一同」で紛失された売券の代わりに、この文書によって「永代之手継を定置処也」すなわち下村惣がくき谷を今後も永遠に所持していることを確認し「定め置いた」のである。

さらには、今後「支証」すなわち紛失した元の売券を持っていると名乗り出てきた者に対しては、盗犯の罪科に処すとも宣言している。この点が単なる紛失状とは異なり、「定め置いた」ことによって盗犯処罰の効力も強く発揮されることを意図している。

この「定め置く」という文言からすると置文であるが、内容的には文書の紛失に関して作成された村落定書である。私は、このような置文系の村落定書を「紛失定書」と命名した[3]。すなわちこの文書は「黒田下村惣・別当民部増清紛失定書」なのである。

なお坂田聡氏によると、別当民部増清は井本家の寺庵僧の可能性がある[4]。

村落社会の紛失状は、証文類の紛失者自身が文書を起筆して、その紛失事実を刀祢や沙汰人など在地有力者に証明してもらうこと（在地証判）で発効する。一方、紛失定書は、村落集団が何らかの関係をもつ証文類が紛失したことを自ら宣言し、将来その証文をもって権利を主張する者に対して盗犯の罪に問うなどの善後策をも積極的に定めたものである。

この紛失定書に加え、井本昭之助（現正成）家文書にはもう一点、紛失定書がある。

【史料 付1-2】一四九八年（明応七）丹波国黒田下村惣・別当民部増清堂紛失定書案[5]［135番］

（端裏書）

「下村惣　久喜谷山文書」

永代久喜谷文書手継事

合山壱所　東ハタキノ谷ノヲクテヲカキル
　　　　　南ハ峯ヲ、西ハ大川ヲ
　　　　　北ハ谷川ノ流ヲ

丹波国桑田郡修理職御領山国庄之内
　黒田下村ニ有と者
右件之山者、山国惣庄より永代黒田下村
蓮花寺奉寄進処実正明白也、此
山之本文之支証者、地下一乱ニ尋失ニよつて
公方様・同地下老若共ニ永代之手継支
証ヲ定置処実也、万一於已後ニ彼文書ヲ
もち出来、号支証と、兎角申輩出来
者、公方として堅御罪科可被処者也、
此山ニ違乱申者出来、可為盗人者也、仍而
後々生来為末代証文之永代之手継之状如件

明応第七稔霜月三日　　　黒田下村惣　判

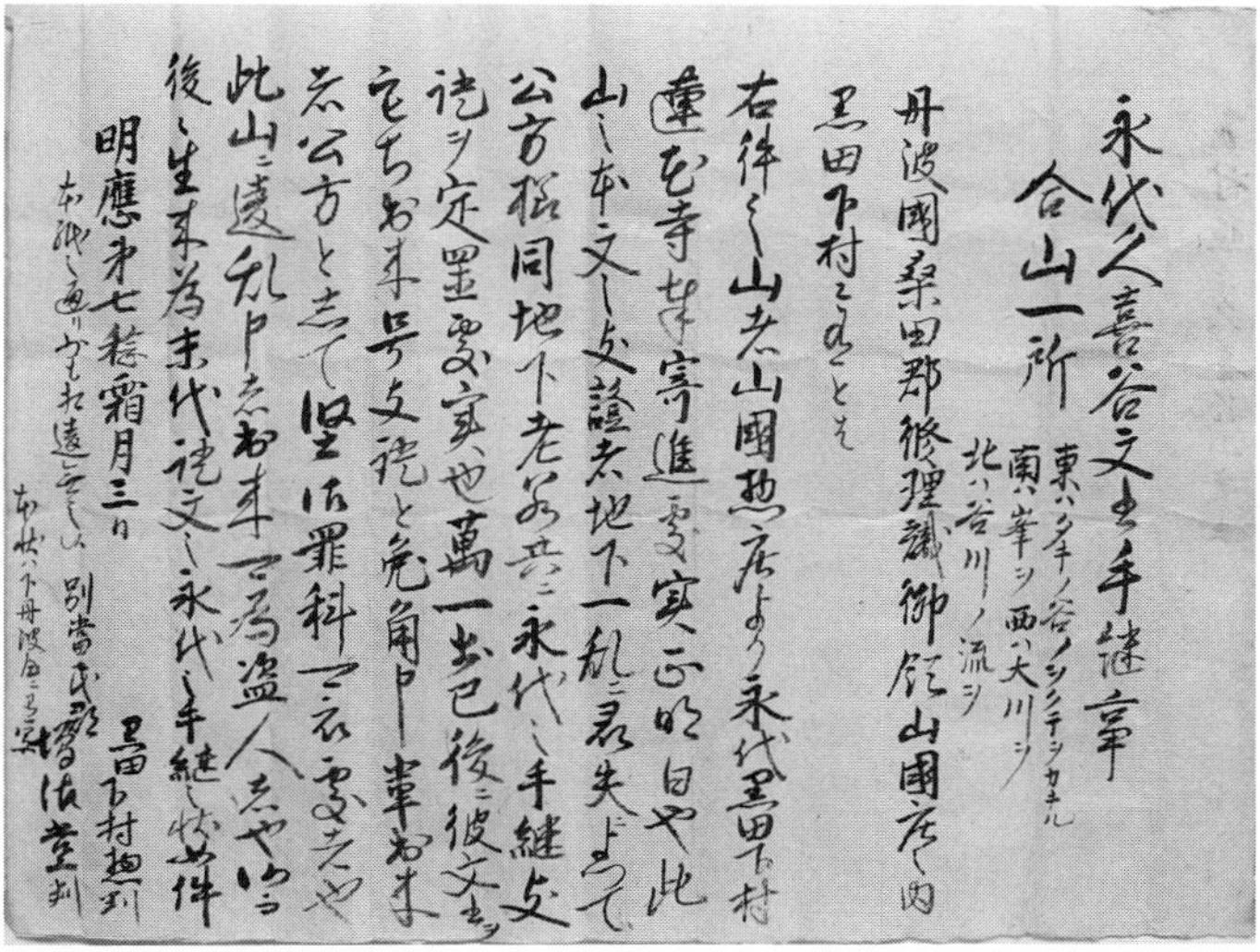
永代久喜谷文書手継事
合山一所　東ハタキノ谷ノヲクテヲカキル
南ハ峯ヲ西ハ大川ヲ
北ハ谷川ノ流ヲ
丹波国桑田郡修理職御領山国庄之内
黒田下村ニ有とそ
右件之山者山国惣庄より永代黒田下村
蓮花寺奉寄進処実正明白也此
山之本文之支証者地下一乱ニ尋失ニよつて
公方様同地下老若共ニ永代之手継支
証ヲ定置処実也萬一於已後ニ彼文書ヲ
もち出来号支証と兎角申輩出来
者公方として堅御罪科可被処者也
此山ニ違乱申者出来可為盗人者也仍而
後々生来為末代証文之永代之手継之状如件
明應第七稔霜月三日　黒田下村惣判

史料 付1-2

別当民部
増清堂　判

「本紙之通り、少も相違無之候、(別筆)
本状ハ下丹波屋ニ有写(4)」

これも史料 付1-1と同じく明応七年の紛失定書であるが、史料 付1-1とは微妙に内容が異なっている。またくき谷の来歴も違っている。史料 付1-1では大江右近から黒田下村惣が買得したとされるが、史料 付1-2では山国惣庄から蓮花寺に寄進されたという来歴が語られている。

ただその売券を「地下一乱」で「尋ね失う」（紛失した）ので、「公方様・同地下老若共」に「永代之手継支証」を「定置」という。ここでは「一乱」（史料 付1-1）が「地下一乱」に、「村衆一同」（史料 付1-1）が「公方様・同地下老若共」となっている。それに盗犯文言が続く。その意味で史料 付1-1と同様に、史料 付1-2も紛失定書であることを示している。

さらに注目したいのは「万一於已後ニ彼文書ヲもち出来、号支証と、兎角申輩出来者、公方として堅御罪科可被処者也」という記述がある点だ。これは公方罪科文言といって、当該地域の公権力者の処罰が伴うことを宣言したものなのである。

それでは、史料 付1-2をどのように位置づけたらいいのだろうか。文書全体の体裁は史料 付1-1とよく似ている。しかし、対象物件は違うし、その由緒も異なる。さらには公方罪科文言がついたことで、処罰規定は史料 付1-2の方が厳しい。また連署者も史料 付1-1では「別当民部増清」なのに対し、史料 付1-2では「別当民部増清堂」と微妙に異なる。そしてなによりも注意すべきなのは、史料 付1-2が案文または写しだという点である。このことをどう考えるべきか。

写真でははっきりとは分からないかもしれないが、原文書を手にとると史料 付1-1の薄手の料紙に比べて、史料 付1-2は檀紙と見紛うばかりの厚手の料紙である。ここに、看過できない問題が潜んでいるように思う。

このことを考えるために注目したいのが、史料 付1-3である。

【史料 付1-3】一四五一年（宝徳三）丹波国山国荘本郷八ヶ村下黒田山寄進状案⑥

下行　下黒田山之事　北限谷口
西限大河

合壱所者　字クキ谷云々　南限瀧谷中尾
南ノツラ限尾　東限大谷

右此山者、山国惣庄之山也、雖然、黒田
下村ヨリ為蓮花寺燈油料所、有所望
之間、以惣庄一同之儀、奉寄進彼蓮花寺エ
永代之処実也、全後々不可有違乱妨
者也、仍下状如件

宝徳三年辛未八月十日　惣庄時古老

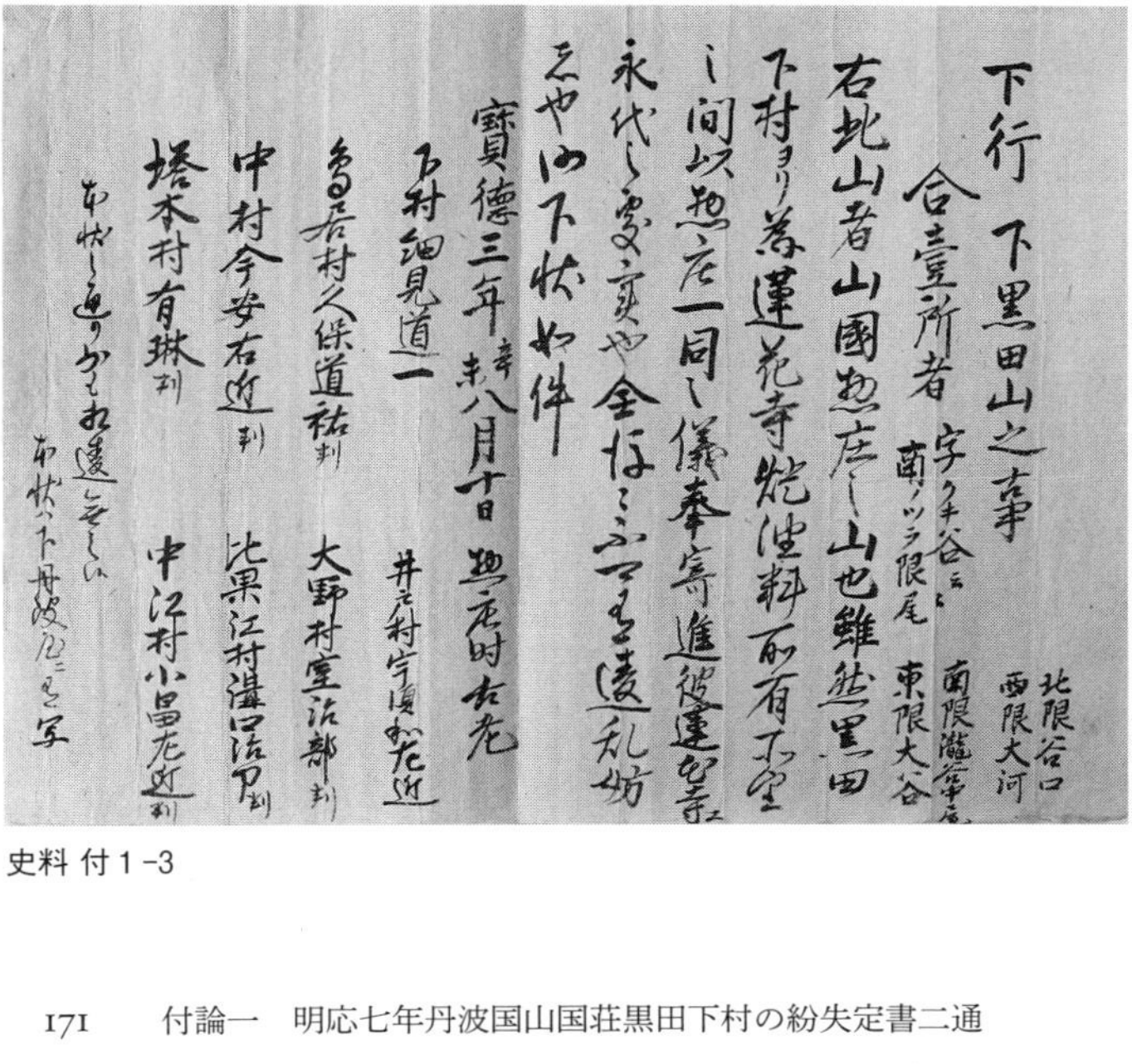

史料 付1-3

下村 細見道一　　　　井戸村 宇須和左近
鳥居村 久保道祐判　　大野村 室治部判
中村 今安右近判　　　比果江村 溝口治部判
塔本村 有琳判　　　　中江村 小畠左近判
（別筆）「本状之通り少も相違無之候、
　　　　　　　本状ハ下丹波屋ニ有写」

これは一四五一年（宝徳三）山国荘本郷八ヶ村下黒田山寄進状案である。坂田氏によると当時係争中だった山国荘本郷と黒田村（上村・下村・宮村）との間で、このような下行寄進が行われることはありえないという。私もこれまで山国荘の史料をみてきて、坂田氏の意見に同感である。それにクキ谷＝久喜谷である。それぞれの四至はどうだろうか。

史料付1-2　東ハタキノ谷ノヲクテヲカキル
史料付1-3　東限大谷

※　※

史料付1-2　西ハ大川ヲ
史料付1-3　西限大河

※　※

史料付1-2　南ハ峯ヲ
史料付1-3　南限瀧谷中尾

※　※

史料付1-2　北ハ谷川ノ流ヲ

史料付1-3　北限谷口

両者の表現は微妙に異なるが、久喜谷における史料 付1-2と付1-3の場所は同一の場所と考えてよかろう。それに加えて、史料 付1-2と付1-3の筆跡は別筆も含めてそれぞれ同一のものと思われる。料紙も同じである。また史料 付1-2と付1-3には末尾に別筆で「本紙之通り、少も相違無之候、本状ハ下丹波屋ニ有写」という同一の記載がある。丹波屋は黒田下村の有力名主である。その丹波屋に史料 付1-2と同じ写しがあるという。これは史料 付1-2と同じ写しが下黒田村の有力名主家にあることを示して、史料 付1-2の信憑性を高める意図があったのかもしれない。

以上の点からみて、史料 付1-2と付1-3は関連しているとみて間違いなかろう。この状況からみて史料 付1-3が偽文書であるならば、史料 付1-2も同様であろう。

今後さらに調査が必要であるが、いまのところ、史料 付1-2は史料 付1-1の文書形態をもとに作成された「偽文書」ではないかと思う。明応七年以降近世のある時点で、山国荘本郷と係争関係にあった久喜谷某所に対する黒田下村の土地領有を正当化するため、史料 付1-1の文書形態に準拠しつつ作成したものが史料 付1-2だと考える。

以上の推論が正しければ、山国荘における偽文書作成のひとつのありかたがみえてきたといえよう。ただ、それだからといって、史料 付1-2の紛失定書としての意義にかわりはない。このような偽文書作成の意図に基づいていたとしても、当時の黒田下村にとっては史料 付1-2も「正当な紛失定書」であったのである。その意味で、史料 付1-1・2いずれも黒田下村の紛失定書であると改めて認定したい。

史料付1-2の文書名は従来、黒田下村惣山地手継文書写とされていた。[7]しかし上述の考察からすると、「黒田下村惣・別当民部増清堂紛失定書案」と命名すべきであろう。ただしこれは、史料付1-1の案文ということではない。幻の（本当に存在したかどうか疑わしい）「黒田下村惣・別当民部増清堂紛失定書」の案文ということになるだろう。

なお史料付1-2・3がいつ頃、作成されたかに関しては、今後の課題としたい。坂田氏によると、近世前期に独立を遂げた灰屋村・片波村と黒田との対立がこの偽文書作成の背景にあるのではないかという。[8]

また、このような紛失定書は通常、畿内近国の惣村が存在する地域では惣村の拠点である宮座に保管され伝来している。[9]そして丹波国は畿内近国であり、山国荘黒田下村は「惣」であり、惣村と同様の臈次成功制宮座を持っている。[10]ところが黒田下村の紛失定書は、宮座のある宮春日神社ではなく、井本家に保管され伝来しているのである。なぜ、村落文書が宮座の共有文書としてではなく、家の文書として伝来したのか。この点も、地下文書論における重要な課題である。

注

（1）井本正成家文書写真整理番号一-三四。黒田下村惣山地売券、『丹波国山国荘史料』井本昭之助（現正成）家文書二三五号。
（2）前掲注（1）に同じ。
（3）本書第二章・第三章。
（4）坂田聡「中世後期における村の文書とリテラシー」（『新しい歴史学のために』二八九号、二〇一六年）。

（5）井本正成家文書写真整理番号一-三五。黒田下村惣山地手継文書写、『丹波国山国荘史料』井本昭之助（現正成）家文書二三四号。
（6）井本正成家文書写真整理番号一-一二。山国惣荘山地寄進状写、『丹波国山国荘史料』井本昭之助（現正成）家文書二一二号。
（7）前掲注（6）に同じ。
（8）坂田聡氏のご教示による。坂田聡『家と村社会の成立』（高志書院、二〇一一年）第一部第一章を参照のこと。
（9）前掲注（3）に同じ。
（10）薗部『中世村落と名主座の研究―村落内身分の地域分布―』（高志書院、二〇一一年、第三編第五章丹波国。初出二〇〇九年）。

第二部

村落文書の署判

第五章　村落定書の署判

はじめに

第二部では、村落文書に据えられた署判の特徴的なあり方について論じていく。まず村落定書の署判について議論したい。

中世の村落文書の中核であり、村掟または村定書なども称される村落定書は、村落を具体的かつダイナミックにとらえうるもっとも重要な史料として多く利用されてきた。しかし存外に、村落定書そのものを主題とした研究は乏しい。

ふるくは前田正治氏が『日本近世村法の研究』において、近世村落の定書の先駆として中世の村落定書を扱っている[1]。その後研究の空白期間が続いたが、『日本思想大系』中世政治社会思想 下が刊行され、すべてではないが重要な村落定書が九五通収録された[2]。また仲村研氏により、多くの村落定書が収められた『今堀日吉神社文書集成』が刊行された[3]。と同時に仲村氏は、今堀郷の村落定書についても多くの研究成果をあげている[4]。

これらの貴重な研究成果は、後述するようないくつかの問題点を残しており、しかもこれらはおもに村落定書の内容に関する議論なのである。村落定書を古文書学的に分析する研究は皆無であったといっても過言ではない。[5]

例えば村落定書の署判は、村落代表者の構成などを知るための素材として利用されてきた。[6]しかしその一方で、村落定書に据えられた署判そのものの意味については、あたかも自明であるかのようにほとんど不問に付されてきたのである。しかし本来、署判の意味を解明する基本的な作業抜きには、村落定書の署判のいかなる利用や分析も危ういことはいうまでもなかろう。

そこで本章では、村落定書の「文書としてのありかた」を分析する一環として、その署判そのもの（無署判のものも含めて）を古文書学的に検討することとしたい。そしてこのような村落定書の追究が、村落定書を中核とする「村落文書（群）総体の特質」を解明する第一歩となると考えている。

本章では、近江国得珍保今堀郷の今堀日吉神社文書をおもな研究対象とする。[7]今堀日吉神社文書を主要な対象に選んだ理由は、一括して伝来した中世村落文書のうちで、もっとも多くの村落定書が同文書中に残されている点にある。また、村落定書の伝来数では同文書に次ぐ同国浅井郡菅浦の菅浦文書及び紀伊国那賀郡東村の王子神社文書を副次的にとりあげる。

一　署判のない村落定書

表5-1　今堀日吉神社文書における村落定書一覧

番号	西暦	和暦	月	日	文書名	文書番号	署	判	文言・備考
1	一三八三	永徳3	1	4	今堀郷結鎮頭定書案	三五七	なし[8]	なし	(端裏書)けちのとうのにき
2	一三八四	永徳4	1		結鎮頭等入物定書	三三一	なし	なし	(奥)依衆儀評定所定如件

3	一三八八	嘉慶2	3		今堀神田目録	三三二	なし	なし	(日下)今堀村人等定之
4	一三九七	応永4	6		今堀惣中衆議定書案	三八九	なし	なし	(日下)衆儀如件
5	一四〇三	応永10	2		座公事定書案	三三	なし	なし	(端裏書)置手状
6	一四二五	応永32	11		今堀郷座主衆議定書案	三六五	なし	なし	(事書)座主衆議定条々 (端裏書)置手状
7	一四四八	文安5	11	14	衆議定書案	三六九	なし	なし	(書止)依衆儀所定如件 (日下)始之
8	一四四九	宝徳元	11	4	今堀郷如法経道場定書	五九〇-二	なし	なし	(書止)右定所如件 寄進目録帳の一部
9	一四五一	宝徳3	11	6	村人等夏中定書案	三二七	なし	なし	(奥下)村人等定所如件 (端裏書)夏中之置状
10	一四六〇	長禄4	11	1	神事定書案	三七一	なし	なし	
11	一四六三	寛正4	11	4	今堀郷如法経道場定書	五九〇-二	なし	なし	(日下)之定 寄進目録帳の一部
12	一四七四	文明6	3	23	堂頭勤仕人数定書	三四八	道林等4名連署	同4名の判あり	
13	一四八八	長享2	11	4	老人定書案	三七〇	なし	なし	
14	一四八九	延徳1	11	4	今堀地下定書案	三六三	なし	なし	
15	一五〇二	文亀2	3	9	衆議定書案	三七五	なし	なし	(書止)依衆儀定所如件 (日下)改之
16	一五〇四	永正1	10	7	直物定書案	三七四	なし	なし	(奥下)衆儀定之
17	一五〇四	永正1	10	7	座抜日記	五七〇	なし	なし	
18	一五一八	永正15	12	21	南郷諸商売定書案	六〇〇	なし	なし	(奥上)南郷、南郷の定書
19	一五二〇	永正17	12	26	衆議定書案	三七二	なし	なし	(書止)右依衆儀定所如件
20	一五二七	大永7	5	4	山越衆中掟書案	六二	山越衆中	なし	(書止)仍為衆儀定所如件 山越衆中の定書

21	一五二九	享禄2	12	4	今堀郷惣中定書	二〇	今堀郷惣中	惣中の花押あり	(書止)衆儀ノ堅定所之状如件
22	一五五四	天文23	12	11	今堀惣分定書案	三四七	今堀惣分	なし	
23	一五五六	弘治2			今堀惣掟書案	五	なし	なし	(日下)改之
24	一五五七	弘治3	2	4	山越衆中定書案	六四	山越惣	なし	山越衆中の定書
25	一五八二	天正10	12	8	年寄若衆置状	三六六	年寄惣分・若衆惣分	各々判あり	
26	一五八三	天正11	7		今堀惣中定書案	四六七	今堀惣中	なし	(日付次行下)連判
27	一五八三	天正11	11	13	今堀惣分連署置文	四六八	今堀惣分、90名連署	惣分の判なし、80名連判	
28	一五八四	天正12	12	2	今堀惣分定書案	四六九	今堀惣分	なし	
29	一五八八	天正16	7	11	今堀惣分置状	三六七	今堀惣分	惣分の花押あり	
30	一五八九	天正17	3	27	今堀惣分寄進下地定書	四五五	今堀惣分	なし	(書止)右定処如件
31	一五九〇	天正18	10	6	今堀惣分掟書	三六八	今堀惣分、4名連署	惣分の判なし、2名連判	
32	一五九一	天正19	8	21	今堀惣分連署定書	四七〇	今堀惣分、74名連署	惣分の花押あり、48名連判	
33	一五九一	天正19	11	11	今堀惣分的前御供定書	三五八	今ほり惣分	なし	(宛名)兵四郎とのまいる
34	一五九三	文禄2	3	27	結鎮直定状	二八一	三郎五郎	なし	(奥上)右定如件
35	一五九九	慶長4	5	10	今堀惣分置文	二五四	道正、今堀惣分	各々判あり	
36	一六一七	元和3	12	27	今堀村置文	二四七	今堀惣代神主	神主の判あり	
37	一六二六	寛永3	6	3	今堀惣中置文案	二五五	惣中	なし	
38	一六三九	寛永16	8	21	今堀惣分連署定状	二九六・三〇二	今堀惣分神主、72名連署	神主の判なし、60名連判	
39	卯(寛永16年カ)		11	19	今堀村人連署覚書	二九〇	69名連署	69名連判	(本文中)入札
40	午		12	11	今堀惣中掟書案	八七〇	惣中	なし	

41	亥 11 16	今堀村掟写	六六二	庄屋等4名連署	なし	
42	年月日未詳	徒定書	三七三	4名連署	3名連判	(本文中)惣庄、惣荘の定書
43	年月日未詳	四郷定書案	三六四	なし	なし	(本文中)四郷定條目之事 四郷の定書
44	年月日未詳	今堀村惣中置文	二九一	なし	なし	後欠
45	年月日未詳	今堀惣衆議定書案	五七九	なし	なし	(書止)衆儀之趣如件

【注】「文書名」及び「文書番号」は、いずれも『今堀日吉神社文書集成』のものである。

はじめに、私が調べ得た今堀日吉神社文書中の村落定書のすべてを表5-1に表示する。[9]

表5-1を一見して気がつくのは、文書名に「案」の記載が目立つ点であろう。そこで『今堀日吉神社文書集成』に収められた村落定書の「正文」・「案文」の数を時代別（世紀別）に整理してみた（表5-2）。

表5-2によると、「案文」はすべての村落定書のうちの五三パーセントを占めている。時代別にみると、一七世紀及び一六世紀後半を除く時代すべてで「案文」の数は過半数を超えている。一五世紀の前半にいたっては、すべてが「案文」である。なぜこれほどに「案文」が多いのであろうか。そこで、『今堀日吉神社文書集成』における正文・案文判定の根拠を、「案文」とされた村落定書各々のありかたから考察してみよう（表5-3）。

表5-3には、端裏書の記載及び署・判の有無などの判断基準をあげておいたが、これ以外に編纂者である仲村氏独自の判断が施されているふしも見受けられる。[10] しかし、表5-3からみて、村落定書に関する限り、署判の有無が正文・案文の主要な基準であったことは否めまい。[11] しかも、署のみで判を欠くものも「案文」とされており、この点から逆に署・判ともに有することが村落定書の「正文」たる条件であるとされていたことがうかがえよう。

表5−2　『今堀日吉神社文書集成』における村落定書の正・案

	総　数	正　文	案　文	案文の比率
14世紀(1〜4番)	4通	2	2	50%
15世紀前期(5〜8番)	4	1	3	75
15世紀後期(9〜14番)	6	2	4	67
16世紀前期(15〜21番)	7	2	5	71
16世紀後期(22〜35番)	14	9	5	36
17世紀(36〜38番)	3	2	1	33
年未詳(39〜45番)	7	3	4	57
合　計	45	21	24	53

○正文・案文の判断は、『今堀日吉神社文書集成』の文書名による。
　案の記載のないものや同書に文書名が付されていないものは正文に算入した。
○括弧内の番号は、表5-1における文書の整理番号である。

表5−3　『今堀日吉神社文書集成』における案文とされる村落定書の端裏・署判の状況

	端裏書の記載	署判		その他	合計
		署のみ判なし	署判共になし		
14世紀	通		2		2
15世紀　前期			3		3
15世紀　後期			4		4
16世紀　前期		1	4		5
16世紀　後期		4	1		5
17世紀		1			1
年未詳		2	2		4
合　計	0	8	16	0	24

○「署なし・判のみ」の例は皆無なので、欄を設けなかった。
○「連判」記載のものは、「署のみ」に算入した(表5-1の26番文書)。

ところで仲村氏は、ここにみえる「案文」とは「下書き」の意味であるとしている。(12)たしかに案文という語の原義は「草案」であるが、平安期から「写し」を意味することが多くなり、さらに「中世では草案と写しの区別はされないのが原則であったが、その反面、役所などに保管されたものでも、実際に施行されたものは『正文』と称して、案文と区別することが多くなった」(13)と指摘されている。また一般に案文とは、「文書そのものの効力に即して作られる写し」(14)といわれている。すなわち、草案とするにせよ写しの一種とみるにせよ、案文は正文を意識して作成されるのが一般的なのである。そこで、村落定書の「案文」を次のように三つのケースに分けて考えることができよう。

まず、案＝草案とみる場合、①草案は作成されたが、何らかの理由で正文は作成されずに終わったケース、②草案とともに正文も作成されたケースの二つが考えられ、最後に③案＝写しの場合で、当然正文も作成されているケースがあげられよう。

この三つのケースのおのおのの考察にはいる前に、今堀郷において村落定書の「案文」が大量に残存していると いう点とともに、いまひとつ注目すべき事実として同一の村落定書の「正文」と「案文」とがともども伝来していると いう例が皆無であるという点を指摘しておこう。これらの事実から考えると、上記の三つのケースのうちで①がもっとも合理的な想定として成り立つ可能性が強く、仲村氏が「案」を「下書き」としたのもそのゆえかとも思われる。

そこでこの①のケースについて考えてみると、まず問題になるのは、なにゆえにそのような草案のみが多数伝来したのかという点である。正文が作成されずに終わった草案は、そもそも文書として最終的に成立していない代物であり、反故そのものである。当然、文書そのものの効力を期待しての伝来というわけではない。また、これらの草案が文字どおりの反故紙として、他の文書作成の際の土代として利用された形跡もない。したがって、①のケースは必然性に乏しく、考慮に値しない。

次に②・③のケースであるが、前述の通り同一定書の「正文」と「案文」とがともども伝来していないことから、まず対応する「正文」はどうしたのかが問題になろう。その場合、「案文」の残存数や他の「正文」の残存のありかたからみて、対応する「正文」のみをすべて紛失したと想定するのは困難であろう。また逆に、伝来している定書の「正文」は対応する「案文」を全く伴っていないのであり、これもすべて紛失したと説明するのも無理がある。

②・③のケースで残るのは、村落定書の伝達の際に正文がなくなったという可能性である。村落定書の伝達に関しても研究は皆無なので確言できないが、村落定書の作成と同様にその伝達も寄合の場でなされる可能性が高い。

この寄合の場で文書を介して伝達がおこなわれたと仮定すると、その方法には①文書の各人への手交、②文書の回覧、③文書の掲示の三つが想定される。まず、①に関して。当時、紙が高価である点や印刷技術の不在などからみて、村落内における文書の大量作成は想定しがたく、①の可能性は乏しい。また②・③の場合、正文は回覧・掲示の用に供して滅失、案文のみが残存したとすると、このケースが成立する可能性もある。しかしそれなら、なぜ案文を回覧・掲示して、正文を残さなかったのかという疑問に答える必要がある。[15] そしてなによりも当時、村落構成員の多くが文字を解さなかったとみられる点から、[16] ①〜③のケースはいずれも成り立ちがたいといえよう。やはり村落定書（村落の意志決定）は、寄合の場などで口頭により作成され、合意に達し、そして伝達されたと考えるのがもっとも合理的である。[17] したがって、村落定書が伝達の際に滅失したという可能性は、ほとんどない。

以上三つのケースいずれにおいても、「案文」という解釈で署判のない村落定書のすべてを説明するのは無理のように思われる。もちろん、村落定書には案文は絶対に作成されないなどというつもりはない。[18] ただ、署判の有無を基準にして村落定書に正文・案文の区別をたてることに、本当に意味があるのだろうか、といいたいのである。正文・案文という古文書学上の「一般常識」を機械的に村落定書に適用することがかえって、村落定書のみならず、村落文書（群）そのもののありかたを見失わせることになりはしないかと危惧する。

そこで想起したいのが、村落文書のなかで売券・寄進状類に次いで多数伝来している「入目」・「算用」・「日記」などと称される文書である。[19] これらはいずれも、村落財政にかかわる重要なものであり、文書作成などに際しては当然、寄合の場における衆議を経ているはずの文書である。しかし、そのほとんどに署判は据えられていない。ところが、その伝来数の多さのため煩を恐れてか、または雑文書として軽視したためか、[20] 既成の文書集では文書名から「案」の記載が省かれているのである。[21]

このように村落財政関連文書に署判がないのは、そもそもそれが寄合の場を経ている文書だからなのだと考えられるのではなかろうか。つまり、村落内部のみに効力を有することで一義的な任務を終える文書には、少なくとも正文・案文の判断基準たるような意味での署判は本来的に不必要なのではないかと思われるのである。

ひるがえってみれば、署判の有無を基準として村落定書に正・案を画することは、「正式」な村落定書にはかならず署判が据えられるものであるという理念を前提としている行為なのである。しかし、はたして村落定書において署判は本来的に必要不可欠なものであったのだろうか。署判のない村落定書が、署判のある村落定書とくらべて「効力」の点で「二次的」である、とはいえないのではなかろうか。[22]

以上の想定にたつと、こんどは正文・案文という次元とは別に、なぜ村落定書に署判が据えられたのかが問題となってくる。そこで次に、署判のある村落定書について考えてみたい。

二　署判のある村落定書

まず、今堀日吉神社文書における今堀郷の村落定書全体の推移と署・判のある村落定書との関連をみてみたい（表5-4）。

表5-4をみてまず気づくのは、一六世紀、ことにその後半の村落定書がもっとも多い点であろう。署・判のある村落定書が一番多いのも、やはりこの時期である。

そこで署・判のある村落定書の初見をさがすと、一四七四年（文明六）の堂頭勤仕人数定書［12番］（［　］内は表5-1の番号。以下同じ）がそれにあたる。しかしこの文書は、日下に「評定ナリ」とあることから定書とされてい

表5-4　今堀郷における署・判のある村落定書の推移

	当該期の村落定書の数(A)＊1	(A)が村落定書総数に占める率	署判ともにない村落定書の数(B)	署・判のある村落定書の数(C)	有署判の村落定書(C)が、当該期の村落定書の数(A)に占める率	当該機の有署判の村落定書(C)が、有署判の村落定書の総数に占める割合
14世紀	4通	10%	4通	0通	0%	0%
15世紀　前期	4	10	4	0	0	0
15世紀　後期	6	15	5	1 ＊2	16.7	5
16世紀　前期	5	12.5	4	1 ＊3	20	5
16世紀　後期	13	32.5	1	12	92.3	60
17世紀	3	7.5	0	3	100	15
年未詳	5	12.5	2	3	60	15
合　計	40	100	20	20		100

＊1　表5-1の18・20・24・42・43番文書は、今堀郷の村落定書ではないので、除外した。
＊2　表5-1の12番文書。
＊3　表5-1の21番文書。

るのだが、内容的には同年に堂頭を勤めた（堂頭の用途を醵出した）者の名簿なのである。このような堂頭直物日記で、署判も日下の文言もないものは、ほかにも多数みられる。(23)また、署判はないが「所定如件」などの文言を持つ直物日記も他にみられる。(24)したがって、この文明六年の堂頭勤仕人数定書の署判と日下の文言とは、その年の頭人を認定するための特殊事情から、ことさらに必要となって日記に付記されたものであるといえよう。

以上の理由からこの文書を異例とすると、署判のある村落定書の実質的な初見は、一五二九年（享禄二）の今堀郷惣分定書［21番］となる。したがって、署・判のある村落定書は一六世紀の中頃以降にほぼ集中して出現しているということになる。

次に村落定書の署・判をその形態の面から分類してみよう。今堀郷の村落定書の署判は、おおむね三つの基本形に分類できる。

（Ⅰ）今堀惣中（惣分など）という署判
（Ⅱ）代表者の（連）署判
（Ⅲ）多数の村落民の連署判

表5-5は、この基本形とそれらの複合形態を加えて、村落定書の署・判の類型ごとの文書数を示したものである。これによると、今堀惣中などの署判（Ⅰ）のある定書がもっとも多く、これ

表5-5　今堀郷における村落定書の署判の類型

	形　態	署のみ	署判ともにあり	合計
1	「今堀惣中」のみ(Ⅰ)	7通(22,26,28,30,33,37,40番)	3(21,25,29番)	10
2	代表者のみ(Ⅱ)	2(34,41番)	3(12,36,41番)	5
3	(Ⅰ)+(Ⅱ)	0	2(31,35番)	2
4	多数連署判のみ(Ⅲ)	0	1(39番)	1
5	(Ⅰ)+(Ⅲ)	1(26番)	2(27,32番)	3
6	(Ⅱ)+(Ⅲ)	0	1(38番)	1
7	(Ⅰ)+(Ⅱ)+(Ⅲ)	0	0	0

○判のみのケースはないので、項をたてなかった。
○括弧内の番号は、表5-1における文書の整理番号である。

に形態3(Ⅰ+Ⅱ)と形態5(Ⅰ+Ⅲ)とを加えれば、署・判のある村落定書の過半数を超えてしまう。また前述の署判のある村落定書の初見[21番]も、この(Ⅰ)の類型に包含されるものなのである。

さて、このような署判の類型の相違、及びそれらと署判のない村落定書との間の相違は、まずはそれぞれの村落定書の内容との関連から考えていく必要があろう。そこで内容と署判の有無及び形態との比較を種々試みたのであるが、結論からいうと両者にはなんらの相関もみいだすことはできなかった。明確な相関がないからといって内容と署判との関連がまったくないとはいえないが、村落定書の署判のありかたに関する限り、その内容よりも村落定書の作成のありかた、作成当時の村落の状況に一義的に規制されているのではないかと思われる。[25]もちろん、村落定書の内容そのものも状況の産物なのだが、状況の特異性が村落定書の内容にストレートに反映されているとは限らないのである。また逆に同様の内容でも、各々の村落定書の作成当時の村落状況によっては、その定書を作成した意義や影響、さらには作成意図さえも異なっている可能性がある。

以上の点から今堀郷の場合、「署判のある村落定書」の出現は、一六世紀という時代状況の産物なのではないかと考えられるといえよう。そこで改めて、村落定書における一四・五世紀から一六世紀にいたるまでの変遷を署判の問題以外にも視野を拡げて検討し、村落定書とその作成状況との関連について考察してみよう。

三　「署判なし」から「署判あり」へ

(1)「衆議文言」と署判

一六世紀以前の村落定書、すなわち署判のない村落定書に顕著なのは、「依衆儀(議)」といった文言が存在することである。このような文言がみられるものは、合計一〇通ある［1、2、4、6、7、15、16、19、21、45番］。このうち、今堀惣衆議定書［45番］のみ年紀未詳であるが、内容的に一四八八年(長享二)の老人定書［13番］と関連が深く、この時期のものと推定される。

また「依衆議」という文言と意味内容の点で類似すると想定できる「今堀村人等(定之)」というような文言を含むものは、二通みられる［3、9番］。

以上の文言を一括して「衆議文言」と名づけると、この文言を持つ村落定書は一二通になる。衆議文言を持つ村落定書は、年紀未詳の一通を除いて、すべて一五二九年(享禄二)以前のものである。そしてまた後述する一通［21番］を除くと、すべて無署判のものばかりなのである。この事実をどのように解釈したらよいのだろうか。

そこでまず注目したいのが、衆議文言が書かれている文書内での位置である。

古文書学の概説書などでは、「依衆儀」などの文言は通常「書止」に用いられるものとされている。[26] 今堀郷の村落定書でも、衆議文言が書止文言の一部となっている例もたしかにみられる。[27] この点をふまえたうえで、次に掲げる村落定書の衆議文言の位置に注意したい。

【史料5-1】一三八四年（永徳四）結鎮頭等入物定書（今堀日吉神社文書、本章以下同じ）［2番］

結鎮頭入物注文

（中略）

永徳二二年六月　衆儀如件

【史料5-2】一三九七年（応永四）今堀惣中衆議定書［4番］

（前略）

応永二二年六月　衆儀如件

【史料5-3】一五〇四年（永正元）直物定書［16番］

定條目之事直物之事

（中略）

永正元年甲子十月七日

衆儀定之

【史料5-4】一三八八年（嘉慶二）今堀神田目録［3番］

（前略）

右所定如件

嘉慶二年三月　今堀村人等

定之㉘

【史料5−5】 一四五一年（宝徳三） 村人等夏中定書 ［9番］

（前略）

右所定如件

宝徳三年十一月六日

村人等定所如件

このように、今堀郷の村落定書には、衆議文言が「日下」や「奥」に書かれたものがいくつかみられるのである。これらは単に、本文中にスペースがなかったため、仕方なくこのような部分にはみだして書き付けられたという性質のものではない。そのことは、本文と日付との間に余白が残っていることが実際に確認できる事例（史料5−1）からみても明白である。

すなわち、ここでは衆議文言は明らかに意図的に、このような場所に書かれているのである。そして、これら衆議文言が書かれた位置、「日下」や「奥」は、いうまでもなく通常は署判が据えられる場所なのである。

このような事実が意味するものは何か。それを解明する手がかりが、次の文書にあると思われる。

【史料5−6】 一五二九年（享禄二） 今堀郷惣中定書 ［21番］

就今度九里半公事之儀、惣分江御合力之儀を申入候処仁、少事酒ノ代ヲ預御扶持候、衆悦候、於向後諸商売之中仁何様之御公事出来候而、出銭雖有之、引此例、以後一言之子細申間敷者也、仍為以後、衆儀ノ堅定所之状

如件

享禄弐年乙丑十二月四日

今堀郷
惣中（花押）

この文書の本文中にみえる「惣分」を、「今堀商人惣分」（脇田晴子氏）とみるか、「保内商人惣分」（仲村氏）とみるかなど、解釈上の問題がある。[29] しかしいずれにしても、「惣中と惣分、すなわち村人中と商人中の混同から同者（ママ）の同心円的関係は容易に推定される」点については、さしあたり疑義がない。[30] したがって、この文書を一連の村落定書の流れのなかに位置づけて考えることは許されよう。

さて、この史料5-6は「衆儀〆」という衆議文言を有しているが、また前述したように署判のある村落定書の実質的な初見でもある。これより以降は、一例［23番］を除いてすべてが署判のある村落定書のみである。ところが、この史料5-6は衆議文言を持つ最後の村落定書でもあり、これ以降の村落定書にはまったく衆議文言がみられない。すなわち、この史料5-6が唯一、衆議文言と署判とをつなぐ接点なのである。

以上のような流れから考えられるのは、今堀郷の村落定書にみられる署判は、衆議文言に代位したものではないか、少なくとも衆議文言に託された機能を継承したものではないか、ということである。このように衆議文言と署判とを関連させて考えることは、あるいは古文書学上の「常識」に反するものかもしれない。[31] しかし、このような「常識」は、はたして村落文書を十分に吟味し消化してのものなのであろうか。そうでないとしたら、われわれは「常識」を再吟味し乗り越えていく必要があろう。そこで次に、衆議文言及び署判のそれぞれに付託された機能やその意味とは何かを考えてみよう。

衆議文言がなにゆえに署判の位置に書かれたのか。それを解明するためには、文書本文中の書止文言として書かれた衆議文言をも含めて、衆議文言が村落定書に書かれた意味を総合的に考える必要があろう。

まず「衆議」という言葉だが、これは字義どおりには、多くの人々による評定を意味する。しかし、村落において衆議は、単なる評定ではなく、寄合の場におけるものなのである。そしてその寄合の場とは宮座や寺講の場であり、まさに仏神の眼前で行われる評定なのである。[32] すなわち、村落の衆議そのものや衆議による意志決定はすべて、村落結合の紐帯である仏神の了承のもとにおかれているわけなのである。しばしば村落定書に「敬白」などの文言がみられるのも[33]、このような衆議のありかたによるものといえよう。

以上の推定に誤りないとすれば、衆議文言は村落定書の内容が寄合の衆議を経て、仏神の了承を得たことを意味していると考えられる。さらに衆議文言には、この文言を文書中に明示することにより、その村落定書の正当性を保証する機能があったのではないだろうか。だからこそ、衆議文言は本文中に記載されたのであろう。そしてさらに、村落定書の内容やその制定の事情により、ことさらにその村落定書の正当性を保証する必要があった場合に、日下や奥に衆議文言が書かれたのである。そしてこのように本文中以外の場所に書かれた場合にこそ、かえって衆議文言の機能が明瞭に顕示されたわけなのである。またさきに衆議文言に含めた「村人等」文言についても、この「村人」が衆議を構成する座衆を意味する村落内身分の呼称であることから[34]、「依衆議」などの文言と同様に考えることができよう。

そこで次に署判の意味についてであるが、ここでは衆議文言との比較から、署判の類型（Ⅰ）・（Ⅱ）及びそれらの複合形態のもつ意味について考えてみたい。[35]

衆議文言は、仏神の了承を背景にして村人の衆議という事実そのものに根拠をおいて、村落定書の正当性を保証した。「村人等」文言も、衆議文言に関与する資格のある人々の手による制定であるという点で、同様の根拠に基づくものである。

ところが一方、署判（Ⅰ・Ⅱ）には、今堀郷という共同体とその代表者が、直接的に明示されている。それは、共同体及びその代表者の「権威」を署判という形で示すことにより、村落定書の正当性を保証し、かつ村落定書と共同体代表者双方の正統性をも誇示する機能を有していたのではないだろうか。

かたや衆議文言には仏神の了承が介在し、かたや署判には共同体及びその代表者の世俗的権威が宗教的な彩りなしに明示される。このように、衆議文言と署判との間には、各々のもつ機能が立脚している根拠に微妙な相違がある。しかしその一方で、村落定書の正当性の保証という点では、どちらも基本的には同じ機能を果たしているのである。ここに、（少なくとも衆議文言のある）「署・判のない村落定書」を「案文」とはいいきれない、一つの根拠があるのだ。

衆議文言と署判との関連で、いまひとつ問題なのは前掲の史料5-6である。前述のように、この文書には衆議文言と署判とがともに据えられている。衆議文言も署判も類似の機能を持つものであるから、同一文書に並置されていても基本的に矛盾はしない。しかしなにゆえにこの文書においてだけ、両者がともに載せられているのであろうか。

この問題を解く鍵は、仲村氏の次の指摘にある。同氏は、史料5-6の本文中の「惣分」は保内商人中惣分、「諸商売之中」は今堀郷惣中と解釈し、「この定書は今堀郷惣中から保内商人惣分宛てに、契状の形式をとって提出されたもの」であるという。そして史料5-6に宛名が欠けているのは、「事実上、この定書形式の請状を書いた今堀郷惣中の代表と、これを請取る保内商人惣分の常住とが重複し、同一人である」ためだという[36]。

すなわち史料5-6は、村落定書であり、かつ保内商人惣分へ宛てた契状でもあるという特異な文書なのである。契状である限りは、単なる村落定書とは異なり、今堀郷の人々以外にも認知されなければならない。したがって、今堀郷の村落民以外の者に対して、史料5-6の文書としての正当性及び正統性をも明示するために、村落内部のみで通用する衆議文言に加えて、さらに署判を据えたわけなのである。これが、衆議文言と署判とが並置された理由である。

（2）署判の諸類型とその機能――「今堀惣中」署判の成立――

さて、さきに述べた署判の機能と署判の諸類型とは、どのように関連するのであろうか。この点に関して、類型Ⅰについては後述することとして、まず類型Ⅱの代表者署判からみてみよう。

代表者の署判は、複合形態のものも含めると八例ある（表5－5）。そのうち代表者署判のみのもの（類型Ⅱ）は、署のみのもの二例［34、41番］、署判ともにあるもの三例［12、36、42番］で、合計五例ある。このうち文明一〇年堂頭勤仕定書［12番］は前述のように異例の存在であり、年紀未詳の今堀村掟書写［41番］は字句のありかたと庄屋の肩書きとから近世のものと判明する。また年月日未詳の徒定書［42番］は、惣荘規模の「保内下四郷の保内野々川商人の定書」[37]なので、今堀郷の村落定書の議論から外れるわけである。したがって今堀郷の代表者署判のみのものは、文禄二年の結鎮直定状［34番］と元和三年の今堀村置文［36番］の二点だけということになる。

この点を確認して、次に代表者署判の複合形態（類型Ⅰ＋Ⅱ）の例をみてみよう。

【史料5－7】一五九〇年（天正一八）今堀惣分掟書［31番］

（前略）

右定をきめ如件

天正十八年十月六日　　今堀惣分

平二郎左衛門

浄慶（花押）
道順（花押）
五郎衛門

【史料5-8】一五九九年（慶長四）今堀惣分置文［35番］

定置目之事
（中略）
仍定置如件
慶長四年五月十日　道正（略押）　今堀惣分（花押）

この二例のうち史料5-7は、代表者署判のみの類型（Ⅱ）をも含めて、すべての代表者署判のなかでもっとも古い史料である。これに、類型（Ⅰ）の文禄二年結鎮直定状［34番］、そして史料5-8と続くのである。事例が少ないので若干の不安は残るが、代表者署判の初見が史料5-7であることは、代表者署判そのものの発生のありかたを示唆しているのではないだろうか。すなわち、代表者署判は「今堀惣中」の署（類型Ⅰ）に添えられる形で形成され、もともと「今堀惣中」の署を補強するためのものであったと考えられるのである。

そこで改めて注目したいのが、類型Ⅰ、今堀惣中の署に付された単独の判の意味である。この判は、あるいは今堀郷そのものの判、マークのようにも思われる。[38] しかし「今堀郷惣中（惣分）」に付された判［21、25、29、32、35番］に共通するもの、同一類似のものは一つもないのである。となると、「今堀惣中（惣分）」の署に付された判は、それぞれ当時の代表者のものと解釈するほかあるまい。[39] また今堀惣中の署判（類型Ⅰ）はすべて、代表者連署判の初見

（史料5-7）よりもさきの、古い文書ばかりなのである。したがって、今堀惣中の署判から代表者（連）署判へと、両者を連続的に捉えることができるわけである。また逆にみると、今堀惣中の署判のうち、少なくとも判を伴ったものは広義の代表者署判の類型にも含むことができるものといえよう。

次に、多数連署判について考えてみたい。今堀郷の多数連署判は、一例を除いて、他はすべて「今堀惣中」の署または代表者署判とセットになっているのである。その一例とは、近世（寛永一六年カ）の今堀村人連署覚書［39番］で、糺盗人に対する入札（落書）をとりきめたものである。この文書の奥には全六九名の署判があり、その署判のうちのいくつかには肩に「十」、「六十」などと記されている。これらの数字は入札の結果を示したものであり、この連署判が被入札者の交名をも兼ねているわけである。[40] この今堀村人連署覚書は、時期的に最も新しく、内容的にも特異なので、多数連署判のなかでは異例のものとしておこう。そこでこれを除外すると、前述のように多数連署判は、「今堀惣中」の署または代表者署判に添えられる形ですべて成り立っているわけである。このような多数連署判（類型Ⅲ）は、類型Ⅰ・Ⅱの署判と比較してどのような機能を有するのであろうか。

前田正治氏は、連判のある村法が一概に階級的専制的とはいえず、またそれが村法の効力に差等を与えるものではないと評価しつつ、連判には「村法を確認し、その遵行を期する意味」があるとされている。[41] 多数連署判の強制力や効力に関しての評価には異論が残るが、多数連署判の持つ意味に関する指摘はほぼ首肯できよう。類型Ⅰ・Ⅱの署判と比較すると、多数連署判にはとくに村落定書の遵守を期する意味があった点が重要なのである。

類型Ⅰ・Ⅱの署判は、おもに制定・発布する側から村落定書の正当性・正統性を保証していた。一方、類型Ⅲの多数連署判は、おもに村落定書に拘束される側の立場からその正当性を承認し、遵守を誓ったものなのである。

このように類型Ⅰ・ⅡとⅢとでは、署判を据える側の意識の流れがまったく逆の方向にある。しかし、村落定書の正当性の保証という点では共通する機能を果たしているのである。多数連署判が類型Ⅰ・Ⅱの署判に添えられる

表5－6　今堀郷における村落定書制定の寄合開催月の分布

月	1	2	3	4	5	6	7	8	9	10	11	12	不明
14世紀	2		1			1							
15世紀		1	1								8		
16世紀前期			1							1		2	1
16世紀後期			2		1		2	1		1	2	3	1
17世紀						1		1				1	
年未詳											2	1	2
合　計	2	1	5	0	1	2	2	2	0	2	12	7	4

○表5-1の18・20・24・42・43番文書は、今堀郷の村落定書ではないので、除外した。
○閏月の例は存在しないので、項をたてなかった。

形で書かれているのは、「今堀惣中」署判や代表者連署判を補強するという意義が多数連署判にはあったということを意味しているといえよう。

以上、署判の各類型とその機能について述べてきたが、いまいちど確認しておきたいのは、今堀郷の村落定書においてはすべての署判が、「今堀惣中」の署を基軸としており、その補完・補強として代表者（連）署判及び多数連署判が展開していたという点である。そしてもうひとつ重要な点は、署判の実質的な初見が「今堀惣中」署判であったことである。

衆議文言、その亜種としての「村人等」文言。そして「今堀惣中」署判へ。今堀郷における署判の成立とは、すなわち「今堀惣中」という署判の成立そのものであったといえるのである。

(3) 村落定書と寄合

さて本節の最後に、一四・五世紀から一六世紀にかけての村落状況と村落定書との関連について述べておこう。ただし、ここで当時の村落状況の全面的な解明を行うことは無理なので、村落定書の制定と直結する寄合のありかたに焦点を絞って考察することにしたい。

表5-6は、今堀郷において村落定書を制定した寄合が何月に開催されたかを時期ごとに整理したものである。この表のデータは、村落定書に記された年月日である。寄合そのものに関しては他に拾うべきデータもあり、村落定書と関連し

ない寄合にも重要な問題点がある。しかしここでは、村落定書を制定した寄合に限定して考察を加えたい。そこで表5-6からは、次の点が指摘できる。

○一四世紀……史料乏少のため確言できないが、正月＝結鎮頭［1、2番］、三月＝三月三日節供［3番］、六月＝猿楽［4番］などの村落儀礼の際の寄合において制定されたものと思われる。(42)

○一五世紀……二例［5、12番］を除いて、すべて一一月に集中している。

○一六世紀……一二月が若干多いが、後半になると寄合開催月が分散するという傾向が顕著である。

仲村氏は、一四世紀と比較して「十五世紀以後では、このような掟の制定が、十一月四日の村・宮座の収支決算などを行う日に変更される」と指摘している。(43) 一五世紀において一一月四日の制定は必ずしも顕著ではない（一一月の六例中二例）。しかし一五世紀の寄合が、一一月に集中していることはまちがいない。

ところが、一六世紀になると一一月は一例のみになってしまう。さらに一六世紀後半になると、正月、二月、四月、六月、九月を除いた、他の月すべての寄合で村落定書が作成されているのである。一五世紀には一一月が決算と定書制定の例月であったのが、一六世紀ことにその後半になると、例月を待たずに定書を作成することが非常に顕著となっていったのである。

これは一六世紀後半になって、寄合での村落定書の制定に際して、非常事態に対する緊急の対処という様相が濃くなってきたことを示しているのではないだろうか。そこでこの点を、一六世紀後半の村落定書の内容そのものから検討してみよう。

【史料5-9】一五八二年（天正一〇）年寄若衆置状［25番］

定地下年寄若衆置目条々

一右以一書相定上者、於向後違乱不可有之事
一地下何様之儀も、談合雖有之、たふん(多分)ニ付へしき事
一せんきをそむき、已儀(異議)有之ともからニおひては、惣としてしゆはつしへき事
右所定如件
天正十壬午年十二月八日　年寄
惣分（略押）
若衆
惣分（花押）

【史料5-10】一五八三年（天正一一）今堀惣中定書［26番］

定　掟目条々事
（中略）
一為百姓内、迷惑仕様仕物候在之、掟目ことく中をたかい可申候
右定処如件
天正十一年七月　日　今堀
惣中
連判

【史料5-11】一五九〇年（天正一八）今堀惣分掟書［31番］

定掟目之事

一何様にも地下我人ニ(ママ)ために、あしき事いたし於在之者、きゝいたし次
第ニそうふんにてしつけ可仕事
一諸事中合候儀多分可付事、此きわめ之時、出さるともからハ、くせ事同
前た(る脱)へき事
右定をきめ如件
天正十八年十月六日（署判略、史料5-7を参照のこと）

まず史料5-9の三条目には、先規に背き異議を唱える者が規制されている。また史料5-10では、省略した検地関係の問題と関連してであろうか、村落民のうち（「百姓内」）で「迷惑」をかける者を「中たかい」という形で排除することをきめている。さらに史料5-11では、「我人」すなわち村落民相互の自力救済的な行為を「あしき事」として規制して、「そうふん」の「しつけ」という形で村落集団の権限強化をはかったものといえよう。このような動向は、一五五六年（弘治二）の「新座之者、惣並之異見きんせひ事」［23番］という規制とも関連しており、村落の集団結合にひびが生じたことを物語っている。

また史料5-9の二条目では、寄合における決議を「たふん(多分)」すなわち多数決で決することを規定し、その八年後の史料5-11の二条目でもこの点を再確認している。この「多分の儀」が従来からの慣行か、一六世紀に新たに規定されたものかは速断しかねるが、(44)いずれにせよ議決方法をあらためて明示しなければならない点に、当時の寄合における紛糾ぶりがうかがえる。さらに史料5-11の二条目には、寄合出仕さえもボイコットする村落民への規制がなされており、今堀郷の内部対立の深刻さが浮き彫りにされている。

先行研究によれば、一六世紀以降の今堀郷においては、郷内の階層分化が進行し、また宮座の弛緩・退廃化と

ともに座の数が「もとは一座だったらしいが、長享二年（一四八八）の文書では東西二座となり、さらに永禄九年（一五六六）の文書では東西が各左右に分かれて四座となっている」などの動向が指摘されている。[45] このような動向は今堀郷のみならず、当時の一般的な村落状況であり、[46] これを中世村落史上どのように位置づけるかは今後の重要な課題である。ただここでは、このような動向が前述したような今堀郷の寄合における変化の背景となっていることを確認しておくにとどめたい。

以上、「異議」や「迷惑」を行う者の出現、寄合出仕を拒む者の存在、多数決を改めて規定しなければ議決をおこなえない寄合の紛糾ぶり。このような深刻な内部対立を背景として、村落定書制定の寄合が例月の一一月から各月へと分散していったのである。このような状況をふまえれば、村落定書における衆議文言から署判への移行の意味は明白であろう。

衆議文言にかえて、ことさらに村落定書の正当性及び正統性を明示する署判を据えざるをえなかったのは、直接的にはこのような寄合の変質によるものであったのである。それに加えて、多数連署判でさらに村落定書の遵守を誓わせるようになっていったのも、当然のなりゆきといえよう。それでも、多数連署判のなかに判が据えられていない者がしばしばみられることは、当該期の今堀郷が直面した問題の根深さを物語っているのではないだろうか。

おわりに

以上、本章では今堀郷における村落定書の署判のありかたを中心に議論してきた。概括すると、まず署判のない村落定書に衆議文言がある点に着目した。衆議文言は、仏神の了承のもとに座の衆議を経たという事実そのものによって村落定書の正当性を保証し、書止文言の一部や日下や奥に記載された。それが、一六世紀半ば以降における村落の変動に起因する寄合の変質をうけて、今堀惣中の署判に代位されていき、さらに代表者署判、多数連署判へと進展していった。衆議文言と署判とを比較すると、署判（今堀惣中署判・多数連署判）は衆議文言より直接的な形で共同体及びその代表者の権威を前面に押し出すことにより、村落定書の正当性や正統性をも保証していた。多数連署判は、村落定書遵守の誓いという点で署判を据える側の意識が他の署判とは異なっていたが、署判の効力・機能の面では前二者を補完し、その延長線上に位置するものであった。

なお、本章では論じきれなかったが、衆議文言も署判もない村落定書が数通存在しており［5、10、12、14、17、23、44番］、これらの文書をどう解釈すべきかが問題として残されている。ここではもはや十分に展開できないが、このような無署判の村落定書にも「置手状」という端裏書があるもの［5番］がみられる点に注意したい。このことは、当該の文書が偶然に残存したのではなくて、意図的・計画的に保管された可能性を示している。さらに定書のみならず、日記・算用の一部などに「定」文言（「所定如件」、「定条々」など）が記されていることの意味や仲村氏が指摘する準定書的文書の存在(47)なども視野に入れると、無署判の村落定書もそのままで効力を有していたとみてよいのではないかと考えている。

ともあれ、村落定書のありかたそのものが村落動向の集約的な表現なのであり、その視点にたって作成・伝達・伝来の問題も含め、より包括的に村落定書を考察していく必要があるといえよう。

※　　※　　※

次に、他地域における村落定書のありかたを検討して、比較してみたい。

○菅浦の場合

近江国菅浦の菅浦文書には、村落定書が二五通ある。そのうち、一四世紀のもの六通、一五世紀のもの一二通、一六世紀のもの四通、年紀未詳のもの三通である。[48] 署判の有無の時代的分布については、今堀郷のような推移はなく、各時代に有署判のものが点在している。村落定書制定の寄合開催月も分散しており、特定の月への偏りはみられない。また多数連署判はなく、「依衆儀」という文言もみられない。衆議文言に準じるものとして日下に「菅浦惣庄」とあるもの（同文書六二八号）や「地下一庄の依儀」という文言のあるもの（二二六号）がみられる。しかし後者には新三郎大夫ら三名の署判が据えられており、乙名の人数である「廿人」という署のあるもの（九二五号）がみられたり、「上廿人乙名、次之中乙名、又末の若衆」による諸沙汰の執行が取り決められている（二二七号）など、菅浦の村落定書には概して村落代表者による制定という性格が濃厚にあらわれている。

菅浦の村落定書のもうひとつの特徴は、その多くが「置文」として作成されている点である。従来の研究では、このような個々の村落定書に付された呼称（定書、掟書、置文など）の意義については否定的に評価されてきた。[49] しかし、少なくとも村落定書作成者の意識の問題として今後追究されるべきであり、それはさらには村落定書の内容そのものにも影響を及ぼす可能性もあると思われる。

そこでこの「置文」というありかたについて考えてみると、それは単に直面している現今の問題に対処して村落定書を作成するというよりも、それ以上に将来にわたって村落民を現在と同様に規制し指導していこうという制定意識が強いことを示している。その点で注目されるのは、大浦との紛争を子細に記したことで有名な「菅浦惣庄合戦注記」（六二八号）である。この文書は従来、単なる記録のようにみられてきた。しかし、文末に公事（訴訟）の方法や大浦への討ち入り方法、そして訴訟費用の問題など「自今以後」への制誡（「為向後心得」）を示しており、端裏に「をきかき」と書かれていることともあわせて、この文書が、菅浦の村落定書である置文の一つであると解することができる。また「菅浦大浦両庄騒動記」（三二三号）や天文一〇年の「従北郡錯乱」による浅井氏の菅浦船徴発を記した「菅浦惣庄置文」（八八八号）もこれと同様な村落定書であるといいうるし、『菅浦文書』の編纂者もそのように解している。

これらの置文は今堀郷ではほとんどみられず、菅浦の地域的な特質を示すものと思われる。このような置文という形式は、菅浦の村落定書において村落代表者による制定という色合いが濃いという特徴と関連しているのではないかと思われる。置文という村落定書の形式と村落のありかたとの関連を考えるうえでも、菅浦は興味深い研究対象である。

○東村の場合

紀伊国東村の王子神社文書には一九通の村落定書があり、そのうち一四世紀のもの四通、一五世紀のもの九通、一六世紀のもの五通、一七世紀のもの一通がそれぞれある。[50] 署判のあるものは三通のみ、署判の有無に時期的な偏りはみられず、寄合開催月も分散している。

衆議文言のあるものは二通あり（同文書一七七・一九六号）、また衆議文言に準じるものとして日下に「定之東村人等」、「悦谷観頭衆」、「評定ナリ」などの文言や本文の次行に「東村百性連書」（ママ）と書かれたものもみられる（一一一・一二三・一四〇号及び一二四号紙背）。これらの文言をもつ村落定書にはいずれも署判がなく、その点で今堀郷と共通している。ただし、全般的にも署判がほとんどみられないのが、東村の村落定書の大きな特徴である。[51]

東村の村落定書でもうひとつ特徴的なのはその規制内容で、訴人無き公事などの禁制が前後三回、それも六〜七年という短い間隔で繰り返されているのである。[52] そこで想起されるのは今堀郷の「多分の儀」の規制で、これも八年後に再規制されていた。またこれも今堀郷の事例だが、惣の森林に関する規定が罰則内容を改変しつつ何度も繰り返されているのである。

この今堀郷の森林の規定で注意したいのは、一五九九年（慶長四）の規制に「右之通、今日より相きわめ候之条、まへ〳〵の儀者、きはたるへき候事」という但し書きが加えられている点である［35番］。この「まへ〳〵の儀」とは残存史料からみる限り、約八〇年前の規定［19番］を指すものと思われる。ところが一方、この慶長四年の約三〇年後にはさらに処罰規定が更改されているのである［37番］。今堀郷で森林規制がたびたびなされたのは罰則内容（科料）の更改に眼目があり、異例かもしれない。しかし、以上の例やこのほかにも、同様の規定が繰り返されている例はしばしば認められるのである。

今堀郷の例も含め、東村の同様規制の繰り返しのありかたをみて疑問に思うのは、村落定書の有効性の問題である。幕府追加法においては、同様な規定の繰り返し立法は、法源や当事者主義との関連で解明がすすめられつつある(53)。しかし、慣習法が支配する在地法秩序のなかで、法源も限定されている村落定書のこのようなありかたは、村落定書の時間的な限界（時効?）や村における「先例」の意味など、村落法の世界の特質を考えるうえで大きな問題を投げかけるものではなかろうか。村落法の独自な世界を解き明かす鍵がひとつ、ここにある。

※　　※　　※

従来、古文書学の分野では地域史的な視角が希薄であり、村落文書という研究概念さえ十分に共通認識になっていないように思われる。それは、中世村落史研究や中世法の一環である在地法・村落法の分野でも同様である。このような研究動向のために、村落の法や村落の文書に関しても、研究対象として独自な目を向けずにきた。そして村落内の問題も、公家や武家の規範などを無批判に持ち込んで解釈されてきたのである。そのために村落文書は、無秩序で雑然とした文書群であり、そこに支配者の文書にみられるような規範性がないとして軽視または無視されてきた。

しかし、公家文書や武家文書で造り上げられた「常識」をあてて機械的に解釈することが、どれほど危険であるかは、本章で扱った村落定書の署判の問題ひとつをとってみても、火を見るより明らかなのではないだろうか。村落には、いままで知られなかった、独自な文書慣行、文書秩序の世界が存在するのである。このことを念頭において研究対象にむかわなければ、村落文書の本当の姿は一向にみえてこないのではないだろうか。

この点をいま少し具体的に示しておこう。たとえば本章では村落定書の署判を対象にして、衆議文言と署判とが村落文書のなかで村落定書の正当性を保証するものであるということを指摘した。しかしこの指摘においても、それでは村落内の文書秩序のなかで、なにが正当な文書なのかという点については言及していないのである。しかしそれは、自明なことではないのだ。

また東村の例でも触れたように、村落文書の効力という点も案外に難問である。このことはさきに若干触れたが、文書の伝達のありかたとも関連しているのである。村落文書の難問は、まだまだ尽きない。

このような村落文書の分析研究の難しさは、ひとつには中世の村落が無文字社会と有文字社会の狭間にあることに由来している。当時、文字は支配の道具であり、中世の村もいやおうなく文字と接し、それを操る必要性に迫られていた。その一方で村落内部ではいまだに文字を介さない社会関係が根強く続いていたのである。このような特殊状況をふまえて、残された村落文書の位置づけをおこなう必要がある。

もうひとつには、前述したように村落文書が村落内の独自な文書慣行、文書秩序の世界のなかで息づいていたという問題がある。したがって村落文書の研究には、村落文書そのものの分析のみでは不十分であり、村落文書がおかれていた村落内の独自な社会秩序を明らかにする必要がある。村落文書の特質とはまさに、その村落世界の特質により規定されたものである。この中世村落の独自な社会秩序を解明することが、逆に村落文書のありかたを解明することにもつながるわけなのである。

注

（1）前田正治『日本近世村法の研究』、有斐閣、一九五〇年。なお同氏には「領主法上の刑罰権と村制裁権との関係」（法制史学会編『刑罰と国家権力』、創文社、一九六〇年）などの論考もある。

（2）笠松宏至・佐藤進一・百瀬今朝雄編『日本思想大系』中世政治社会思想下（岩波書店、一九八一年）。同書中に佐藤進一氏の村落定書に関する簡略な解説があり、また同書上巻（一九七二年）の石母田正氏の解説も村落定書に言及している。

（3）仲村研編『今堀日吉神社文書集成』、雄山閣出版、一九八一年。また本章で用いる今堀日吉神社文書の文書番号はすべて同書による。

（4）仲村研「近江国得珍保今堀郷の村掟」（『日本宗教の歴史と民俗』、隆文館、一九七六年）、同「中世村落文書の読み方」（一～六）（『歴史公論』一九七六年五月～一〇月号）、同「今堀日吉神社文書の性格と分類」（同『中世惣村史の研究』、法政大学出版局、一九八四年）など。

（5）前田氏は、「村法の形態」（前掲注（1）『日本近世村法の研究』第一編第三章）などで、村落定書の古文書学的な面に関して若干の指摘を行っている。しかし「村法の称呼から実質的な区別は見出し難い」（前掲書九頁）などとして、村落定書に対する古文書学的な分析の有効性を認めなかった。そのためこれ以後、村落定書に対する古文書学的なアプローチの道が、残念ながら結果的には閉ざされてしまったように思われる。

（6）例えば、原田敏丸氏の菅浦研究（「村落自治の伝統とその変質」、同『近世村落の経済と社会』、山川出版社、一九八三年）など。

（7）今堀日吉神社文書そのものに関しては、前掲注（4）仲村論文及び著書、脇田晴子「中世商業の展開」（同『日本中世商業発達史の研究』、御茶の水書房、一九六九年）、丸山幸彦「中世後期荘園村落の構造」（『日本史研究』一一六号、一九七一年）などの研究がある。

（8）日下に「勤之写」とあるが、『日本思想大系』中世政治社会思想下では「勤之畢」と解読されている。

（9）表5-1には、今堀郷の村落定書ではない定書も五点、参考までに載せておいた［18・20・24・42・43番］。このうち、年月日未詳の徒定書［42番］は、仲村氏の研究によると、惣荘規模で作成したものを今堀村の商人中で再確認したものであるとされている（前掲注（4）仲村「中世村落文書の読み方」（四））。以下の本章の論述で、今堀郷の村落定書に限定して議論をする場合には、当然のことながらこれらの文書は除外して扱っている。

（10）例えば正文とされる村落定書のなかにも、署判ともに欠くもの［3、17番］や署のみで判を欠くもの［33、34番］も含まれている。

（11）『菅浦文書』（上・下、滋賀大学日本経済文化研究所史料館、一九六〇・六七年）においても、ほぼ同様に署判の有無を正文・案文の主要な基準としていたものとみられる。

（12）前掲注（4）仲村「中世村落文書の読み方」（一）。

（13）赤松俊秀「案文」（『国史大辞典』一巻、吉川弘文館、一九七九年）。

（14）佐藤進一『古文書学入門』（法政大学出版局、一九七一年）。同様の指摘は、『概説古文書学　古代・中世編』（吉川弘文館、一九八三年）でも繰り返されている。

（15）掲示という点に関しては、菅浦文書中に「壁書」と称する定書（同文書九二五号）があり、また播磨国鵤荘における地下衆の集会の結論を「高札相認、大寺本堂ニ打之」（鵤荘引付大永五年七月九日条）という例がある。このような例が、村落定書の伝達として当時一般的なものであったかどうかは、いまのところ不明である。ただし、本章における村落定書の正文・案文の議論とは別に、法的または宗教的な意味で村落内の「立札」については、今後さらに追究する必要があろう。この点に関しては、藤木久志『戦国の作法』（平凡社、一九八七年）、水藤真『絵画・木札・石造物に中世を読む』（吉川弘文館、一九九四年）などを参照されたい。

（16）中世の村落民の文字理解度については、次の例をあげておく。一五〇四年（永正元）の和泉国日根野荘において、地下で評議を加えるべく本所により下付されたある文書の草案に対し、地下の番頭等はみずからを「文忙（盲）之者共候」と称して、地下評議の結果をふまえて香積院の僧侶に文書の押紙（加筆訂正）をさせている。この番頭等の発言を字義通り事実とみてよいかは問題であるが、参考にはなろう。また網野善彦氏や黒田弘子氏らによって、中世民衆と文字との関連が問われた（網野「日本の文字社会の特質」、同『日本論の視座』、小学館、一九九〇年。黒田『ミミヲキリ　ハナヲソギ』、吉川弘文館、一九九五年）。

（17）たとえば寺僧の寄合・僉議の場合、だされた意見に賛成のときは「尤」といい、賛成できない場合は「謂れ無し」といったという（天狗草紙延暦寺巻延暦寺衆徒僉議など、『日本絵巻物全集二七　天狗草紙・是害房絵』、角川書店、一九八三年。千々和到氏のご教示による）。僉議の過程で発せられた音声そのものが、審議を通しての合意の形成であるとともに、伝達・了承の証であった。また在地領主層においても、合議の際に起請神詞を読誦し、それに音声で呼応することが、やはり合意・了承の意を体現するものであった（松陰私語第四巻、『群馬県史資料編五』所収。峰岸純夫氏のご教示による）。以上の諸例は、村落定書のありかたを考える際に重要な示唆を与えてくれるものといえよう。

(18) いうまでもなく、署判の有無により正文・案文を判断することと、文書に正文・案文があることとは、かならずしも同義ではない。

(19) ただし、ここでは領主宛の算用状などは除外して考えている。基本的に村落内部で完結する性質のもののみについて述べているのである。

(20) 従来、日記などの文書はほとんど研究の対象とはされておらず、文書としてもほとんど顧慮されてこなかった。ところが一九八〇年代末から、このような文書に着目した村落財政に関する研究が行われるようになった（仲村研「得珍保今堀郷研究補遺」、『日本歴史』四九八号、一九八九年）。また、村落文書としての日記そのものについても本格的な考察がなされるようになった（榎原雅治「日記とよばれた文書—荘園文書と惣有文書の接点—」、同『日本中世地域社会の構造』、校倉書房、二〇〇〇年、初出一九九六年）。なお村落財政に関しては、薗部『日本中世村落内身分の研究』（校倉書房、二〇〇二年、第七章・終章、初出一九九三年）を参照のこと。

(21)『今堀日吉神社文書集成』でも、村落財政関連文書には「案」の記載がなされていない。

(22) ちなみに、『和歌山県史』中世史料一（一九七五年）や前掲注（2）『日本思想大系』中世政治社会思想 下では、村落定書に正・案の区別を施してはいない。

(23) 今堀日吉神社文書二八三・三三六・四七三・五六八・六二三号など。

(24) 今堀日吉神社文書三四五号など。このように村落の「日記」などに「所定如件」のような文言が付されるのは、それが村落定書同様に寄合での認定をうけて作成されるためであるといえよう。

(25) 例えば、村落定書と同様に寄合の場を経て作成される日記には、ほとんど署判はみられない。日記と村落定書との相違が、内容の相違に基づいている可能性は否定できない。しかし、日記は多くが日常的な業務で作成されるのに対し、定書は基本的に非日常的な契機によるという、作成状況の相違が署判の有無と一義的に関連していると考えることができよう。

(26) 例えば寺社文書では、「(評定書の)書止めは『衆議畢』『依衆議所定状如件』など」の文言が用いられるものとされている(伊地知鉄男編『日本古文書学提要　上』、新生社、一九六六年、平林盛得執筆分)。また今堀日吉神社文書中に残された「山門衆議下知状」も「依衆議執達如件」のように書き止められているものが散見する(今堀日吉神社文書一〇・二三・二四・二七・三五号など)。

(27) 表5-1の1、7、15、19、21番など。なお6番の文書には、冒頭の事書部分に衆議文言が入れられている。

(28) この文書は「所定如件」という文言と衆議文言とを有しているので、ひとまず村落定書とした。しかし内容的には、神田納帳・神田日記などと称される一連の文書と同様であり、村落定書と断ずるには若干問題が残る。しかし前述したように(前掲注(25))、日記か定書かを内容から一義的に判断するだけでは十分でなく、その作成の契機にまでたちもどって考察する必要がある。そこで、この文書も先に触れた文明六年堂頭勤仕人数定書[12番]ともに日記と定書との中間に位置するものとして、とりあえず村落定書のなかにいれておく。なお神田納帳に関しては、金本正之「中世後期における近江の農村」(宝月圭吾先生還暦記念会編『日本社会経済史研究　中世編』、吉川弘文館、一九六七年)、仲村研「近江国得珍保今堀郷の惣覚書」、同「今堀郷の神田納帳」(いずれも前掲注(5)『中世惣村史の研究』所収)、前掲注(7)脇田論文などを参照のこと。

(29) 前掲注(7)脇田論文、仲村「保内商業の展開過程」(前掲注(4)同『中世惣村史の研究』所収)。

(30) 前掲注(4)仲村「中世村落文書の読み方」(四)。なお、この点に関しては、脇田氏も同意見である(前掲注(7)脇田論文)。

(31) 寺院の定書や評定書には「依衆議」という文言とともに、年預などの署判が据えられている(前掲注(26)『日本古文書学提要　上』)。山門衆議下知状(前掲注(26)参照)にも、衆議文言とともに学頭代や月行事の署判がなされている。山越衆中の定書[20番]にも、衆議文言とともに「山越衆中」の署がみられる。しかしこれらはそれぞれ、寺院評定参加者から寺院集団全体または寺院の支配領域へ、山門から今堀郷へ、山越衆中から今堀商人中へと効果を波及させることを目的としているのである。すなわち、文書の作成主体のみならず、さらにそれ以外の集団への伝達を明瞭に意識した形で署判がなされているのである。そこに、村落文書における定書との基本的な相違点があるのではなかろうか。

（32）村落定書に「座主衆議（衆カ）」［6番］や「座之衆儀」（大島・奥津島神社文書八号、『大島神社・奥津島神社文書』）などの文言があるのは、村落定書が宮座や寺講における寄合で作成されたことを示している。

（33）弘長二年一〇月奥島百姓等庄隠規文、大島・奥津島神社文書二号。

（34）萩原龍夫『中世祭祀組織の研究』、吉川弘文館、一九六二年。村落内身分の乙名・村人身分については、前掲注（20）薗部著書などを参照のこと。

（35）署判の意味を考えるには、衆議文言から署判への移行の背景である今堀郷における一四・五世紀から一六世紀にかけての村落状況を解明する必要がある。この問題と署判類型（Ⅲ）の多数連署判については、後述する。

（36）前掲注（29）仲村「保内商業の展開過程」。なお、この文書の伝来に関しては、前掲注（4）仲村「今堀日吉神社文書の性格と分類」を参照のこと。

（37）前掲注（4）仲村「中世村落文書の読み方」（四）。

（38）丹波国山国荘では、惣郷（惣荘）及び惣村それぞれが略押（符号）を持っていたとされている（峰岸純夫「村落と土豪」『講座日本史』三、東京大学出版会、一九七〇年）。この点については、本書第八章を参照のこと。

（39）前掲注（2）『日本思想大系』中世政治社会思想下、二二五頁頭注には、天正一九年今堀惣分連署定書［32番］における「今堀惣分」の署に付された判が、天正一七年三月田中久蔵等下地寄進状（今堀日吉神社文書三五四号）にみえる田中久蔵の花押と同一であるという指摘がなされている。

（40）落書（起請）については、渡辺澄夫「中世社寺を中心とせる落書起請に就いて」（『史学雑誌』五六編三号、一九四五年）を参照のこと。

（41）前掲注（1）前田『日本近世村法の研究』。

（42）永徳三年正月今堀郷結鎮頭定書案と同四年正月結鎮頭等入物定書［1、2番］に関して、仲村氏も同様の推定をしている（前掲注（4）仲村「中世村落文書の読み方」（二））。応永四年六月今堀惣中衆議定書案［4番］は、「二月・六月サルカク」とある点から、嘉慶二年三月今堀神田目録［3番］については、他の神田納帳の多くが一〇・一一月に集中しているにもかかわらず、三月に作成されている点と、本文中の一項目に「三月三日」と記されている点とから、それぞれ本文のように推定した。

(43) 前掲注（4）仲村「中世村落文書の読み方（二）」。なお同氏は、「今堀日吉神社文書の売券の日付が、十一月と十二月のものが多い」点と「とくに神田納帳の日付はほとんどが十一月四日の日付をもっている」点などから、「今堀郷において十一月四日が惣寄合の日であり、この寄合において神田畠などの惣有地の年貢をはじめ惣の収支決算をおこない、さらに惣に関する諸事項を決定、承認した」と推定している（仲村「売券・寄進状にみる村落生活」、前掲注（4）同『中世惣村史の研究』所収）。

(44) 年未詳今堀郷交名（今堀日吉神社文書三〇〇号）にも、四五名の交名（内一五名にのみ判がある）の末尾に「何もたふん（多分）ニつくへく候者也」とある。

(45) 階層分化については前掲注（28）仲村「近江国得珍保今堀郷の惣覚書」、宮座の変化については前掲注（34）萩原著書による。

(46) 中近世移行期には、紀伊国東村や同国荒川荘などにおいても類似の状況がみられるのである。この点に関して、東村については前掲注（20）薗部著書第四章第二節（初出一九八二・八三年）を、荒川荘については同書第五章（初出一九九五年）を参照のこと。

(47) 前掲注（4）仲村「今堀日吉神社文書の性格と分類」。

(48) 時代順に列挙すると、菅浦文書七四〇・三三四・一八〇・七七三・二〇三・二一四・六二八・二二七・三二三・八四一・八四二・三五一・六三二・八四八・八五三・二二六・八六一・二二九・二二五・八六六・八八八・九二五号で、年紀未詳が一四六・三一九・一二六〇号である。

(49) 前掲注（5）に同じ。

(50) 時代順に列挙すると、王子神社文書神社三二・八〇・八一・九七・一一一・一二〇・一二三・一二四紙背・一三七・一四〇・一五五・一六三・一六九・一七七・一八九・一九三・一九六・二二六（同文書弘治二年条、及び天文一七年条付箋〈慶長八年〉）の各号である。なお一二四号紙背文書は年紀未詳だが、永享八年（一二四号文書）に近い時期に作成されたと思われるので、一五世紀のものとして算入した（黒田弘子「中世後期の池水灌漑と惣村」、同『中世惣村史の構造』、吉川弘文館、一九八五年）。

(51) このような東村の村落定書の特徴のためか、『和歌山県史』中世史料一では、王子神社文書中の無署判の村落定書の文書名に案文と記載してはいない（前掲注（22）に同じ）。

（52）この時期の東村の状況については、前掲注（46）薗部著書を参照のこと。

（53）笠松宏至「中世法の特質」（同『日本中世法史論』、東京大学出版会、一九七九年）。

第六章　村落文書の惣判・惣印

はじめに

川嶋将生氏は、「惣の印・惣の花押」という興味深い論考のなかで、「山科七郷」の署に黒印（印文「山科」）が据えられた永正九年（一五一二）山科七郷書状や「惣中」の署に「二」形の略押のある天文七年（一五三八）久多惣中山売券などを紹介された。[1] 久多荘の文書のような特殊な略押は山国荘の例でも知られていたが、[2] 山科七郷の黒印は実質的に新知見である。

この論考で川嶋氏は、

①惣（村落集団）の花押は、個人の花押によって代用されていたこと

②久多荘や山国荘の特殊な花押・略押は、惣（村落集団）固有のものであること

③山科七郷の黒印は惣独自の印であり、近世の惣・惣百姓の印の先駆であること

などの重要な点を明らかにされた。そして、惣の花押・略押と惣の印との相違などを課題として提示された。

私もかつて今堀日吉神社文書における村落定書の署判について議論したこともあり、[3] 川嶋氏の議論に大きな刺激

を受けた。川嶋氏の提起した課題に全面的にこたえることはできないが、その課題解決の糸口をみつけてみたい。

本章では議論の都合上、村落集団の花押・略押を総称して「惣判」、村落集団の印を「惣印」とそれぞれ呼ぶことにしたい。(4) 村落（集団）の名の下に惣判や惣印を据えることの意味やその背景は何か、探ってみよう。

一　惣中文言

惣判・惣印を探索するにあたり一つのてがかりとなるのは、そのような判・印の上に記されている村落または村落集団の名称である。そこで、ひろく署判の位置に記されている地域呼称に注意して文書をみていくと、「山国荘」や「今堀郷」というように荘園や村落の名称を記しているものがみられる。また、「山国惣庄」や「山国庄惣中」、「今堀惣分」や「今堀村人等」というように、地域集団による署判があることにも気づく。ところが、対外的にやりとりする書状や契状、売券などの史料において、地域名の記載や地域集団名の署判が文書作成者の単なる居住地表示にすぎないのか、または何らかの別の意図によるものなのかを見極めるのは、いまのところ困難である。

そこで、対外的な要素を排除するために、村落内部文書に限定して議論をはじめることにしたい。村落内部文書とは、村落定書や村落内部用の「日記」など、単一の村落集団内部で文書としての機能（作成・伝達・伝来）が基本的に完結するものである。(5)

本章では、村落内部文書のなかで村落（集団）の意思を決定または表明したものを考察の対象としたい。ただし、このような村落内部文書でも、複数村落間の契状など対外的な面を主とするものは除外した。一方、紛失状など対外的な要素があるものでも、その内容が村落集団内で一義的に完結するようなケース（紛失状に対する在地証判が単一の村落〈集団〉でなされているものなど）は検討の範囲に含めた。年紀未詳のものは、除外した。

このような条件で収集した村落内部文書は、三九三通であった（後掲の「表6-4　惣判・惣印の推移」の「村落内部文書の総数」欄の合計数にあたる）。

表6-1　惣中文言所載文書一覧

番号	西暦	和暦	月	文書名	文書群	出典	惣中文言	署判者数
1	一二五二	建長4	5	唐国村刀祢百姓等置文	松尾寺文書	『和泉市史』一、五九六頁	百姓等	0
2	一二六二	弘長2	10	奥島荘中隠規文	大島神社奥津島神社文書二	『大島神社奥津島神社文書』	敬白	15
3	一二七〇	文永7	閏9	キ、ムロ座衆置文案	淡島神社文書一一四	『和歌山市史』四	サタメヲカル	15
4	一二七四	文永11		大島社三度神事定日記	大島神社奥津島神社文書七	『大島神社奥津島神社文書』	村人等	4
5	一二八一	弘安4	4	大島社座衆議定規文	大島神社奥津島神社文書八	『大島神社奥津島神社文書』	記之	0
6	一二八二	弘安5	11	大島社正月十五日神事定日記	大島神社奥津島神社文書一〇	『大島神社奥津島神社文書』	北津田住人等	4
7	一二八四	弘安7	2	大島社三度神事足日記	大島神社奥津島神社文書一三	『大島神社奥津島神社文書』	村人等	4
8	一二九三	正応6	8	柏原御堂結衆置文	西光寺文書七	『和歌山県史』中世史料一	結衆各々	1
9	一二九八	永仁6	6	北津田・奥島両村人連署定書	大島神社奥津島神社文書一六	『大島神社奥津島神社文書』	北津田（住人カ）・奥島分	97
10	一二九八	永仁6	10	惟宗延末紛失状	勝尾寺文書一九八六八	『鎌倉遺文』二六	村人等	12
11	一三一五	正和4	3	三部大明神神田等支配帳	相賀神社文書	『紀伊続風土記』三古文書部九、一九四頁	百姓等敬白	0
12	一三一九	文保3	3	弥勒八講講衆契状	滝畑弥勒堂所蔵文書	『河内長野市史』五	弥勒講衆等	20
13	一三二六	嘉暦1	5	大島大座修理田定置文	大島神社奥津島神社文書二六	『大島神社奥津島神社文書』	津田村人為向後証拠署判	7
14	一三四二	康永1	2	奥島・津田両荘村人衆議定書	大島神社奥津島神社文書二九	『大島神社奥津島神社文書』	両荘村人等	0
15	一三四七	貞和3	6	東村人紛失状裏書	王子神社文書一二	『和歌山県史』中世史料一	東村人	0
16	一三四七	貞和3	11	市石女田券紛失状	西光寺文書二七	『和歌山県史』中世史料一	為後代証文村人署判	4
17	一三六八	応安1	11	大島奥津島社御供定書	大島神社奥津島神社文書六四	『大島神社奥津島神社文書』	両村人	0
18	一三八三	永徳3	1	今堀郷結鎮頭定書	今堀日吉神社文書三五七	『今堀日吉神社文書集成』	勤之畢	0

19	一三八四	永徳4	1	今堀郷結鎮頭入物衆議定書	今堀日吉神社文書三三一	『今堀日吉神社文書集成』	依衆儀評定所定如件	0
20	一三八四	至徳1	12	四郷内東郷四至定書	滝区有文書六	『かつらぎ町史』古代・中世史料編	四郷ヲトナ七人・サハクリ七人	0
21	一三八八	嘉慶2	3	今堀神田目録	今堀日吉神社文書三三二	『今堀日吉神社文書集成』	今堀村人等定之	0
22	一三九四	応永1	1	恋野村堂座証文(写カ)	芋生家所蔵文書	『橋本市史』下、七三三頁	堂座	33
23	一三九五	応永2	1	赤塚村堂座証文(写カ)	上田正義氏所蔵文書	『橋本市史』下、七四三頁	堂座	17
24	一三九五	応永2	11	橋本村・武久村頼母子定書	橋本左右神社文書一三六八	『近江蒲生郡志』五	うのとしのをとなたちの定なり	3
25	一三九五	応永2	12	短野村井手岩山定状	短野区有文書五九七	『かつらぎ町史』古代・中世史料編	定之	0
26	一三九七	応永4	4	成福寺座敷定文	成福寺文書二八	『和歌山市史』四	講衆中定	2
27	一三九七	応永4	6	今堀惣中衆議定書	今堀日吉神社文書三八九	『今堀日吉神社文書集成』	衆儀如件	0
28	一四〇〇	応永7	3	短野村ヨハイ岡山定状	短野区有文書六〇二	『かつらぎ町史』古代・中世史料編	定之	0
29	一四〇〇	応永7	11	南津田荘上れう使組物等配分定書木札	大島神社奥津島神社文書九四	『大島神社奥津島神社文書』	両村人	2
30	一四〇二	応永9	2	短野村栢迫山定状	短野区有文書六〇五	『かつらぎ町史』古代・中世史料編	定之	0
31	一四〇七	応永14	7	蛇溝村神畠覚書	蛇溝区有文書三	『八日市市史』五	村人改之	0
32	一四一〇	応永17	9	東村ヤマトノ料頭定書	王子神社文書一一一	『和歌山県史』中世史料一	東村人等	0
33	一四一三	応永20	11	大島社神田定置文	大島神社奥津島神社文書一一一	『大島神社奥津島神社文書』	奥島村人	5
34	一四一六	応永23	3	安明寺五座置文	河野家所蔵文書三〇	『日本史研究』二〇七	本座、南座、新座、弥座、僧座	5
35	一四二四	応永31	4	伽陀寺二月頭免田定状	向井家文書三五	『和歌山県史』中世史料二	衆中之定	0
36	一四二四	応永31	8	賀太八幡宮神事入物日記	向井家文書三六	『和歌山県史』中世史料二	賀太惣荘座衆	0
37	一四四一	嘉吉1	6	十二谷下地築堤祭文	藤田家文書三	『泉佐野市史』	諸輩各々敬白	0
38	一四四一	嘉吉1	8	奥島荘・北津田荘徳政定書	大島神社奥津島神社文書一二八	『大島神社奥津島神社文書』	沙汰人北津田・奥島	2
39	一四四八	文安5	11	今堀郷衆議定書	今堀日吉神社文書三六九	『今堀日吉神社文書集成』	始之	0
40	一四四九	文安6	2	菅浦惣荘合戦注記	菅浦文書六二八	『菅浦文書』	菅浦惣庄	0
41	一四五一	宝徳3	11	今堀郷村人等夏中定書	今堀日吉神社文書三二七	『今堀日吉神社文書集成』	村人等定所如件	0

42	一四五六	康正2	2	国中宮十七講米定書	国中神社文書	『水口町志』下、九三頁	時之和尚	3
43	一四五八	長禄2	11	安明寺五座置文	河野家所蔵文書三四	『日本史研究』二〇七	本座、南座、新座、弥座、僧座	5
44	一四六〇	長禄4	1	二天八王子社御神事頭番帳	竹大与杼野神社文書	『宮座と村落の史的研究』二八八頁	諸結衆敬白	1
45	一四六〇	長禄4	11	直川荘千手寺僧・番頭等置文写	玉井家文書二二四	『和歌山市史』四	庄内番頭(寺僧と対)	9
46	一四六一	長禄5	2	柏原村人等畠券紛失状	西光寺文書六六	『和歌山県史』中世史料一	証拠村人等	4
47	一四六一	寛正2	7	菅浦惣荘置文	菅浦文書二二七	『菅浦文書』	廿人乙名中	6
48	一四六一	寛正2	11	菅浦大浦両荘騒動記	菅浦文書三二三	『菅浦文書』	書之	0
49	一四六三	寛正4	11	今堀郷如法経道場定書	今堀日吉神社文書五九〇	『今堀日吉神社文書集成』	之定	0
50	一四六三	寛正4	11	柏原村氏人等紛失状	西光寺文書六七	『和歌山県史』中世史料一	柏原村氏人各々敬白	0
51	一四六七	応仁1	7	国中宮安居供花定書	国中神社文書	『水口町志』下、九四頁	当時十七講衆	7
52	一四七〇	文明2	5	難波村牛頭天王社神事定書	難波八坂神社文書五	『東浅井郡志』四	難波村惣中	0
53	一四七〇	文明2	6	菅浦惣荘前田内徳置文	菅浦文書三五一	『菅浦文書』	菅浦惣庄乙名共在判	0
54	一四七二	文明4	8	菅浦荘百姓惣中置文	菅浦文書八四八	『菅浦文書』	をきふミ也	0
55	一四七五	文明7	4	仰木荘田所大明神親村由緒之次第	小椋神社親村所蔵文書一	『近江地方史研究』二一	親村置文也	8
56	一四七五	文明7	4	仰木荘親村衆式目條	小椋神社親村所蔵文書二	『近江地方史研究』二一	親村兄衆	8
57	一四七五	文明7	4	仰木荘親村惣帳	小椋神社親村所蔵文書三	『近江地方史研究』二一	親村惣帳	42
58	一四七六	文明8	10	天野地堂日記	丹生広良家文書一一六	『かつらぎ町史』古代・中世史料編	地下ノヲトナ衆サタメヲカレ候	5
59	一四七七	文明9	2	三谷・教良寺両村氏人衆立合山証文	教良寺区有文書一一七	『かつらぎ町史』古代・中世史料編	三谷・教良寺両村氏人衆	0
60	一四八一	文明13	8	霊松寺敷地契約状	霊松寺文書二二六	『高槻市史』三	大座、新座、コカラ座	3
61	一四八七	長享1	10	短野村短野山置文	短野区有文書六三六	『かつらぎ町史』古代・中世史料編	短野村	0
62	一五〇二	文亀2	3	今堀郷衆議定書	今堀日吉神社文書七三五	『今堀日吉神社文書集成』	改之	0
63	一五〇三	文亀3	6	大野荘三上郷春日粟田大明神座配定書	尾崎家文書八	『海南市史』三	左座、右座	10

64	一五〇四	永正1	10	今堀郷直物定書	今堀日吉神社文書三七四	『今堀日吉神社文書集成』	衆儀定之	0
65	一五〇四	永正1	11	村米日記	短野区有文書六四一	『かつらぎ町史』古代・中世史料編	ムラノニキ、サタムコナリ	0
66	一五〇六	永正3	10	菅浦荘白山講人数書	菅浦文書八六六	『菅浦文書』	定分如此	20
67	一五一三	永正10	4	菅田社等三社小神事帳	菅田神社文書一八〇七	『近江蒲生郡志』六	惣官中	12
68	一五一三	永正10	12	四郷惣衆定書	滝区有文書九	『かつらぎ町史』古代・中世史料編	四郷惣衆儀	0
69	一五一六	永正13	10	東村三箇村地下定書	王子神社文書一九六	『和歌山県史』中世史料一	三ヶ庄	0
70	一五一八	永正15	12	得珍保南郷商売定書	今堀日吉神社文書六〇〇	『今堀日吉神社文書集成』	南郷	0
71	一五二四	大永4	11	鞆淵八幡宮籠札銘	鞆淵八幡神社文書七七	『和歌山県史』中世史料一	氏人百姓各々謹白	8
72	一五二七	大永7	5	得珍保山越商人定書	今堀日吉神社文書六二	『今堀日吉神社文書集成』	山越衆中	0
73	一五二九	享禄2	12	今堀郷惣中定書	今堀日吉神社文書二〇	『今堀日吉神社文書集成』	今堀郷惣中	1
74	一五三一	享禄4	3	余呉上丹生村定書	上丹生区有文書	東京大学史料編纂所写真帳	十八人のおとな也	0
75	一五三三	天文2		山田天神定置文	仲川喜次郎氏文書	『近江栗田郡志』四、五八八頁	村人より定置状	0
76	一五三四	天文3	10	河野惣中連署請文	西野次郎兵衛家文書三一	『福井県史』資料編六	かわのノ惣中	8
77	一五四六	天文15	11	柏原村人衆置文	西光寺文書七九	『和歌山県史』中世史料一	村人衆ヲノヲノ	1
78	一五五三	天文22	6	相撲庭村大井分水事書	宮川文書四七	『山東町史』資料編	相撲庭	0
79	一五五四	天文23	12	今堀郷惣分定書	今堀日吉神社文書三四七	『今堀日吉神社文書集成』	今堀惣分	0
80	一五五六	弘治2		今堀郷惣中定書	今堀日吉神社文書五	『今堀日吉神社文書集成』	改之	0
81	一五五七	弘治3	2	得珍保山越商人惣中定書	今堀日吉神社文書六四	『今堀日吉神社文書集成』	山越惣	0
82	一五六八	永禄11	12	菅浦惣中壁書	菅浦文書九二五	『菅浦文書』	十六人之長男、東西之中老廿人	0
83	一五七〇	元亀1	12	布留社式目	森〈武〉家文書	『改訂天理市史』史料編一、八頁	此代長男持人数捌衆分	0
84	一五七三	天正1	10	蛇溝村堂坊主渡物書上	蛇溝町共有文書一〇	『八日市市史』五	へひミそおとなしゆ	0
85	一五七七	天正5	12	安治村家役定書	安治区有文書一九九	『太閤検地論』三	安治村惣代	6
86	一五七九	天正7	3	惣社森稲荷社神事次第写	かりそめのひとりごと八	『阪南論集』一四-四	上之長名衆中	9
87	一五七九	天正7	10	蛇溝村地蔵堂かうかつ渡日記	蛇溝町共有文書一六	『八日市市史』五	蛇溝惣長衆	0

88	一五八一	天正9	9	荒川荘棟別・地打条々事書	三船神社文書三	『和歌山県史』中世史料一	氏人中、庄中	0
89	一五八一	天正9	12	蛇溝村惣鍋置目	蛇溝町共有文書二三	『八日市市史』五	惣衆儀	0
90	一五八二	天正10	11	安治村惣中掟書	安治区有文書二〇一	『太閤検地論』三	安治村惣中	0
91	一五八二	天正10	12	今堀郷年寄・若衆置目	今堀日吉神社文書三六六	『今堀日吉神社文書集成』	年寄惣分、若衆惣分	2
92	一五八三	天正11	7	今堀郷惣中定書	今堀日吉神社文書四六七	『今堀日吉神社文書集成』	今堀惣中連判	0
93	一五八三	天正11	7	今堀郷惣分連署定書	今堀日吉神社文書四六八	『今堀日吉神社文書集成』	今堀惣分	90
94	一五八三	天正11	11	大森惣中起請文	広田神社文書六〇	『日本思想大系』中世政治社会思想下	大森惣中究也	0
95	一五八四	天正12	12	今堀郷惣分定書	今堀日吉神社文書四六九	『今堀日吉神社文書集成』	今堀惣分	0
96	一五八五	天正13	6	近江上大森惣分定書	上大森共有文書一四四四	『近江蒲生郡志』六	上大もり惣分	0
97	一五八七	天正15	3	蛇溝村惣置目	蛇溝町共有文書一	『八日市市史』六	蛇溝惣	0
98	一五八八	天正16	7	今堀郷惣分置文	今堀日吉神社文書三六七	『今堀日吉神社文書集成』	今堀惣分	1
99	一五八九	天正17	3	今堀惣分寄進下地定書	今堀日吉神社文書四五五	『今堀日吉神社文書集成』	今堀惣分	0
100	一五九〇	天正18	10	今堀惣分掟書	今堀日吉神社文書三六八	『今堀日吉神社文書集成』	今堀惣分	4
101	一五九一	天正19	8	今堀惣分連署定書	今堀日吉神社文書四七〇	『今堀日吉神社文書集成』	今堀惣分	75
102	一五九一	天正19	9	宇田村惣置文	神宮文庫蔵山中文書	『水口町志』下	宇田村惣	0
103	一五九五	文禄4	3	大滝村惣中定書	大滝神社文書二三	『福井県史』資料編六	大滝村神郷	67
104	一五九九	慶長4	5	今堀惣分置文	今堀日吉神社文書二五四	『今堀日吉神社文書集成』	今堀惣分	2
105	一六〇二	慶長7	4	鬼住村惣中法度起請文	鬼住区有文書一	『河内長野市史』六	鬼住村中	0
106	一六〇三	慶長8	12	岩倉村石屋定書	中村佐一郎氏所蔵文書	東京大学史料編纂所影写本	石屋惣分	1
107	一六〇五	慶長10	6	宇治河原村惣中起請文	宇川共有文書七〇六	『滋賀県史』五	宇治河原村十五人衆	20
108	一六〇六	慶長11	3	宇治河原村惣中定書	宇川共有文書七九	『日本思想大系』中世政治社会思想下	宇治河原村惣	0
109	一六〇六	慶長11	3	宇治河原村惣中定書	宇川共有文書	『日本思想大系』中世政治社会思想下、七九補注	宇治河原村惣	0
110	一六〇六	慶長11	3	宇治河原村惣中定書	宇川共有文書七〇六	『滋賀県史』五	宇治河原村惣	0
111	一六〇六	慶長11	6	宇治河原村石塚境目覚書写	宇川共有文書一二-二-一〇	『宇川共有文書調査報告書』下	宇田村惣	1
112	一六〇七	慶長12	6	宇治河原村惣中定書	宇川共有文書七〇六	『滋賀県史』五	宇治河原村惣	0
113	一六〇八	慶長13	9	蛇溝惣中神事直定書	蛇溝町共有文書一	『八日市市史』六、四三二頁	蛇溝惣中	3

114	一六〇八	慶長13	12	宇治河原村隣郷起請文前書	宇川共有文書	『日本思想大系』中世政治社会思想下、七九補注	隣郷	0
115	一六一一	慶長16	3	中野村惣中置文	中野共有文書一	『八日市市史』六、四一頁	惣中ヨリ	0
116	一六一三	慶長18	3	年預衆定書	下比奈知村民家旧蔵文書	『三国地誌』一一一、三三六頁	年預衆定	12
117	一六一六	元和2	1	堅田舟頭中置文	居初庫太氏所蔵文書八四	『日本思想大系』中世政治社会思想下	舟頭惣代	2
118	一六一七	元和3	1	北内貴村惣おこない定書	北内貴川田神社文書J-五	『北内貴川田神社文書』	惣	0
119	一六一七	元和3	12	今堀村置文	今堀日吉神社文書二四七	『今堀日吉神社文書集成』	今堀惣代	1
120	一六二〇	元和6	1	慈尊院村座講定書	中橋家文書四	『和歌山県史』近世史料四	慈尊院村中	0
121	一六二〇	元和6	5	佐目惣中定書	佐目区有文書	『近世村落の経済と社会』三四八頁	佐目惣中（長衆・中ろ衆・若衆）	6
122	一六二五	寛永2	3	蛇溝惣中定書	蛇溝町共有文書二	『八日市市史』六、三九頁	惣中	0
123	一六二六	寛永3	6	今堀惣中置文	今堀日吉神社文書二五五	『今堀日吉神社文書集成』	惣中	0
124	一六二六	寛永3	6	荒川荘定書	岡家文書八九	『日本思想大系』中世政治社会思想下	安楽川庄中	21
125	一六二八	寛永5	1	一色村惣中定書	市原村一式共有文書一四七五	『近江蒲生郡志』五	一色村惣中	1
126	一六三四	寛永11	5	尾瀬村定書	羽馬完爾氏所蔵文書一一二八	『富山県史』史料編三	尾瀬村	3
127	一六三五	寛永12	7	柴原南村惣中定書	柴原南町共有文書一	『八日市市史』六、五六頁	南村惣中	0
128	一六三九	寛永16	8	今堀惣分定書	今堀日吉神社文書二九六・三〇二	『今堀日吉神社文書集成』	今堀惣分	71
129	一六四三	寛永20	6	中野村惣中番所定書	中野共有文書九	『八日市市史』六、四四頁	中ノ村惣中	0
130	一六四六	正保3	2	三津屋村烏帽子・乙名成定書	三津屋町共有文書一	『八日市市史』六、四三二頁	惣村中	0

【注】「署判者合計」欄には、惣中文言のみで惣判・惣印のないものを署として算入していない。

表6-1は、以上の村落内部文書のなかで、署判の位置に村落名または村落集団名を記載している史料を抽出したものである（ただし表6-1には村落名・村落集団名以外の文言についても収載しているが、この点は後述する）。そこで、署判における村落名記載と村落集団名記載とを比較すると、前者はほとんどみられないことに気づく。

村落名記載がみられない点は、村落内部で完結する文書にわざわざ自己の村落名称の表示をする必要はないということで理解することができる。しかし、それではなぜ、自己の村落集団の名称を村落内部文書の署判に記載するのだろうか。具体的にいえば、「北津田住人等」、「東村人等」、「菅浦惣庄」、「今堀惣分」という文書作成の当事者でありかつ被伝達者でもある自己の集団名を、署判の位置に明記する意図は何か、ということである。

そこで、収集した史料の署判の箇所を改めて点検してみると、村落集団名でも個人の署判でもない記載があることに気づく。

まず、「サタメヲカル」、「定之」、「をとなたちの定なり」、「村人改之」といった文言が署判の位置に記されている。これらを一括して「定文言」と呼んでおこう。定文言は、乙名・年寄集団や村落集団全体による制定であることを明示したものである。

また、「衆儀如件」、「衆儀定之」、「惣衆儀」のような文言も署判の位置に書かれている。これらを「衆議文言」と呼んでおく。衆議文言が村落集団の衆議による意思決定を明示したものであることは、すでに指摘している(6)。

このように、その文書を合議・制定したことをことさらに明示し、村落集団による意思決定の事実を担保する文言が、署判の位置にしばしば記載されているのである。

村落集団名の署判に話を戻そう。同一村落内で、自分たちの地域名称をことさらに表示する必要は本来的にないと思われる。だから、村落集団名の記載も、単なる地域表示ではないであろう。そうであるならば、村落集団名の署判記載にも、定文言や衆議文言と同様に、その村落集団が当該文書を合議・制定したことを明示する意図がこめられているとみるべきではなかろうか。

本章では、村落集団名の署、定文言、衆議文言のように、村落集団の文書制定の意思を署判の位置において明示するものを一括して「惣中文言」と呼んでおきたい。「惣中文言」と命名したのは、単なる村落名記載とは異なり、村落集団である「○○庄（村）惣中」の意思を明示した文言であるという点による。

改めて、表6-1をみてみよう。この表の「惣中文言」の欄には、前述したように村落集団の名称、定文言、衆議文言がみえる。また、「蛇溝惣長衆」（乙名衆）や「今堀惣代」など、村落集団指導層を表示する語句も村落集団の意思を示したものとして惣中文言に含めた。

また村落名記載でも、単なる地名表示ではなく、村落集団の意思の所在を示したと解しうるものが若干みられる［61番など］（［　］内は表6-1の番号。以下同じ）。これも、惣中文言とみなし表6-1に収載した。

このようにして収集した惣中文言所載文書は一三〇通であった。惣中文言が出現した一三世紀中頃は、村落内部で文書が作成され始める時期でもある。この時期に表6-1にみられるような惣中文言があらわれる背景には、古老・住人身分から乙名・村人身分へと村落内身分が変化したことがあるのではないかと思われる。(7) この点は後考を期したい。

また惣中文言は、一三世紀中頃以降、当面の文書収集の目処とした一七世紀中頃まで、どの時期にもまんべんなくみられ時期的に大きな偏りはなかった。したがって、惣中文言記載の意味は、村落集団の内部状況や文書作成の経緯などを個別に調査し考察していく必要があろう。(8) この作業も宿題としてとりあえず保留することにして、さきに進もう。

二　惣判

つぎに、惣中文言に惣判を据えることの意味を考えてみたい。表6-2は、惣判及び惣印を載せた村落内部文書の一覧である。これは、表6-1にあげた惣中文言所載文書のなかから、惣判・惣印を有するものを抽出したもの

表6－2　惣判・惣印一覧

表6-1の番号	西暦	文書名	惣中文言	惣判・惣印	署判者	備　考
34	1416	安明寺五座置文	本座、南座、新座、弥座、僧座	花押	不明	花押は各座ごとに計五顆
36	1424	賀太八幡宮神事入物日記	賀太惣荘座衆	花押	不明	
38	1441	奥島荘・北津田荘徳政定書	沙汰人北津田・奥島	花押	沙汰人	
40	1449	菅浦惣荘合戦注記	菅浦惣庄	裏花押	越後公カ	越後公は執筆者
43	1458	安明寺五座置文	本座、南座、新座、弥座、僧座	花押・略押	不明	花押・略押は各座ごとに計五顆
73	1529	今堀郷惣中定書	今堀郷惣中	花押	不明	
91	1582	今堀郷年寄・若衆置目	年寄惣分、若衆惣分	花押	不明	
98	1588	今堀郷惣分置文	今堀惣分	花押	不明	
101	1591	今堀惣分連署定書	今堀惣分	花押	田中久蔵	惣判の他に74人の連署判あり
104	1599	今堀惣分置文	今堀惣分	花押	不明	惣判の他に道正の署判あり
117	1616	堅田舟頭中置文	舟頭惣代	黒印	不明	惣印の他に市兵衛の署判あり
119	1617	今堀村置文	今堀惣代	略押	神主	
125	1628	一色村惣中定書	一色村惣中	印	不明	
128	1639	今堀惣分定書	今堀惣分	署のみ	神主	惣判(署)の他に70人の連署判あり

である。

表6-2によると、惣判・惣印を載せた村落内部文書は、全部で一四通ある。その内訳は、惣判が一二通、惣印が二通である。惣印については後述するとして、惣判について考察してみよう。

まず、①惣判は村落集団の判なのか個人の判なのか、②個人の判であるとしたら誰の判か、という点から考えてみよう。

①に関する先行研究の見解は、ほぼ一致している。水本邦彦氏は、一八世紀前半における「〇〇村（花押）」形の判は村固有の花押ではなく村運営者個人のものによる代用であると述べている[9]。川嶋氏も、花押の書き判としての特質などから、惣判は惣運営層の代用によるものと同様に論じている（ただし、久多荘や山国荘の事例については別。この点は後述する）。私もかつて「今堀惣分」の花押を個人の判であると指摘したことがあり、両氏の見解に異論はない[10]。

少なくとも現在残されている惣判が集団のマークではなく個人の判であるとすれば、つぎに問題となるのは、②その判を据えた人は何者なのかということであろう。[11]

そこで表6-2をみると、署判者がわかる（推定できる）のは、38番奥島・北津田の「沙汰人」、40番菅浦の「越後公」、101番今堀郷の「田中久蔵」である。

そのうちで38番は、沙汰人の記載の下に「北津田（花押）」と「奥島（花押）」と荘（村落）ごとに署判されている。北津田荘（村）と奥島荘（村）とは大島・奥津島神社を結節点として一体的に行動する状況がみられるので、とりあえず表6-1に収めたが、複数村落における定書または契状として対外的な要素があることは否めない。さらに沙汰人の判に記載されている荘名（村名）も、相互を区別するための地名表示である可能性がある。

また、40番の裏判は、文書の表に書かれた惣中文言に対して据えられたものではなく、何らかの事情により越後公が執筆者として加えた判だと思われる。

すなわち、以上の例は惣判者の推定材料としては不適切といえよう。

残る101番の田中久蔵は、今堀日吉神社に下地を寄進しており、殿呼称されるほどの者であるが、残念ながら史料上では村落集団との関係はわからない。[12]

したがって、いまのところ惣判・惣印そのものから直接その署判者を割り出すことは困難である。

そこで、表6-1の惣中文言をみてみよう。この惣中文言から、この文言に判を加えうる者を推測すると、次のようになろう。

表6-3は、表6-1の惣中文言にみえる役職名を整理したものである。全部で三〇件抽出したが、うち一二件が「乙名」である。これに「年寄」、「十五人衆」（乙名集団）、「時之和尚」、「兄衆」（仰木荘で乙名と同義）、「中老」を加えると乙名・年寄関係は一八件に及ぶ。

表6-3　惣中文言にみえる役職名

役職名	表6-1における番号	件数	備　考
乙名(をとな・長男・長)	20,24,47,53,58,74,82,83,84,86,87,121	12	
年寄	91	1	
十五人衆	107	1	乙名または年寄であろう
時之和尚	42	1	
兄衆	56	1	乙名と同様であろう
中老	82,121	2	
若衆	91,121	2	乙名または年寄とセット
捌	20	1	
沙汰人	38	1	奥島荘・北津田荘の沙汰人
番頭	45	1	
氏人	50,59,71,88	4	
惣官	67	1	
年預衆	116	1	
名衆	86	1	
合　計		30	

ほかに「捌」、「沙汰人」、「番頭」、「年預衆」などがみられる。「惣官」は、菅田神社の神職であろうか。「氏人」は、村落上層の信仰集団である。[13] これらは、いずれも村落を統括する役職である。

なお、「若衆」及び「名衆」(名主衆の意か)は、すべて「年寄」や「長」(乙名)とセットで惣中文言に出ており、副次的な位置にある。

したがって惣中文言には、乙名・年寄がもっとも多くみられ、ついで村落統括の所職名がそれぞれ散発的にみられるといえよう。

じつは先行研究において、惣判の署判者は「惣運営層」(川嶋氏)や「村運営層」、「長衆」、「年寄衆」(以上、水本氏)であるという指摘がなされていた。ただ少なくとも一七世紀前半までの事例では惣判者の個人名と役職を明らかにできないため、一般的な推測にとどまっていた。以上の惣中文言にみられる役職名は、このような先行研究の推定を支持するものといえよう。

惣判そのものにもどろう。以上の推定のうえに、さらに惣判者を確定するためのもうひとつの手がかりは、惣判が据えられた時期にあると思われる。そこで、表6-4をみてみたい。

表6－4　惣判・惣印の推移

	村落内部文書の総数	有署判文書の数	惣中文言所載文書の数	惣判惣印文書の数(A)	惣判惣印文書の数(B)
13世紀前半	1	1	0	0	0
13世紀後半	22	15	10	0	0
14世紀前半	17	15	6	0	0
14世紀後半	28	13	11	0	0
15世紀前半	33	16	13	4	1
15世紀後半	61	32	21	1	0
16世紀前半	50	26	16	1	1
16世紀後半	93	79	27	4	3
17世紀前半	88	76	26	4(うち惣印2)	4(うち惣印2)
合　計	393	273	130	14	9

表6－4は、収集した村落内部文書の総数、有署判文書の数、惣中文言所載文書の数、及び惣判・惣印を所載する文書の数の変化を、五〇年ごとに区切って示したものである。ここで問題にしたいのは、惣判・惣印を所載する文書の数の推移である。

「惣判惣印文書の数（A）」欄には、表6－2で示した文書がすべて算入されている。ところが、この欄には惣判者を推定するには不適切な文書が混入している。まず、38番奥島荘・北津田荘徳政定書（署判者は奥島・北津田の沙汰人）と40番菅浦惣荘合戦注記（署判者は越後公か）は、前述した理由から除外すべきである。黒鳥村の安明寺五座置文［34・43番］及び今堀郷年寄・若衆置目［91番］は、一村内部ではあるが五座相互または年寄・若衆相互の契状としての意義があるので、いずれも一般的な惣判の事例とはみなせない。

そこで、これらの例を削除して整理しなおしたのが「惣判惣印文書の数（B）」である。これをみると、一五世紀前半に惣判所載文書が一点みられる。これは、「賀太惣庄座衆」に据えられた花押であり、内容的には賀太荘八幡宮の神事に関する定書である［36番］。座名への判という点で安明寺五座置文と類似するが、なぜこの時期に座衆として判を据える必要があったのか、その背景はいまのところ不明である。[14] 時期的にみて、とりあえず例外的な存在とみなしておきたい。

つづく惣判惣印所載文書は、享禄二年（一五二九）をはじめとしてすべて一六世紀以降のものばかりである。したがって、村落内部文書における惣判・惣印は、基本的には一六世紀以降のものであるといってよかろう。ここから、惣判の署判者は一六世紀以降の村落運営層、すなわち宮座の乙名・年寄であるということになる。

ところで以前、私は村落財政と村落内身分との関連について議論した際に、村落内身分は①中世前半（一一世紀中頃から一三世紀前半まで）の古老・住人身分、②中世後半（一三世紀後半から一五世紀まで）の乙名・村人身分、③中近世移行期（一六世紀から一七世紀中頃まで）の年寄衆・座衆身分の三段階に分けられることを指摘した。[15]この議論に基づくと、一六世紀以降の年寄衆・座衆身分における年寄身分の者が惣判の署判者であると位置づけることができる。

（村落内部文書における）惣判とは、中近世移行期に年寄衆・座衆身分のうちの年寄が惣中文言に単独で据えた判である。一七世紀中頃以降の問題や対外的な村落文書の問題をひとまず捨象すると、以上のように惣判を定義することができよう。

いよいよ、惣中文言に年寄が単判を据えた理由を考えるときがきた。もう一度、表6-4をみてみよう。惣判惣印所載文書は九通、若干の問題を含むものをいれても一四通である。これは、惣中文言所載文書の一一%であり、村落内部文書全体からみるとわずか四%にすぎない。村落内部文書には本来的に署判は必要とされなかったという事情を考慮しても、[16]惣判（惣印）が据えられる文書は全体的にみてきわめて異例な存在である。このことは、惣判（惣印）のある村落内部文書の背景には、特異な事情があるのではないかとの推測を呼ぶ。

そこで、あらためて惣中文言にことさらに判を加えた点を考えてみると、気になるのはかつて私自身が『今堀惣中』に付された判はおのおのその当時の代表者のもの」[17]としていた点である。これは、惣判が当時の年寄個人の判であることをいっており、その限りでは現在でも支持しうる見解だと思う。また対外的な村落文書の惣判・惣印を考えた場合、村落の代表者という意味で惣判者をとらえることは可能かもしれない。しかし、村落内部文書における惣判の署判者を（村落の）「代表者」とアプリオリにみている点は問題である。この点を、具体的な史料を通して考えてみよう。

【史料6-1】一五九一年（天正一九）近江国今堀惣分連署定書（今堀日吉神社文書）［101番］

定　掟目条々事

一御代官より被仰付御年貢米之事、地下人内うけ状仕候上者、自前はしり候者見かくし候ハヽ、となり為三間御年貢納所可仕候

一御検地御帳儀、御代官より御以礼候間者（ママ）、そしやう可申候条、相かな候ハすハ（い脱カ）、地下儀はしり候共、一味同心ニ可仕候事

右之掟目やふり申物これあら者、やくそく定付あい不可申者也

天正十九（年脱）八月廿一日　今堀惣分（花押）

四郎左衛門（略押）　五郎兵へ（略押）　二郎四郎（略押）

左衛門太郎（花押）

（以下、七〇人の連署判〈うち、二六人の判はない〉は省略）

ここに引用した天正一九年（一五九一）今堀惣分連署定書［101番］には、日下の「今堀惣分」の惣中文言に花押一

顆（前述の田中久蔵の判である）が据えられており、それに七四人の連署判が付されている。

この文書は地下人の逃亡・逃散に関する規制であり、この規制を犯した者に対しては交際を禁ずる旨の罰則が付されている。したがって、この文書に付された多数の連署判は、この規制の遵守を誓約する意味でなされたものといえよう。(18)

しかし「今堀惣分」に据えられた花押は、無記名である点からみて、後に続く連署判のように規制遵守のために据えられたものとはいい難い。ましてや、多数連署判で遵守が保証されている村落内部文書に、わざわざ「代表者」の（それも無記名の）判を据えたと解するのは、いかがであろうか。

別な例をみてみよう。慶長四年（一五九九）今堀惣分置文［104番］には、道正の署判と「今堀惣分」の文言と惣判（花押一顆）が据えられている。道正の署判が村落代表者としての署判であるとすれば、それに加えてことさらに今堀惣分の惣判を据えたのはなぜか。この今堀惣分の惣判にも、やはり村落代表とは異なる意図がこめられているものと思われる。

そこで話を天正一九年今堀惣分連署定書に戻そう。村落を代表するためのものではないとしたら、この惣判にはどのような意味があるのだろうか。

この史料の惣判は、それに続く多数連署判とは明らかに異質な印象を受ける。それは多数連署判が規制遵守を誓約した（させられた）のに対して、逆に誓約を強制した側の署判とうけとれる。前述したように署判者の田中久蔵個人の履歴は不明であるが、これまでの議論から考えてこの惣判が年寄衆の一人として据えられたものであることは間違いないであろう。

この時期の今堀郷は深刻な内部分裂の様相を呈していた。(19)村落定書制定月の変化からみて一六世紀ことにその後半に非常事態に対する緊急対処という様相が濃くなっていた点。先規に対して異議を唱える者への規制。迷惑をかける者の排除。台頭する新座の者に対する「惣並異見」の禁制。多数決制の再確認や出席拒否などからうかがえる寄合紛糾の状況など。中近世移行期における今堀郷年寄衆の村落支配体制は動揺していたのである。これに対して、年寄衆は規制を強化する一方で、村落構成員の自力救済的行為を積極的におしとどめて、年寄惣分の権限を強化しようとしていたのである。

このような事態からみて、史料6-1天正一九年今堀惣分連署定書の多数連署判（の強制）は、年寄衆が村落集団の動揺や村落構成員の反発に対応してとった手段なのである。そしてこの文書の惣判は、村落を指導する年寄衆集団の権威を「今堀惣分」の名のもとに示し、村落集団の動揺を高圧的に鎮めるねらいがあったものといえよう。この惣判が無記名（署なし）であるのは、判を据えた年寄個人を越えて、年寄衆全体（年寄惣分）の意思を「今堀惣分」の総意として権威づけ強制する効果をねらったものと思われる。

寛永一六年（一六三九）今堀惣分定書［128番］は、長兵衛との惣中つきあいを禁止したものである。この定書には、日下の「今堀惣分」文言に「神主」の署のみが据えられ（判はない）、これに七〇人の連署判が付されている。この多数連署判も規制の遵守を誓約する意味でなされたものであろう。「今堀惣分」「神主」の署は、判がない点でもわかるように、これらの多数連署判とは明らかに異質である。この「今堀惣分」「神主」の署もさきの天正一九年の惣判と同様に、署判を強制する側のものであるといえよう。寛永一六年の事例は、判がないので厳密な意味では惣判ではないし、神主という署がある点でも天正一九年の例とは異なる。しかし、この惣中文言と神主の署は、実質的にはさきの今堀惣分の惣判と同様な機能を果たしたものとみてよいだろう。

このように、惣中文言及び惣判のもとに繰り返し多数連署判を強制している点にも、中近世移行期における今堀郷の動揺の深刻さがうかがえる。天正一九年の文書で七四人の連署判のうち署のみで判のないものが二六人おり、寛永一六年では七〇人の連署判のうち一〇人に判がない。こうした多数連署判の一部欠如という状況も、村落の動揺を物語るものと解することができよう。

中近世移行期におけるこのような状況は、今堀郷に限ったことではない。一六世紀における乙名・村人身分から年寄衆・座衆身分への変化、その後の年寄衆・座衆による村落規制の顕著さは、村落宮座を結節点とする村落運営に動揺が生じてきたことのあらわれであった[20]。たとえば紀伊国荒川荘でも、三船神社宮座の年寄衆・座衆による村落運営が動揺し形骸化しつつある状況がうかがえる[21]。惣中文言にさらに判を加えたのは、このような動向に対応して年寄衆・座衆身分集団がとった村落運営維持策のひとつであった。すなわち、中近世移行期の村落内部文書における惣判は、村落内身分の動揺に起因するものであったのである[22]。

三　惣印

つづいて、惣印の成立とその背景について考えてみよう。まず丹波国山国荘の惣判・惣印をみてみたい。

表6-5　山国荘惣判一覧

番号	西暦	和暦	月	文書名	出典	惣中文言	署判形態	署判者	宛先	備考
1	一四九二	延徳4	7	山国惣荘山地売券写	山国一五八	山国惣庄	判なし	窪田赤房丸ら4人	水口左衛門尉重清ら3人	
2	一四九八	明応7	11	黒田下村惣山地手継文書写	山国二三四	黒田下村惣	在判	惣判者不明	蓮花寺	他に増清の署判あり
3	一四九八	明応7	11	黒田下村惣山地手売券	山国二三五	黒田下村惣	略押	惣判者不明	黒田下村惣	他に増清の署判あり
4	一五三三	天文2	12	下村中在家銭在所目録	山国二五八	下村中	判なし	惣判者不明	なし	写
5	一五三九	天文8	4	新田在所目録	山国二六二	名主中	惣判なし	惣判者不明	なし	袖に略押1顆あり
6	一五三九	天文8	10	山国荘棚見方座中田地売券	竹田一一	棚見方座中	略押	不明	下林さこ殿	他に証人の判あり
7	一五四五	天文14	10	下村惣中連署田地売券	山国二六六	下村惣中	「小」	惣判者不明	えいしやくはう	他に7人の署判あり

8	一五五二	天文21	4	下村惣中田地売券	山国二七七	下村惣中	「小」	惣判者不明	周祐之房	他に3人の署判あり
9	一五六一	永禄4	10	山国荘惣中契状	山国四〇	山国庄惣中	「二」	惣判者不明	鳥居河内守殿	
10	一五七一	元亀2	3	山国惣荘宛行状	黒田七〇〇	山国庄惣中	「二」	惣判者不明	中江村西治部	
11	一五九八	慶長3	12	黒田三ヶ村惣中山売券案	黒田一六二	黒田三ヶ村惣中	惣判なし	惣判者不明	京はり屋彦四郎殿	11人の連署付属
12	一六二一	元和7	12	下黒田惣村畠地売券	山国三〇七	下黒田村中	略押6顆	庄屋東ら6人	井ノ本左近殿	
13	一六二一	元和7	12	下黒田惣村畠地売券	山国三〇八	下黒田村中	略押6顆	庄屋東ら6人	井ノ本左近殿	
14	一六三一	寛永8	11	弥四郎田地売券	黒田六五二	村惣中	「一×一」	惣判者不明	水口長右衛門殿	他に7人の連署判あり
15	一六四九	慶安2	12	中江村惣山売券	山国三七三	中江村中	印5顆、略押1顆	庄屋ら5人	小畠甚蔵殿	
16	一六五三	承応2	12	中江村村田売券	山国三七五	村中	「大一」	惣判者不明	小畠掃部殿	他に10人の署判あり
17	一六五三	承応2	12	中江村村田売券	山国三七六	村中	「大一」	惣判者不明	峯田左近殿	他に10人の署判あり
18	一六五四	承応3	2	中江村村田売券	山国三七七	村中	「大一」	惣判者不明	小畠庄兵衛・掃部殿	他に10人の署判あり
19	一六七六	延宝4	8	上黒田村中人足扶持代請取状	黒田五四	上黒田中	惣判なし	惣判者不明	庄屋勘兵衛殿	31人の連印付属
20	一六九三	元禄6	12	春日大明神神領山覚状	黒田九	上黒田村惣中	惣判なし	惣判者不明	す川九兵衛殿ら3人	28人の連印付属
21				元禄年間西家永代書留	黒田一四八	黒田惣しるしなど	「二」（二つ引き）など			他に下村の惣しるしなどあり

【注】「出典」欄の「山国」・「黒田」・「竹田」は、それぞれ以下の著書を示す。
「山国」＝野田只夫編『丹波国山国荘史料』（史籍刊行会、1958年）
「黒田」＝野田只夫編『丹波国黒田村史料』（黒田自治会村誌編纂委員会、1966年）
「竹田」＝竹田聴洲『近世村落の社寺と神仏習合―丹波山国郷―』（国書刊行会、1997年）

表6-5は、山国荘における惣中文言と惣判をまとめたものである。これをみると、（黒田）下村の「小」（七・八番）、山国庄惣中の「二」（九・一〇番）、（中江村）村中（一六～八番）の「大一」など、木印署判の惣判がみえる。この木印署判の詳細については本書第八章で考察する。

黒田下村は、もともと通常の略押を惣判としていた（三番）が、一六世紀中頃から木印署判（「小」）を用いるようになった。[23] また「山国庄惣中」が「二」の木印署判を用いる以前、同じ「二」の木印署判を荘又五郎が個人の判として用いている（第八章表8－1の18番）。荘又五郎自身は「山国庄惣中」の惣判とは直接関係ないと思われるが、このことは「山国庄惣中」の木印署判も本来は個人の判であったことをうかがわせるものである。

そして元禄年間の記録に黒田各村の「惣しるし」が記載されているように（二一番）、ある段階から特定個人の木印署判が村落集団固有の略押としてみなされるようになった。木印署判が個人の家で相伝されていたと思われる点も、村落集団内で同形の木印署判に惣判が固定され相伝されていく前提として参照されるべきであろう。したがって川嶋氏が指摘しているように、この木印署判は花押と異なり書き手や時代によって形状が変化するとは考えにくいから、事実上「印」と同様な意義を有するものとなるだろう。ずっと下って一九世紀後半、個人の印であるが、木印署判を円形の印にした「筏判形」もみられる（第八章表8－1の参考8番）。以上の点から、木印署判の惣判は、略押であっても、惣印と同様のものといえよう。すなわち山国荘域では、同一の略押が繰り返し用いられた一六世紀中頃から実質的に「惣印」がみられたわけである。

それではなにゆえに山国荘域で（実質的）惣印が成立したのであろうか。同荘の事情を考える前に、別な事例を提示しておきたい。

紀伊国隅田荘赤塚村は、一三九五年（応永二）赤塚村堂座証文（写カ）［23番］に「堂座」の惣中文言がみられた地域である。この文書には惣判はなく、堂座講中（諸頭一七人）の連署判が据えられていた。ところが一七〇三年（元禄一六）赤塚村堂座衆連署証文には、「隅田庄赤塚村堂衆中」という惣中文言に朱印が捺され、それに続いて堂座衆一七人が署判しているのである。[24] この文書は、堂座衆（諸頭）の「堂座位」、「順席」を確認したものである。また同村には堂座衆の地位や血筋をことに強調している文書も別に残されている。[25]

この朱印は、漢字一字(文字未解読)が稚拙に陰刻された、縦二・五センチ横二・三センチの大振りの印である。この印の朱墨は、同文書に捺された如意宝珠印のものと同じようである。このような特殊なありかたからみて、この朱印は、堂座講中の身分を荘厳しその権威を強調し誇示する目的で捺されたものであろう。この背景に、堂座講中の身分の動揺という事態がかくれていると思われる。

このことは、赤塚村における惣印の成立が、中近世移行期における年寄衆・座衆身分の動揺による惣判の成立と同様の事情によるものであることを示している。したがって、惣印の成立においても、惣判と同様に、年寄衆・座衆による村落運営の動揺、村落内身分の形骸化という要因があることを想定することができよう。しかしそれではなぜ、赤塚村では惣判ではなく惣印であったのだろうか。

そこで再び山国荘の事例に戻ってみよう。山国荘の(実質的)惣印文書には、年寄衆・座衆身分の村落運営の動揺を直接示すような内容はみられない。しかし、このような問題は当時の山国荘にも内在していたものと思われる。[26]

山国荘域でも、木印署判の惣判が明瞭にみられるのは、山国荘惣中、黒田下村、中江村で、さらに近世の記録(二一番)では同じく黒田下村及び黒田宮村、黒田上村、そして黒田村である。一方、同じ山国荘域でもこれら以外の村落では、木印署判の惣判が用いられた徴証はみあたらない。したがって、同様な政治状況におかれた地域でも、(実質的)惣印があるところとそうでないところとがあったわけである。この点からみて、惣印の成立にとって、村落運営の動揺などの内在的な要因は前提条件ではあっても十分条件とはいえないようである。

そこで改めて山国荘の(実質的)惣印文書をみてみると、それらは売券、契状、宛行状などで、すべてが対外的な要素をもつ文書なのである。これは、これまでみてきた村落内部文書の惣判と大きく異なる点である。また、木印そのものも筏流しという運輸・流通に際して用いられたものである。これらの点から、木印署判の惣判すなわち

（実質的）惣印はおもに外的な契機によって成立したとみたほうがよいのではなかろうか。

冒頭でみた山科七郷の惣印（印文「山科」の黒印）や久多惣中の木印署判の惣判も、かたや書状かたや売券で、いずれも対外的要素をもつ文書なのである。このことも、同様な事情を物語るものと解することができるのではなかろうか。

表6-6　都市惣判・惣印一覧

番号	西暦	和暦	月	文書名	都市名	出典	惣中文言	署判形態	宛先
1	一四九〇	延徳2	12	山田三方太布新座定書	伊勢山田	徴古文府二	三方	花押印	彦左衛門
2	一四九三	明応2	8	山田三方酒座定書	伊勢山田	徴古文府二	三方	花押印	曽根又二郎
3	一四九三	明応2	8	山田三方酒座定書	伊勢山田	徴古文府二	三方	花押印	曽根彦右衛門
4	一四九三	明応2	8	山田三方酒座定書	伊勢山田	徴古文府二	三方	花押印	福島
5	一四九三	明応2	8	山田三方酒座定書	伊勢山田	輯古帖一＊1	三方	花押印	福井
6	一四九七	明応6		山田三方布座定書	伊勢山田	徴古文府二	三方	花押印	なし
7	一五〇五	永正2	12	山田三方油座定書	伊勢山田	徴古文府二	三方	花押印	なし
8	一五〇九	永正6	閏8	山田三方釜座定書	伊勢山田	徴古文府二	三方	花押印	なし
9	一五一一	永正8	9	山田三方麴蘖座定書	伊勢山田	徴古文府二	三方	花押印	なし
10	一五二六	大永6	2	山田三方書状	伊勢山田	松葉安平氏所蔵文書一	三方	花押印	大塗師屋宗□□
11	一五二六	大永6	2	麻座中書状	伊勢山田	輯古帖一一＊1	不明	朱印	不明
12	一五三〇	享禄3	5	山田三方紺座定書	伊勢山田	輯古帖一一	三方	花押印	なし
13	一五三二	享禄5	5	山田三方麴座定書	伊勢山田	松葉安平氏所蔵文書一	三方	花押印	なし
14	一五三三	天文2	8	山田三方布座定書	伊勢山田	輯古帖一一	三方	花押印	なし
15	一五三七	天文6	11	山田三方書状	伊勢山田	徴古文府二	三方	花押印	曽根御代官衆
16	一五三八	天文7	1	山田三方書状	伊勢山田	徴古文府二	三方	花押印	曽根御代官中
17	一五三八	天文7	2	山田三方書状	伊勢山田	徴古文府二	三方	花押印	曽根御代官中
18	一五三八	天文7	5	山田三方書状	伊勢山田	徴古文府二	三方	花押印	曽根之郷御代官衆中
19	一五三八	天文7	5	山田三方書状	伊勢山田	徴古文府二	三方	花押印	曽根之郷御代官衆中
20	一五三八	天文7	6	山田三方書状	伊勢山田	徴古文府二	三方	花押印	曽根御代官衆中

21	一五三八	天文7	8	山田三方書状	伊勢山田	徴古文府二	三方	花押印	曽根御代官衆中
22	一五四〇	天文9	12	山田三方書状	伊勢山田	御巫家退蔵文庫＊1	三方	花押印	陰陽師某
23	一五五〇	天文19	3	山田三方御器座定書	伊勢山田	徴古文府三	三方	花押印	はかりや宗三郎
24	一五五七	弘治3	8	曽根谷彦一郎則国屋敷売券（八日市証印）	山田八日市	松葉安平氏所蔵文書三	八日市郷内三村	黒印	如真御比丘尼
25	一五五八	弘治4	5	幸福右馬助内正吉畠地売券（八日市証印）	山田八日市	輯古帖四＊1	八日市郷内三村	黒印	京六角堂勝蔵坊
26	一五五八	永禄1	8	山田三方鰯座定書	伊勢山田	徴古文府二	三方	花押印	なし
27	一五五九	永禄2	8	久保平左衛門尉売券（八日市証印）	山田八日市	輯古帖一	八日市郷内三村	黒印	坂藤四郎
28	一五六〇	永禄3	7	大主屋源二郎宗信畠地売券（八日市証印）	山田八日市	松葉安平氏所蔵文書三	八日市郷内三村	黒印	田米多福蔵主
29	一五六〇	永禄3	10	朝熊門屋田地売券（八日市証印）	山田八日市	松葉安平氏所蔵文書三	八日市郷内三村	黒印	常智院
30	一五六〇	永禄3	11	新衛門田地売券（八日市証印）	山田八日市	松葉安平氏所蔵文書三	八日市郷内三村	黒印	常智院
31	一五六〇	永禄3	12	古日記写	大湊	大湊町役場所蔵文書＊2	老若	花押印	なし
32	一五六二	永禄5	2	横橋大主屋六三宗信田畠売券（八日市証印）	山田八日市	松葉安平氏所蔵文書三	八日市郷内三村	黒印	田米多福蔵主
33	一五六三	永禄6	9	山田三方書状	伊勢山田	輯古帖三	三方	花押印	なし
34	一五六四	永禄7	3	半衛門尉家利屋敷売券（八日市証印）	山田八日市	輯古帖一二＊1	八日市郷内三村	黒印	慶徳弥次郎
35	一五六五	永禄8		船々聚銭帖	大湊	大湊町役場所蔵文書＊2	大湊老若	花押印	なし
36	一五六六	永禄9	9	慶徳半衛門尉家利屋敷売券（八日市証印）	山田八日市	輯古帖二＊1	八日市郷内三村	黒印	慶徳弥次郎
37	一五六八	永禄11	6	宇治上郷書状	伊勢宇治	輯古帖一二	宇治上郷	花押印	福井主計ら2人
38	一五七二	元亀3	12	八幡置銭日記	大湊	大湊町役場所蔵文書	大湊老若	花押印	なし
39	一五七三	天正1	10	出船船数日記	大湊	大湊町役場所蔵文書	老若	花押印	なし
40	一五七三	天正1	11	大工彦衛門等屋敷売券（八日市証印）	山田八日市	福島大夫関係御師古文書＊1	八日市郷内三村	黒印	不明
41	一五七四	天正2	8	船之取日記	大湊	大湊町役場所蔵文書	大湊公界	花押印	なし

42	一五七五	天正3	6	覚弘院慈延屋敷売券(八日市証印)	山田八日市	輯古帖四 ＊1	八日市郷内三村	黒印	ふんしやう寺
43	一五七七	天正5	11	山田三方書状	伊勢山田	輯古帖一一	山田三方	花押印	宗左衛門尉
44	一五七八	天正6	2	山田三方麻座定書	伊勢山田	徴古文府三	三方	花押印	はかりや宗三郎二衛門尉
45	一五七八	天正6	4	山田三方書状	伊勢山田	輯古帖一一	三方	花押印	馬淵六左
46	一五七八	天正6	4	山田三方書状	伊勢山田	輯古帖一二	三方	花押印	龍大夫内九郎三郎
47	一五七九	天正7	1	山田三方書状	伊勢山田	輯古帖一一	三方	花押印	こんや十郎衛門
48	一五八七	天正15	11	京十四町組汁定文	京十四町組	京都上京文書 ＊3	立売町など各町	各町ごとに花押1顆	なし
49	一六二四	寛永1	10	御巫清吉書状(三方裏印)	伊勢山田	輯古帖六	三方	裏黒印(「会合」)	三方御年寄中
50	一六三一	寛永8	7	内宮二郷年寄書状	伊勢宇治	宇治会合年寄文書 ＊1	不明	黒印	不明
51	一六四七	正保4	10	山田三方書状	伊勢山田	輯古帖一二	山田三方	花押印	野崎九郎兵衛
52	一六五四	承応3	1	山田三方書状	伊勢山田	来田文書六	なし	黒印(「会合」)	来田監物
53				山田三方書状	伊勢山田	輯古帖一三	なし	花押印	福井若狭守
54			2	山田三方書状案	伊勢山田	外宮引付 ＊4	三方	在判(花押印カ)	内宮政所大夫
55			3	山田三方老分中書状	伊勢山田	輯古帖二	三方老分中	花押印	高田雅楽助
56			6	山田三方書状	伊勢山田	徴古文府二	三方	花押印	それ
57			11	山田三方書状	伊勢山田	輯古帖二	三方	花押印	なし
58			後12	山田三方書状	伊勢山田	輯古帖八	なし	黒印(「三方会合」)	村田又五郎

【注】出典欄に下記の注記のあるもの以外はすべて、東京大学史料編纂所影写本による。
＊1 西山克『道者と地下人』(吉川弘文館、1987年)。なお「御巫家退蔵文庫」は「御巫家退蔵文庫旧蔵古文書沽券影写」の略である。
＊2 網野善彦『増補 無縁・公界・楽』(平凡社、1987年)。
＊3 『日本思想大系』中世政治社会思想下(岩波書店、1981年)64号。
＊4 『大日本史料』第8編之14(文明14年年末雑載)。

そこで注意したいのは、都市の状況である。表6-6をみてみよう。この表は、中世都市共同体の惣判・惣印をまとめたものである。ただしこれは私が気づいた限りのものであり、これ以外に都市の惣判・惣印がある可能性は少なくない。[27] このことに留意しつつ表6-6をみると、都市惣判・惣印の多くが「花押印」である点に注目したい（五八例中の四〇例）。花押印は、花押という点で惣判と共通する面をもっているが、印として形状が固定されている点で実質的には惣印とみるべきであろう。そしてこの都市の（実質的）惣印が、一五世紀末期からみられる点に注意したい。

山科七郷の惣印が一六世紀前半、表6-2にみえる堅田と一色村の惣印は一七世紀前半である。また久多荘や山国荘における（実質的）惣印も、一六世紀前半及び中頃からのものである。したがって、管見の限りいずれの村落の惣印よりもはやく都市の（実質的）惣印が出現しているのである。

一五七七年（天正五）、雑賀足軽衆は河内真観寺に対して在所の足軽衆に関する制札を出している。[28] この制札の「雑賀足軽衆惣中」の署には、印が捺されているのである。制札の宛名は村落ではなくその領主である真観寺であり、また雑賀足軽衆を都市的な存在に擬してよいか、問題はある。ただ、戦争を契機とする都鄙間交流で都市の（惣）印が村落に流入した動向の一環に、この史料を位置づけておきたい。なお、雑賀には、日下に「紀州雑嘉」の紫印のみが捺された戦国期の雑賀惣中書状も残されている。[29]

一六一六年（元和二）堅田舟頭中置文［117番］には、辻の市兵衛の署判とならんで、「舟頭惣代」の署に黒印が据えられている。この印を本章では、村落の惣印とみなした。しかし周知のごとく、堅田は漁村でありながら、また湖上交通の拠点でもあった。その意味で、堅田は都市的な要素がいちはやく流入する地域といえる。その堅田に村落内部文書における惣印の初見がみられるのは、都市との交流の影響によるものではなかろうか。隅田荘赤塚村の場合も、近隣の都市や紀ノ川水運の影響を背景として想定しておきたい。

一七一二年（正徳二）近江国保内郷柿法度には、日下に保内の布施村などの村名が記されており、そのそれぞれに花押または印が付されている。[30]その内訳は、西村など花押が五か村、布施村など印が六か村である。この柿法度とは、保内で生産した柿の売買に関するものであり、その買い取り先は近隣日野町の塗師集団である。[31]

この日野町からは、一七一一年（正徳元）、一七一三年（同三）、一七一九年（享保四）、一七三三年（同一八）、及び一七四一年（寛保元）……と、渋柿直段定証文などの文書が保内に出されている。[32]それらには、日野町町人の連印や「日野塗師当番中」の文言と印が付されている。注意すべきなのは、日野町から保内郷へ出されている文書には、花押や略押はなく、すべて印が捺されている点である。

一方、保内から日野町に出された一七三二年（享保一七）保内郷柿相談定書には、上大森村など九か村の村名の署にはすべて花押が据えられており、印はみられない。その後、同二〇年保内郷柿相談定書に九か村のうち下大森村の署のみに印がみられるようになり、一七四三年（寛保三）では各村を代表する庄屋三人の署にはすべて印が捺されるようになっていく。[33]

以上のような文書のやりとりをみていると、柿の値段の交渉やその売買を通して、日野町の捺印の慣行が次第に保内に浸透していった様子がうかがえよう。

笹本正治氏によると、村落民衆が印を使用するようになった契機は、戦国大名の印判状にあるという。[34]確かに、印判状が捺印慣行の普及に全般的な影響力を持ったであろうことは否めない。しかしまた都鄙間の交流も、かなり以前からさまざまな形で行われてきたわけである。印判状という支配被支配の場の力とともに、より直接的には日常的な都鄙間交流が捺印慣行を村落へもたらし定着させたものと思われるが、いかがだろうか。このことは、都市的な場における「宿場印」が近世後半における「村の公印」（後述）成立の背景にあるとする笹本氏の指摘[35]とも照応するように思う。

一五世紀末期からみられる都市の惣印が、村の惣印の形成に全般的な影響を与えたことは否めない。一六世紀中頃からみえる伊勢山田の八日市郷内三村がほぼ同様の黒印を用いており、印文が不明瞭なので確言できないが、特定の印が用いられていた可能性がある。[36] しかしこれは例外的であり、とくに早い時期の中世都市の惣印はすべて花押印である。

村の惣印である堅田の舟頭惣代の印は、東京大学史料編纂所架蔵写真帳をみると縦長で二文字の黒印である。印文は解読できなかったが、「舟頭惣代」という文言とあわせ考えると、個人の印とみてよかろう。一六二八年（寛永五）一色村惣中定書は現在所在不明であるが、[37] 同文書を収録した『近江蒲生郡志』巻五に特別の記載がないので、この文書の惣印も個人の印ではなかろうか。

また、一六世紀末期頃から百姓が印を使い始め、全国一様に定着するのが寛永期（一七世紀前半）であるという笹本氏の指摘も重要である。[38] 山国荘の（実質的）惣印の形成が一六世紀中頃、堅田の惣印が一七世紀初頭である。都市の（実質的）惣印が成立した一五世紀末期からこの一七世紀初頭までの間で、特定の印文を持つものが顕著にみられないことなどを考え合わせると、村落における捺印慣行の形成が惣印の成立に大きな影響を与えたものと思われる。

以上の点から、都市惣印の形成及び都市からの捺印慣行の流入を背景として、惣判を据えていた村の年寄身分の者が個人的に印を用いるようになったことから、惣印は生まれたといえよう。

このように考えることができるとすれば、惣判と惣印との間には、本質的な相違はないとみてよかろう。惣判・惣印いずれも、惣中文言の正当性を担保することを第一義的に（年寄衆から）期待されていたものと思われる。その限りでは、惣判と同様に、中近世移行期における年寄衆・座衆による村落運営の動揺が村落内部文書における惣印成立の根本的な要因であると睨んでおきたい。[39]

四　村落名署判と村の公印

最後に、惣判・惣印から「村の公印」（村の名や村の役職名を印文とする公印）への道筋について見通してみよう。個人の判や印（すなわち私印）から公印への変化にさきだって、まずみられる現象は、惣中文言の消滅である。この点は既に川嶋氏も同様の見通しを示しているが、具体的な例をあげて跡づけてみよう。

今堀郷を例にとると、一六三九年（寛永一六）今堀惣分定書［128番］は惣判・惣印を伴わないが、「今堀惣分」という惣中文言を用いている。惣印を伴うものとしては、同じ蒲生郡内の寛永五年一色村惣中定書［125番］に「一色村惣中」の惣中文言がみられる。このように一七世紀中頃までは、惣中文言が用いられていたことが確認できる。

一方、さきにみた一七一二年（正徳二）保内郷柿法度には、署判の位置に「今堀村」の村名に花押が据えられているのである。このように村落名に個人の判や印を付したものを「村落名署判」と呼ぶことにしよう。

一七世紀中頃に惣中文言が消滅し、村落名署判が登場する。その後もひきつづき、今堀村において村落名署判は用いられていく(40)。

「惣中」から「村」へ。公印が出現する前提として、惣中文言及び惣判・惣印から村落名署判への変化がみられたのである。

さて、村の公印に関する笹本氏の主要な論点を本章の関心に寄せてまとめると、つぎのようになろう。

①村の公印は、近世後半に成立した。近世後半とは、笹本氏のあげている事例からみて、一八世紀中頃を意味しているようである。

②多くの村では私印（庄屋の印など）を捺しており、村の公印の事例は全体からみてきわめて少数である。

③文書の村継請印や年貢割付状割印など、個人ではなく村が責任をもって行わなければならない場合に、村の公印が用いられた。
④私印ではなく公印を用いるのは、特定の個人による恣意的な村の行政運用を避けるためである。
⑤村の公印成立の背景には、庄屋役が特定の家から分離するという事態がある。

これらの指摘とこれまでの本章での論点をつきあわせると、いろいろと興味深い問題がうかんでくる。たとえば、村の公印の使用理由（④）と成立の背景（⑤）に注目してみよう。④・⑤は互いに密接に関わるが、ここから惣判・惣印の性格も一段と鮮明にみえてくる。

村落内部文書における惣判・惣印の成立には年寄衆・座衆身分による村落運営の動揺という事情があったと指摘した。これはすなわち、年寄衆の恣意的な村落運営を維持し、村落内の異論を圧殺するために惣判・惣印が据えられていたことを意味する。その点で、近世後半において恣意的な村落運営を回避するために、私印ではなく村の公印を用いたという笹本氏の指摘は示唆的である。村の公印のそのような性格と対照することにより、惣判・惣印の背景にある恣意性がはっきりと浮き彫りになってくる。

ところで、さきに一七世紀中頃における惣中文言（惣判・惣印）から村落名署判への変化を指摘した。この村落名署判を第二段階とすると、一八世紀中頃における村落名署判（書き判・私印）から村の公印への変化が第三段階といえよう。

山国荘域の村落では、（実質的）惣印が用いられ、近世になると惣中文言にかわって村名記載がみられるようになるが、村の公印が作成されたという事実は管見の限りみられない。これは、いわば第二段階でとどまっている状況といえよう。

惣判・惣印が顕著にみられた今堀郷や現八日市市域の近世村落でも、村落名署判は頻繁にみられたが、村の公印はみあたらない。同地域では年寄衆から村役人を出すという慣行が濃厚であるという水本氏の指摘と笹本氏の村の公印未成立に関する指摘とがかみ合っている典型的事例といえるだろう。

いずれにせよ、惣判・惣印から村落名署判へ変化したとしても、それがそのまま村の公印成立につながっていくわけではなさそうである。笹本説をふまえると、むしろ第一段階のところにとどまったまま近代を迎える村落の方が一般的なのかもしれない。

おわりに

以上で本章を終えるが、ほとんど本書第五章の域を出ておらず、また村の公印論は笹本説を要約・再論したにすぎない。唯一の成果といえるのは、惣判・惣印や村落名署判及び村の公印に関する自分なりの論点整理ができたことであろう。そこで、今回の作業の結果から得られた今後の課題について言及しておきたい。

本章では、惣判・惣印の意味を鮮明にするために村落内部文書に限定して検討をした。この点が本章における考察の利点であり、また大きな欠陥でもある。本章でも後半の三・四節では対外的な村落文書を主に議論することになったように、惣判・惣印を据える文書の種類や惣判・惣印を据えた事情などを、今後、村落文書全体のなかで検討する必要があろう。

対外的な村落文書を今後検討する際に注意したいのは、百姓等申状の署判と惣中文言や惣判との関連である。入間田宣夫氏は、連署判のない百姓等申状は荘園領主からは信用されず用いられなかったと指摘している(41)。しかしその一方で、判を伴わない「百姓等」署のみの百姓等申状も、少なからずみられるのである。このような申状を案文や写として一概に処理するわけにはいかないだろう。

注目すべきは、百姓等申状における「百姓等」という署（判）である。百姓等申状研究でも署判の問題は注目されているが、「百姓等」文言とその署判についてはほとんど検討されていないようである。(42)

この百姓等文言は、惣中文言の村落集団呼称に通じるものである。今回調べた村落内部文書のうちでもっとも古い惣中文言が「百姓等」［1番］であった。しばしばみられる「村人等」という惣中文言にも、百姓等文言の影響を考慮する必要があろう。(43) 百姓等の署判と惣中文言や惣判との関係は、村落集団を媒介項として荘園文書と村落文書の関連を考えるうえでも重要な論点となるのではなかろうか。(44)

本章では、川嶋氏の紹介した永正九年山科七郷書状の「山科」印について全く考察できなかった。いまのところいえるのは、この「山科」印や「紀州雑嘉」印が数少ない貴重な事例だということである。また官省符荘赤塚村堂座の朱印も、特異な印という印象が強い。そのために、これらの印を近世後半の村の公印と直接結びつけて理解することに違和感を持っている。

都市の惣判・惣印として興味深いのは、伊勢山田の事例である。伊勢山田では、一五世紀末期以降、花押印を用いていたが、一七世紀前半から「会合」や「三方会合」の印文をもつ黒印を捺すようになる（表6-7の四九、五二、五八番）。この動きと笹本説とをあわせ考えると、

①一五世紀末期都市共同体の花押印→

②一七世紀前半都市共同体の特定の印文がある印（公印）→……

③近世後半の宿場問屋印（→④村の公印）

という流れがみえてくる。

伊勢山田の八日市郷内三村の黒印は、一六世紀後半で時期は早いが、この②の段階のものとしてとらえることができるのではなかろうか。また一七世紀初頭の堅田の黒印［117番］を、堅田の都市的な性格を重視してこの流れに

位置づけるとしたらどうだろうか。特定の印文を持たない舟頭惣代の個人の印である点から、堅田の黒印は①に相当するのではなかろうか。そうであるならば、

①一五世紀末期以降の都市共同体の花押印・個人印→
②一六世紀後半以降の都市共同体の公印→……
③近世後半の宿場問屋印（→④村の公印）

というようにみることができよう。

もちろんこの流れは、粗いスケッチにすぎない。都市の規模による相違や段階的な把握の可否、とくに②と③の間の問題など、課題は多い。今後、他の中近世都市の事例を詳細に検討し、正確な構図に修正していかねばならない。

村の公印との関連についても、考えるべき問題は少なくない。たとえば、惣中文言の消滅する一七世紀中頃から村の公印が成立する一八世紀中頃までの時期はいちおう村落名署判の時代といえるが、具体的な検討は不十分である。とくに一七世紀中頃における惣判・惣印から村落名署判への変化については、その実態や背景について検討する必要があろう。(45) 近世の村落名署判や村の公印に関する研究の進展は、中世の惣判・惣印に対する理解も深めてくれるにちがいない。

いずれにしても、一六世紀前半の「山科」印を近世後半の公印に結びつけてみるまえに、それぞれの印の「背景」と「場」と「成立時期」との関連を考慮するべきであろう。本章は、これらの考察のための予備的な作業にすぎない。

注

（1）川嶋将生「惣の印・惣の花押」（同『洛中洛外の社会史』、思文閣出版、一九九九年、初出一九九七年）。本章における川嶋氏の説や川嶋論文とは、すべてこの論文のことである。一五一二年（永正九）二月山科七郷書状（清水寺文書、『清水寺史』一巻二八九頁所収）、一五三八年（天文七）一二月久多惣中山売券（岡田家文書）。

（2）峰岸純夫「村落と土豪」（『講座日本史』三、東京大学出版会、一九七〇年所収）など。

（3）本書第五章（初出一九八六年）。

（4）一三二九年（嘉暦四）後七日御修法請僧交名（東寺百合文書ろ、『鎌倉遺文』三〇四九一号）の裏書に「吉書惣判等」とある。この「惣判」は、御修法請僧全員の連署判を意味するものと思われる。

一六七七年（延宝五）三船神社遷宮絵図写に、「庄中惣判」とある（三船神社所蔵。則竹雄一「紀伊国荒川荘」、石井進編『中世のムラ』、東京大学出版会、一九九五年所収、一三五頁）。これは、この絵図正本に据えられていた「庄中」の連署判を、絵図の写本作成の際に「庄中惣判」と略記したものと思われる。なお本絵図は、荒川荘の調査報告書にも、「三船宮神能諸建物絵図」の表題で翻刻され、簡単な解説が付されている（東京学芸大学日本中世史研究会編・発行『紀伊国荒川荘現地調査報告書』Ⅱ、一九九三年、四六～七、六一頁）

また、後述する山国荘の近世の記録には、「惣しるし」（惣印）という記載がある（第八章表8-1の175番）。これは、同荘の村落集団名に付された木印署判を指示しており、村落集団のマークという意味で用いられたとされている。本章では、このような史料上の用例とはひとまず切り離して、惣判・惣印を本文に記したようにそれぞれ用いることとする。

（5）村落の日記については、榎原雅治「荘園文書と惣村文書の接点」（同『日本中世地域社会の構造』、校倉書房、二〇〇〇年、初出一九九六年）を参照されたい。

（6）前掲注（3）に同じ。

（7）古老・住人身分や乙名・村人身分などの村落内身分については、薗部『日本中世村落内身分の研究』（校倉書房、二〇〇二年）を参照のこと。

（8）今回強く反省したのは、これまでの村落史研究において村落名表示と惣中文言とを十分に注意して読み分けることをしてこなかったのではないか、という点である。また村落名の記載でも、それが単なる地名表示ではなく、惣中文言として村落集団の意思を示した例もみられるから、ことはやっかいではある。しかし、単なる地名表示以上に積極的な意味がこめられたものがみられる以上、一々の史料においてその違いを読み分けることは、その史料を読解し位置づけるうえで重要な意味をもつ。この点は、今後、対外的な村落文書を分析する際にも注意していくべきであろう。

(9) 水本邦彦「村と村人」（同『近世の郷村自治と行政』、東京大学出版会、一九九三年）。

(10) 前掲注（3）本書第五章。なお、水本・川嶋両氏ともに個人が据えた惣判を村落固有の花押の「代用」としている点には、言葉尻をとらえるようであるが、違和感を覚える。なぜならば、ここで「代用」というのは、惣判がもともと集団の固有符号（マーク）であったことを（自明の）前提とするものだからである。しかし、惣判が村落集団のマーク（の代用）であったのかどうかは、自明な事柄ではない。

(11) 川嶋論文によると、年未詳一一月山城国上久世惣庄書状（東寺百合文書そ）の「惣庄」の署に同荘侍衆の利倉安俊の判が据えられているという。これは、惣判が村落上層者個人の判であることを示す重要な指摘である。この文書は対外的要素をもつ書状であり本章の検討範囲外であるが、貴重な参考事例としてあげておきたい。

(12) 101番の惣判が田中久蔵の花押であるという指摘は、『日本思想大系』中世政治社会思想 下（岩波書店、一九八一年）二一五頁の頭注による。田中久蔵の花押は、一五八九年（天正一七）三月田中久蔵等下地寄進状（今堀日吉神社文書三五四号）にみられる。また別の史料［99番］に、「田中久蔵殿御きしん下地」（傍点は引用者による）と記載されている。

(13) 氏人については、前掲注（7）薗部著書第四章第二節（初出一九八三年）をとりあえず参照のこと。

(14) 後述するような年寄衆による村落運営の動揺と惣判の形成との関連からみて、一五世紀前半の賀太惣荘宮座に何らかの動揺があったのかもしれない。

(15) 前掲注（7）薗部著書。

(16) この点については、本書第一章・第五章を参照のこと。

(17) 本書第五章。

(18) 多数連署判が強制的な規制遵守の誓約という意味をもっていた点については、本書第五章を参照のこと。

(19) 以下の詳細は、本書第五章を参照のこと。

(20)前掲注(7)薗部著書。
(21)前掲注(7)薗部著書第五章(初出一九九五年)。
(22)本書第五章は、今堀郷において衆議文言から「今堀惣中」署判への転換をひとつの画期とみていた。この点を本章の趣旨に照らし合わせれば、その画期とは全体の趨勢として惣判の形成を意味していたといえよう。
(23)元禄期の記録では、黒田下村の「惣しるし」は「一の下に八」となっている(第八章表8-1の175番)。一六世紀後半から一七世紀後半の間に、黒田下村の惣判(木印署判)は「小」から「一の下に八」にかわったかのようである。
(24)一七〇三年(元禄一六)一二月赤塚村堂座衆連署証文(上田頼尚氏所蔵文書三八七号、金剛峯寺編『高野山文書』六巻)。この文書は、本文中でふれた一三九五年(応永二)赤塚村堂座証文と一連のものである。実は応永二年の堂座証文の奥にも「赤塚村堂座講中」の文言と朱印がみられる。また、同じく一連のものと思われる年月日未詳(近世)赤塚村座中評定書(同三八八号)にも、「隅田庄赤塚村堂座中」の文言に朱印が捺されている。なお現在、これらの文書は、一巻にまとめられている(上田登四郎家文書)。また筆致からみて、いずれも同時期(元禄一六年ごろか)のものと思われる。この点から、応永二年の堂座証文の真偽が問題になるが、本章では写であることを指摘するのみにとどめたい。本文書の閲覧については、大岡康之氏、岩倉哲夫氏、山陰加春夫氏のご協力を賜った。記して感謝したい。なお、隅田荘域の堂座と上田家文書の背景については、埴岡真弓「紀伊国隅田庄における祭祀の史的展開」(『寧楽史苑』二六号、一九八一年)及び石井進「紀伊国隅田荘研究の課題」、渡辺尚志「近世の村と寺」、福田アジオ「紀ノ川左岸における水利と村落」、深谷克己「由緒地域の村役人家」、新谷尚紀「家の歴史と民俗」(いずれも『国立歴史民俗博物館研究報告』六九集〈一九九六年〉所収)を参照のこと。
(25)年月日未詳(近世)赤塚村根元由緒書(上田頼尚氏所蔵文書三八三号)には、上田家の由緒とその家臣一六家の苗字が「当村根元」として顕彰されている。これらの家は、辻家以外はすべて堂座講中である(この辻家も堂座の鞍根家と何らかの関係があるのかもしれない)。この由緒が歴史的事実かどうかは別にして、堂座講中の朱印の使用と「当村根元」たる同講中の権威化との間には、密接な連関があると思われる。
(26)中近世の山国荘については、竹田聴洲『近世村落の社寺と神仏習合』(同著作集四巻、国書刊行会、一九九七年)を参照のこと。同書によると、中近世を通して「名主」により排他的に惣庄宮座が運営されたことなどがうかがえる。ただ非座筋の人々について同書では不明であると赤田光男氏が指摘しているように（同書所収「解説」）、宮座の内部構造に関する研究の緻密さにくらべ、宮座内外をめぐる村落動態についての竹田氏の把握はやや手薄なように思われる。たとえば、一五八六年（天正一四）に書かれた「天正由緒書」は、名主の権威化をはかるものとされている。しかし、中近世移行期にこのような由緒書が書かれたことについては、一五七九年（天正七）の明智光秀の侵攻によって失われた由緒を回復するためという同書に記された編纂意図を追認するのみで、その背景にある村落内身分をめぐる状況に対しては十分に掘り下げられていない。

この点は逆に、竹田氏が精力的に解明した近世の山国惣荘宮座のありかたからも浮き彫りになる。山国荘三六名八八家の名主家による排他的な宮座支配が近世を通して続いた背景として、台頭する勢力を非血縁同族として宮座内部に取り込んでいったという事情がある。名主本家の他に曹子家（のち曹流）、庶流（のち庶子、准庶子）、新撰（のち新席）というような、宮座内部の複雑な家格階層の存在（同書一八五〜一九五頁）は、座外の台頭する勢力を懐柔し村落内対立を緩和する、または抗争を容易に表面化させない巧妙な仕組みであった。こうした仕組みの出発点に、中近世移行期の宮座の問題があるわけであり、表面的には安定的にみえる宮座運営の内実を、座外の動向を視野に入れて、より深く立体的に把握する必要があろう。

いまひとつ注意すべきは、宮座を構成する名主と古老、長男や年寄との関連である。竹田氏は、宮座を構成する座衆のうち、名主本家が「長男」（おとな）であると指摘している（同書一八五・一九〇頁）。また、宮座内各階層の入座や臈次昇進に関する差別的な諸規制のうちで、特に一老・二老には名主本家の者以外は昇進できないという規定（同書一九五〜二〇〇頁）は、みのがせない。山国惣荘宮座も、他の地域の宮座と同じく年寄衆・座衆身分集団としての矛盾をはらんでいたわけである。この点は、臈次成功身分（年寄衆・座衆身分）の変質と家格制との関連から考えていく必要があろう。

(27) 表6-6の作成にあたっては、西山克『道者と地下人』（吉川弘文館、一九八七年）や網野善彦『増補　無縁・公界・楽』（平凡社、一九八七年）などを参照しつつ、東京大学史料編纂所架蔵の影写本及び写真帳で史料を検索・確認した。しかし、西山・網野両著書に指摘のある史料で同所の影写本・写真帳にみあたらなかったものについては、表6-6の末尾に記したように両著書に依拠した。

(28) 一五七七年（天正五）七月雑賀足軽衆制札（河内真観寺文書、『和歌山市史』四巻三六五号、一〇八一頁）。

(29) 年未詳正月雑賀惣中書状（蓮乗寺文書）、井上鋭夫『一向一揆の研究』（吉川弘文館、一九六八年、六一二～四頁）所收。

(30) 一七一二年（正徳二）七月保内郷柿法度（柴原南町共有文書二号、『八日市市史』六巻　史料Ⅱ所収。以下、同町共有文書の出典は、同書による。

(31) 前掲注（9）に同じ。

(32) 一七一一年（正徳元）七月渋柿直段定証文（柴原南町共有文書一号、日野杉野神町作右衛門ら七人の連印）、正徳三年七月渋柿直段定証文（同三号、日野堅地町三郎左衛門ら六人の連印）、一七一九年（享保四）七月塗師覚書（同四号、「塗師当番」の文言と印）、享保一八年七月渋柿直段定証文（六号、「日野塗師当番中」の文言と印）、一七四一年（寛保元）七月渋柿直段定証文（同八号、「日野塗師当番」の文言と印）、一七五二年（宝暦二）渋柿直段定書（同一〇号、日野塗師当番物代宗兵衛の署と印）。

(33) 一七三二年（享保一七）七月保内郷柿相談定書（柴原南町共有文書五号）、享保二〇年六月保内郷柿相談定書（同七号）、一七四三年（寛保三）七月柿売買につき保内郷寄合定書（同九号）。

(34) 笹本正治「近世百姓印章の一考察」（『史学雑誌』八九編七号、一九八〇年）。

(35) 笹本正治「近世の村の公印」（『列島の文化史』七号、一九九〇年）。

(36) 伊勢山田の八日市郷内三村の印は、二重丸に漢字を複数陽刻した黒印である。もともとが影写本であり印字が不鮮明で解読できないが、そのなかに「日」の字を読みとれるものが複数確認できる。これが八日市の「日」を示すとすれば、特定の印文（たとえば八日市郷など）を持った印が用いられていた可能性が考えられる。なお八日市郷内三村の文書は、表6-7の二四、二五、二七～三〇、三二、三四、三六、四〇、四二番の一一通である。

(37) （滋賀県神崎郡）永源寺町教育委員会のご教示による。記して感謝したい。なお、その他の一式村共有文書は、現在、滋賀大学経済学部附属史料館に寄託されている。

(38) 前掲注（36）に同じ。

(39) 赤塚村の事例のような朱印の惣印は、惣判や黒印の惣印よりも高圧的で、村落運営層の恣意性を助長し固定化する傾向が比較的強いであろう。また赤塚村の場合は、通常の朱印と異なり、宗教的な色彩も強い。しかし、いずれにしても惣判や黒印と機能の面で本質的な差異はないと思う。

(40) 村落内部文書である享保一〇年四月字貳ツ池井戸掘帳（今堀日吉神社文書六六六号）には、「今堀村」の村落名署判がみられる。また、今堀村庄屋清右衛門殿宛の元文四年五月乞水入用算用状（同六四六号）には、奥上に「今堀村」の記載に印が捺されている。

(41) 入間田宣夫「逃散の作法」（同『百姓申状と起請文の世界』、東京大学出版会、一九八六年）。

(42) 山本隆志「荘園制と百姓等申状」（同『荘園制の展開と地域社会』、刀水書房、一九九四年所収）など。

(43) いまのところ、私が把握している「住人等」や「百姓等」などの解文・申状・請文・書状は、中世前半を中心に三五六通である（一七世紀中頃の分まで）。そのうち、惣中文言があるものは一八六通、惣判・惣印のあるものは一六通である。またその他に、惣中文言のある起請文、売券、紛失状証判などを九六通（そのうちで惣判のあるもの二〇通）確認している（都市関係は除く）。

(44) 私は以前から荘園文書と村落文書の関連について考察する必要を感じていた（本書第一章・第五章）。前掲注（5）榎原論文は、日記という文書を通して、この点を具体的に考察した好論である。
また「神人等」や「寺僧中」などの署判からうかがえるように、中世における諸社会集団における意思表明のありかたのなかで惣判・惣印を考察していく必要があろう。この点も他日を期したい。

(45) 宇川共有文書（滋賀県水口町）には、宝永二年（一七〇五）一二月両川原荒相談究書（同文書一二―二―二八号、『宇川共有文書調査報告書』下巻、水口町立歴史民俗資料館、一九九六年）がある。時期が相当下るので表6-1には掲出しなかったが、この文書は「惣中」という惣中文言のある村落内部文書である（惣判・惣印はない）。この時期では異例なので今回は検討しなかったが、注意しておきたい。
また宇川共有文書には、この文書や表6-1に掲出した七点以外に、「惣（中）」、「（惣）百姓中」などの署判のある文書が三四点みられる。時期は一六〇五年（慶長一〇）から一七〇七年（宝永四）までで、そのうち一六五〇年以降のものが一二点ある。これらはいずれも（宛先のある）対外的文書なので本章の検討対象にしなかったが、今後考察していく必要があろう。なお、宇川共有文書については、高島幸次「宇川共有文書の魅力」（『宇川共有文書調査報告書』上巻、一九九七年所収）を参照のこと。

第七章　惣判・惣印の形成とその意義

はじめに

前章では、川嶋将生氏の提起をうけて、村落内部文書における惣判・惣印の意義を、中近世移行期における年寄衆・座衆との関連から論じた。惣判とは「○○庄（村）惣中」というような村落集団名に単一の花押・略押を据えたもの、惣印とはこの村落集団名に単一の印を捺したものをいう。また村落内部文書とは、村落定書などのように、それぞれの村落集団内部で文書としての機能（作成・伝達・伝来）が基本的に完結するものである。

そしてさらに、百姓等申状における「百姓等」の署判が惣判・惣印の淵源である可能性や都市との交流による捺印慣行の流入によって惣印が形成した点なども指摘した。しかし、書状や売券など対外的な要素のある村落文書における惣判・惣印については、若干の言及はしたものの、基本的には今後の課題とした。

そこで本章では、対外的な村落文書も含めて、惣判・惣印の形成とその意義について考察する。

一　解文・申状における惣判

対外的な村落文書における惣判・惣印の形成を考える際にまず重要なのは、解文や申状における惣判の問題である。解文・申状には、「住人等」や「百姓等」の署のみ、またはそのような署に花押または略押をひとつ加えたものが、少なからずみられる。前章で指摘したように、この「百姓等」署判は、（村落内部文書における）惣判の先駆をなすものと考えられる。

ところが入間田宣夫氏は、連署判のない百姓等申状は荘園領主からは信用されず用いられなかったと指摘している。[1] しかし、数多くの「住人等」・「百姓等」署の解文や申状を、案文や写として一概に処理するわけにはいかないであろう。

そこでまず、このような「住人等」や「百姓等」署のみの申状について検討したい。

九八八年（永延二）一一月尾張国郡司百姓等解文の署判は「郡司百姓等」（署のみで判なし）であるが、これは写本なので今回の検討対象にはできない。[2] つづいて、ずっとくだって一一四二年（永治二）一〇月美濃国茜部荘住人等解案には、「御庄住人等」署（判なし）がある。しかし、この文書の端裏に「茜部庄四至申文案」とあるように明らかに案文なので、これも検討対象にならない。[3]

最も古い確実な事例は、一一四七年（久安三）四月紀伊国官省符荘住人等解である。[4] この文書には、「住人等」の署のみで判は据えられていない。ところがこれには、「奉施入御影堂（花押）」という異筆記載が文書の端と本文の末尾になされているのである。また同年五月紀伊国神野荘住人等解にも「住人等上」署（署のみ判なし）があり、この文書の端には

「件柱押留事実者、可免下之。

別当法橋（花押）」

という免判がなされているのである。[5]

いずれの文書も高野山や神護寺など荘園領主側に伝来したものであり、またこのような異筆記載を考慮にいれると、官省符荘や神野荘の住人等解文は案文ではなく正文であるとみなせる。

それでは、どうして「住人等」署のみの申状が正文として領主に受け入れられたのであろうか。それを解く鍵は、これら文書本文の記載のなかにある。前者には「住人等為当庄旧例之由陳申之尅」、「重住人等陳申由緒」とあり、後者には「依古老議、沙汰切畢」とある。後者の古老とは、古老住人のことである。[6] これらの記載は、住人等集団が荘園村落の旧例・由緒の保持者として領主によって認定されていることを意味する。また解文・申状が「住人等」として提出され領主が受理していることとじたい、住人等集団が領主の公的な認知をうけている証左である。「住人等」署のみの申状が正文として領主に受け入れられた背景には、このような住人等集団に対する領主側の肯定的な認識があったといえよう。

もちろんそうした認識は、文書の提出のされ方（申状の使者が住人等集団の意を承けた者であることの確証等）や領主・村落間の信頼関係などによって醸成されたものである。入間田氏があげた伊予国弓削島荘の事例は、領主代官の非法を百姓等が糾弾して罷免を要求するものであった。それに対して領主の東寺は、両者の対立を回避して和解することを望んでいた。領主東寺が百姓等申状に対して「署判を付せ」だの「起請文を副えろ」だのと難癖をつけたのは、そのような事態のなかで百姓等の訴状を受理することを極力回避するためだったのである。しかも、弓削島荘においても「弓削御庄住人等」などの署のみの申状がみられるのである。[7] したがって、百姓等申状にかならず署判や起請文が副えられていなければならなかったとはいえまい。

「住人等」や「百姓等」などの署は、惣判の直接の前提である。この署に単一の判（花押・略押）がつけば、惣判となるわけである。ちなみに百姓等申状における惣判の初見は、管見の限りでは一三〇〇年（正安二）一一月大和国清澄荘下司公文百姓等起請文である。[8]この文書には、下司・公文の連署判とならんで「百シヤウラ（略押）」という惣判がみられるのである。これ以前にも、「住人等」や「百姓等」などの署のみで判がない解文・申状が多数あるので、そのなかには惣判が据えられたものもあったと思われる。

いずれにせよ、領主から認知された村落集団が提出した申状における「住人等」・「百姓等」署及びその惣判が、村落文書における惣判・惣印の先駆であったといえよう。[9]

二　村の証判と惣判

まず、次の史料をみてみよう。

【史料7-1】

（A）一二九三年（正応六）**八月柏原御堂結衆田券紛失状**（西光寺文書六号、『和歌山県史』中世史料一）

膳（柏）原御堂田失実状事
　　合壱段者　字膳原御堂西
四至　　限東溝定　　限南佐藤大夫作
　　限西中立定　限北来善作

右件失実状意趣者、本券文弐通置与一殿ニ候、曳失候。若尋出候ハ、結衆中可奉出。又他所有者、可結衆被出。若有本券云、違乱仕輩者、盗人沙太（汰）出、可行別罪科者也。為此（是）本券文曳失事、在地明白也。仍為後日亀鏡、失実状、如件

正応六年癸巳八月十五日

浄蓮房（花押）　越後殿（花押）　備前殿（花押）
与一殿（花押）　平太郎殿（略押）　佐藤大夫（略押）
行龍上座（花押）　蓮佛房（略押）　蓮行上座（略押）
藤八大夫　来善房（略押）　源次郎大夫（略押）

（B）一二九三年（正応六）八月柏原御堂結衆置文（西光寺文書七号）

柏原御堂西三反田券文弐通引失証文者、一通者、佐藤大夫西光院阿ミタ（弥陀）仏ニ奉渡売券文、一通者、其本券文也。若自何所も尋出者、あミた仏可奉。若有彼証文云、為違乱輩有者、罪科のかれ（逃）かた（難）かるへし。此又且阿弥陀仏御照覧可有候。仍為後日沙太（汰）、置文状、如件

正応六年癸巳八月十五日

結衆各々

筆師舁願房（花押）

西光寺文書は、紀伊国伊都郡相賀北荘柏原村の共有文書（柏原村区有文書・現和歌山県橋本市）である。史料7-1（A）・（B）ともに、柏原御堂の田券の紛失状である。ここで注意したいのは、これらの文書の署判である。（A）には、「結衆」であり、かつその署判のありかたからみて柏原村の乙名衆でもあったと思われる人々の連署がみら

れる。[10]（A）の本文中に「在地明白」とあるように、この連署判は「在地証判」すなわち村落代表者たちによる紛失状の証判なのである。[11]

問題なのは、史料7-1（B）において「結衆各々」という署判がなされている点である。私昇願房の花押があるので、この文書は正文であろう。昇願房の花押は、「結衆各々」署に対する判の意味があるのかもしれない。村の御堂の「結衆」は村落指導者集団そのものであるから、「結衆各々」署判は惣判であるといえよう。すなわち史料7-1（B）では、在地証判に惣判が用いられているのである。

このように在地証判に惣判が用いられたことの背景には、何があるのだろうか。紛失状作成の目的は、おもに文書紛失者の権利保全にある。そのために当然のことながら、通常は文書紛失者の要請に基づいて紛失状は作成される。したがって、在地証判に惣判が据えられることを望んだのは、一義的には文書紛失者であろう。

それでは、文書紛失者はなにゆえに惣判による証判を望んだのであろうか。それを解く鍵は、解文・申状における「住人等」や「百姓等」という署や惣判の存在にある。前述したように、これらの署や惣判による申状が領主に受理されたことは、住人等や百姓等という村落集団が領主により認知されたことを意味する。それは、村落集団が公認され、さらに領主によって権威化されたことと同義である。そのために、個々の村落有力者の（連）署判よりも村落集団全体による保証の方が確実だと考えられるようになってきたものと思われる。

一二世紀中頃以降、「百姓等」などの署による申状が目立ちはじめ、とくに一三世紀後半以降には非常に顕著になる（この点に関する例示は、紙幅の都合上省略する）。一三世紀中頃には、村落内身分集団が古老・住人身分から乙名・村人身分へと変化する。[12] これによって、村落集団が惣荘（惣郷）単位から惣村単位へとミニマムになり、村落結合のありかたがより緊密になっていったことも、申状の署判や紛失状の証判のありかたが変化した背景にあるだろう。そして、わざわざ村落有力者全員の連署判を集めなくとも、惣判さえもらえば、連署判と同等かそれ以上の実質的な保証効果が得られるという認識が深まっていったものと思われる。

ここで、史料7-1にもどろう。ほぼ同一の物件で同日の紛失状なのに、なぜ（A）では乙名衆の連署判が用いられ、（B）では惣判が用いられたのであろうか。（A）・（B）間の大きな違いは、（A）は単に文書保持者に対する規制であるのに対して、（B）が「此又且阿弥陀仏御照覧可有候」とあるように御堂本尊阿弥陀仏に対する誓約起請の意味をも有している点である。起請文は通常、連署判をともなっている。しかし、前にみたように申状における惣判の初見は、「百シヤウラ（略押）」の起請文なのである。[13]このことから、単なる世俗的な規制のみならず、本券を有する本尊に対してより明確に意思を表示するために、惣判が用いられたのではないだろうか。そうだとすれば、ここには、有力者の連署判よりも惣判の方が権威が高いという認識と通じるものがあろう。

以上の点から、在地証判における惣判の使用は、申状における「住人等」・「百姓等」などの署や惣判の転用であったと思われる。

三　流通経済と惣印

本書第六章（初出一九九九年）発表後、永島福太郎氏より、次の文書をご教示いただいた。まず、その文書の全文を掲出する。

【史料7-2】　一五六二年（永禄五）阿知我荘おはゝ下地永代売券（楠山家文書五九号）[14]

（端裏書）「アチカノワラノケン」

売渡申　下地新巻（券）文之事

所者シヤウシタニ（小路谷）ヤマノクチナリ
合而四十苅本斗秋米八斗五升四至際目者　東ハ道ヲ限　南ハチルヰ限
西者川ヲ限　北者道ヲカ井ル（キ）
チサク（地作）シンイ（タ脱カ）（進退）ナリ
右依テ吉野郡クワンシヤウフ（官省符）ノ領阿知我庄おはゝ新地雖為相伝、今有要用ニ、直銭拾貫五百文ニ広橋北与次郎
殿ヘ永代ヲ限テ売渡申事明白実正也。若天下一同之澄政（徳政）入候共、於此下地者違乱不可有妨候物也。仍而為後日
如件

次郎衛門（花押）
（黒印）阿知我地下（花押）　御はゝ（花押）
六郎九郎（花押）
口入ノワラ　弥九郎（花押）
口入アチカ　□（弥カ）四郎（花押）
永禄五年ミノトイ□（ヌ）□月廿三日　□　おはゝ（花押）

史料7-2は、奈良県吉野郡下市町才谷の楠山家に伝わるものである。楠山家の全文書一一〇点が『大和下市史資料編』に翻刻されている。この土地売券は、同家が土地集積により土豪化していった一端を示すものとされている。(15)この文書で注目したいのは、「阿知我地下（花押）」と刻された黒印の存在である。これは、内容的には「阿知我地下（花押）」という惣判なのであるが、全体の形態としては「黒印」すなわち惣印となっている。

「阿知我」は、大和国阿知我荘、現在の下市町阿知賀である。『大和下市史』は、「この印はこの土地所有について村が承認したしるしである」と指摘している。[16] その通りであろう。「阿知我地下」の惣印は、売買の保証に用いられたわけである。

また同書では「（このような黒印を捺していることは）当時の文書としてきわめて珍しい」とするが、類例がないわけではない。伊勢国度会郡八日市郷内三村でも、「八日市郷内三村」と刻まれた黒印を売買の承認に頻繁に用いていたのである（第六章表6-6）。

それでは、「阿知我地下」や「八日市郷内三村」という惣印で売買保証が行われたことを、どのように考えたらよいのであろうか。

売券にこのような証判・証印がなされるのは、一義的には買得者の要請によるものとみるべきであろう。史料7-2にも、売り主以外の者の署判や徳政担保文言が付されているように、売買契約に対する保証としての役割が期待されていたことをまず考慮しておく必要がある。

しかし、このような売買契約に対する第三者または村落集団（村落代表者）による保証が、かならずしも惣判・惣印である必要は本来的にはない。例えば同じ楠山家文書のなかにも、口入人の署判に加えて、さらに千股荘「トキノオトナ」五人がそれぞれ略押を据えて、個人の田地売買の保証をしている例がみられる。[17] それでは、なぜ「阿知我地下」惣印による売買保証がなされたのであろうか。

このような証判は、もともと平安期の売券（私券）に据えられた刀祢証判などに淵源するのであろう。しかし、本文に「在地明白」などの文言が書かれることによって、第三者の証判のない売券も数多くみられるようになる。

ところがその後、徳政のような売買契約にとって不安定な要素がしだいに増大していった。そして、それに対する売り主の徳政担保文言だけでは不安な状況が、生じてきた。そのために、売り主の近親者や第三者、そして村落代表者の（連）署判による売買保証がなされるようになった。

その延長線上に、さらにより確実な保証として、村落代表者の（連）署判ではなく、惣判による保証が求められるようになったのであろう。この点は、紛失状において惣判による証判がなされてきたことと深い関連があると思われる。

そしてさらに惣印による土地売買保証の背景には、売買契約の不安定要素の増大にくわえて、売買契約そのものの増加という事態があげられよう。このような商行為の増加は、その村落の近隣に経済的拠点が形成してきたことと関連している。阿知我荘の近隣の秋野川や飯貝が、浄土真宗寺院を中核とする下市や上市という町場にそれぞれ発達していたことが指摘できる。(18) 伊勢国八日市郷内三村では、いうまでもなく伊勢神宮の門前町である宇治・山田の存在がある。このような近隣商業都市に対する、周辺村落の対応という面が指摘できよう。

また第六章では一五世紀末期の都市惣印の形成を背景に、朱印状や都市からの影響によって捺印慣行が村落へ浸透した点を指摘した。阿知我荘の惣印が「阿知我地下（花押）」という印文の黒印、すなわち花押印であることも、その点で示唆的である。伊勢山田の都市惣印は、一四九〇年（延徳二）の初見から、そのほとんどすべてが山田三方の花押印だったのである（第六章の表6－6）。

増大する土地売買保証への対応、近隣の都市・町場などの経済的拠点との関連、そしてそのような場からの捺印慣行の流入。このような条件が重なって、惣印による売買保証がなされるようになったのではないだろうか。

そこで、第六章で課題として残していた木印署判と山科七郷の黒印について考えてみたい。

木印署判とは、丹波国山国荘や山城国久多荘などで特徴的にみられるもので、本来は筏流しで材木所有者を識別するため木に刻みつける「木印（きじるし）」であった。(19) これは、書き判という点では惣判だが、印章的な要素が強いので実質的には惣印とみてよいと第六章で指摘した。

ところで先行研究においては、木印は「材木所有者」を識別するためとされており、木印は材木の「個人」所有者のしるしであるかのように指摘されている。しかしはたして、木印は個人のものだけなのだろうか。

一四四七年（文安四）、南禅寺仏殿の造営にあたり、各地から京都に材木を集めるために、幕府は数通の過書を発給している。[20] その過書には、各地域の材木の木印が示されている。その各種の木印を集めて記載したのが、次の史料である。

【史料7-3】一四四八年（文安五）四月南禅寺仏殿材木刻印案（新南禅寺文書九号）[21]

（端裏書）「仏殿材木之印案」

（印）

南禅寺仏殿御材木之注事

一きそ山よりいだし候大もちの注　大冂

一みのゝ国つけち山より出大もちのしるし　大一冂

ひたのくにょりいつる大もちの同前

一みのゝ国いてのこうり山より出る大もちのしるし　△

以上

文安五

四月

これによると、きそ山からの材木の木印は「大冂」、美濃国つけち山の木印は「大一冂」、飛騨国の木印は「大一山」（または太山）、美濃国いてのこうり山の木印は「△」となっている。[22] ここでは、美濃国の「つけち山」、「いてのこうり山」の杣山ごとに木印が決められている。飛騨国の木印も、飛騨国内の特定の杣山の木印であろう。杣集団の木印の杣山ごとに木印があるということは、木印が個人の材木所有印とは限らないことを示している。杣集団の木印の存在は、山村すなわち村単位の木印があったことを強く示唆している。

村の木印の存在。このことは、久多荘や山国荘における村の木印署判が、村の木印を転用したものという想定を導く。すなわち、流通経済への対応として成立した村の材木所有印である木印が、木印署判という実質的な惣印の原点であったと考えられるわけである。

次に、山科七郷の問題を考えてみたい。山科七郷には、「山科七郷」の署に印文「山科」という黒印の惣印が捺された書状がみられるのである。[23]

山科は、山城国宇治郡の北方、東山連峰や灯坂山に囲まれた盆地地帯で、ほぼ現在の京都市山科区に相当する地域である。[24] 後白河法皇の山科新御所営料として山科一帯は施入され、のちに天皇家の代官職を得た山科家の支配下に入った。そのため、山科には近世も引き続き天皇家領が多かった。しかし山科には勧修寺・安祥寺・醍醐寺や山科家などを領家とする散在荘園が多く、現地の領有関係は複雑に入り組んでいた。山科七郷とは、大宅・野村・大塚など、領主を異にする村落の連合体なのである。

山科七郷は、毎年春は北郷、秋は南郷で寄合を開き、非常時には武装して野寄合も行った。領主を異にしながらもこのように強固に結束していた山科七郷の、結合の基盤は何なのだろうか。

山科家に柱・竹・栗などが大量に納められていることからもわかるように、山科では山林用益が大きな比重を占めていた。それは、荘園領主とともに村落が山林利用に関する検断権を掌握していたことにもあらわれている。[25]

また山科は、東海道における京・大津の中間点に位置しており、京都近郊の交通の要衝でもあった。そのため、山科から京への柿売り・梅売りにみられるように、商品経済が浸透し、村落民の商業活動も活発であった。[26]このような山林用益をもととする商業活動が、山科七郷という集団の基盤だったのである。山科七郷を主体とする徳政一揆も、そのような商業活動抜きには考えられない。

ここで、「山科七郷」の黒印にもどろう。この印は、「山科」と表記したと思われる直線的な文字をほぼ正方形に墨線で囲ったものである。その正方形の枠線のなかで直線的な墨線が複雑に入り組んでいることから、比較的単純な印刻の木印署判とは異なっている。しかし、その形状は、木印署判を髣髴とさせる印象も拭いきれない。「山科」惣印が木印署判と異なるものだとしても、山科七郷という集団が山林用益と商業活動を基盤としたものであったことを重視したい。山科七郷結集の象徴である「山科」惣印は、山林用益と商業活動を背景としているのである。

すなわち、木印署判にしろ、「山科」惣印にしろ、山林用益や都市近郊の商品流通経済と密接な関係があることが指摘できるわけである。惣印による売買保証にも、増大する土地売買保証への対応、近隣の都市・町場などの経済的拠点との関連、そしてそのような場からの捺印慣行の流入という背景があったことを想起したい。

以上の点から、木印署判や「山科」惣印も含め、対外的な村落文書における惣印は、都市や流通経済との関連から形成されたものといえよう。

四　惣判・惣印の意義

これまでみてきたように、解文・申状における「住人等」・「百姓等」署の延長線上に惣判があった。その惣判を転用して、紛失状における惣判による証判がなされるようになった。そして、流通経済や都市と村落とが密接に関連してくるようになり、惣印が形成された。こうした惣判・惣印の流れを念頭において、惣判・惣印の意義をまとめてみたい。

まず惣判・惣印の対外的な意義についてみてみよう。対外的な意義とは、惣判・惣印がもつ、村落外部に対して有する社会的な機能をさす。この点については解文・申状における惣判の形成に関して前述したように、当該村落集団が領主や他の村落など外部から公認されたというところに、その意義があった。

次に惣判・惣印の対内的な意義、すなわち村落内部に対して有した機能について考えたい。やはり解文・申状における惣判の形成と関連して述べたが、村落外部とくに領主からその村落集団が公認されたことは、その村落集団が権威化していくことにつながる。紀伊国柏原村の紛失状証判の事例で、村落有力者の連署判よりも惣判による保証の方が権威が高いと認識され用いられていたことは、このような村落集団の権威化によってもたらされたものである。村落内部文書における惣判には、村落外部による村落集団の公認とその権威化が前提としてあったわけである。

惣判に加えて惣印が形成されたのは、朱印状や都市からの影響による捺印慣行の村落への浸透を直接的な要因とするものであると第六章で指摘した。これに加えて本章では、都市との関連にともなう流通経済との密接な関連によって対外的な村落文書において惣印が形成された点を指摘した。この点も、都市経済との関連による惣印の形成という点で、第六章を補足するものといえよう。

村落内部文書における惣判・惣印は、当該村落集団の正統性を担保するもので、中近世移行期村落の動揺に対して年寄衆・座衆がとった村落維持運営策のひとつであったと第六章で述べた。最後にこの点を、「阿知我地下」惣印による売買保証の問題を軸に、再論しておきたい。

前述したように売買保証は、買得者からの要請が一義的にあって、なされたものである。しかし、単なる第三者ではなく、惣判・惣印という形で村落集団によって売買保証がなされたということは、その村の成員である売り主や在村の耕作者などとの関連からみて、別の意義を有していたものと考えられる。そこで、次の史料に注目したい。

【史料7-4】 一五〇二年（文亀二）八月東村地下定書（王子神社文書一七七号）[27]

他庄ゑふしよう作職売へからす

史料7-4は、紀伊国東村が出した定書の一部である。阿知我荘は、吉野川の流域にある。東村は、その吉野川の下流である紀ノ川流域の村落である。そして阿知我荘と同様に、東村の周辺にも粉河市・名手市などの経済的拠点が発達していた。早くから得分化した名主職のみならず作職も村外に流出していた状況があり、それをくいとめようというのが、この定書のねらいである。

注意したいのは、「阿知我地下」惣印が「売券とか土地所有にしても、村の承認を経る必要があるまでに、村落の自治機能が発揮されていたことを物語る」ものと評価されている点である。[28]「阿知我地下」惣印には、村落内の土地売買に対する承認という意味があった。この「承認」が村落内土地売買の奨励や土地流出の督励ということではないのは、明らかである。事態はその逆で、阿知我荘内の土地売買・土地流出を規制することに力点があるとみるべきであろう。となれば、同様の規制を、東村では村落定書でおこない、阿知我荘では惣印でおこなっていたといえよう。阿知我荘の惣印には、村落内に対する売買規制という意義があったのである。

さらに注意したいのは、東村の定書の背後にある村落事情である。[29]この時期、東村王子神社宮座において劣勢の西座衆が、守護勢力に通じて東座衆と対抗するという事態が起こっていた。村外への土地流出も、西座衆による村外勢力の引き込みと関連する面もあったであろう。これに対して、一四九一年（延徳三）、一五一〇年（永正七）、一五一六年（永正一三）と、東村は重ねて定書を制定した。[30]村外への内通者への制裁や訴人無き公事への規制など、これらの定書は王子神社宮座東座衆による村内引き締め策なのであった。その後、東座によって西座は宮座から切り離され、東座を氏人中として再結成させるという村落再編成がなされた。東村の場合、中近世移行期における村落の動揺に対して、村落定書を手段として東座の年寄衆・座衆が対応したわけなのである。

中近世移行期における阿知我荘の状況は、いまのところ詳細は不明である。阿知我荘近隣の才谷村では、当該期に村落内で動揺があり、それに対して契状という形での対応策がとられている。[31]また同じ吉野郡の竜門惣郷や紀ノ川流域の紀伊国荒川荘でも、同様な事態がみられた。[32]このような点からみて、阿知我荘の惣印による村落内規制の背景にも、吉野郡の才谷村・竜門惣郷や紀ノ川流域の紀伊国東村・荒川荘と同様に、村落内の動揺という事態があったのではないだろうか。

以上の点からみても、村落内部文書における惣判・惣印が中近世移行期における村落の動揺に対応するものであり、具体的には新座衆の台頭に対抗するための年寄衆・座衆の村落維持運営策であったことが了解されよう。中状における惣判の公認によって確立した村落集団の権威。その惣判を用いることによって、村落集団としての一体性や正統性を誇示した。この行為の背景には、村落外への対応のみならず、村落内に対する規制の意味もあった。ここに、対外的な村落文書における惣判・惣印と村落内部文書における惣判・惣印との共通点があるといえよう。[33]

おわりに

第六章及び本章で述べた村落文書における惣判・惣印について、その要点をまとめておく。

①惣判とは「○○庄（村）惣中」というような村落集団名（これを第六章では「惣中文言」と呼んだ）に単一の花押・略押を据えたもの、惣印とはこの村落集団名に単一の印を捺したものである。

②領主から認知された村落集団が提出した申状における「住人等」・「百姓等」署及びその惣判が、村落文書における惣判・惣印の先駆であった。

③紛失状等の在地証判における惣判の使用は、申状における「住人等」・「百姓等」などの署や惣判の転用であった。

④木印署判や「山科」惣印も含め、対外的な村落文書における惣印は、山林用益や都市近郊の商品流通経済との密接な関係、増大する土地売買保証や近隣の都市・町場などの経済的拠点への対応、そしてそのような場からの捺印慣行の流入という、都市や流通経済との関連から形成された。

⑤対外的な村落文書における惣判・惣印には、村落集団としての一体性や正統性を内外に誇示するという点で、村落内部文書における惣判・惣印と同様に、村落内に対する規制の意味があった。

⑥村落内部文書における惣判・惣印は、中近世移行期における村落の動揺に対応し、新座衆の台頭に対抗するための、年寄衆・座衆の村落維持運営策であった。

⑦一七世紀中頃に惣中文言及び惣判・惣印が消滅し、かわって村落名に判や私印を加えた「村落名署判」が成立した。さらに一八世紀中頃、村の名や村の役職名を印文とする「村の公印」が成立した。ただし、村の公印が作ら

れず、村落名署判のまま近代を迎える村が多かった。
榎原雅治氏や酒井紀美氏らによって、村落文書における「日記」や「符」に関する優れた研究が相次いで出された。[34] 梶木良夫（荘園政所文書論）・春田直紀（秦文書論）・吉井敏幸（黒鳥村文書論）・田中克行（菅浦文書論）ら諸氏の研究も、従来の分類論的な個別村落文書群研究を乗り越える大きな可能性を秘めている。[35]
このような一連の研究は、荘園文書などとの関連から村落文書を堅実に考察している。私もその驥尾に付して、村落定書の淵源をたずねるなどの具体的な考察を通して、村落文書を中世文書全体のなかで位置づけられるよう、さらに研究を進めたいと思う。

注

（1）入間田宣夫「逃散の作法」（同『百姓申状と起請文の世界』、東京大学出版会、一九八六年）。
（2）永延二年一一月尾張国郡司百姓等解文、宝生院文書、『平安遺文』三三九号。
（3）永治二年一〇月美濃国茜部荘住人等解案、東大寺文書、『平安遺文』二四六九号。
（4）久安三年四月紀伊国官省符荘住人等解、高野山文書、『平安遺文』二六一〇号。
（5）久安三年五月紀伊神野荘住人等解、神護寺文書、『平安遺文』二六一二号。
（6）古老・住人身分については、薗部寿樹『日本中世村落内身分の研究』（校倉書房、二〇〇二年。特に同書第一章）を参照のこと。
（7）長寛二年一二月伊予国弓削島荘住人等重解（東寺百合文書、『平安遺文』三三二三号）など、管見の限り六通ある。なお弓削島荘の住人等・百姓等申状については、島田次郎「日本中世共同体試論」（同『日本中世の領主制と村落』下、吉川弘文館、一九八六年。同書三〇〇～一頁に申状が一覧できる略年表がある）を参照のこと。

（8）正安二年一一月大和国清澄荘下司公文百姓等起請文、百巻本東大寺文書、『鎌倉遺文』二〇六四二号。

（9）「住人等」や「百姓等」という署判の淵源に、寺社領主における「寺僧等」などのような集団署判があった可能性があろう。

（10）中世村落民衆の署判のありかたについては、前掲注（6）薗部著書第四章第一節を参照のこと。なお、従来ほとんど注意されていないが、三綱のひとつである「上座」という僧階は、村落有力者の法名にしばしばみられる。これは、一種の官途名といえるものであり、寺社領主と村落との関連や一般的な村落官途名を考えるうえでも重要な事象である。

（11）近江国菅浦には、一三〇二年（正安四）に二通の村落定書が残されている（正安四年正月及び七月菅浦定書、菅浦文書七四〇号・三三〇号）。これらの定書は、紛失状の一種と考えられてきた。しかし、文書中に「案書」（あんそ）とあることから、これらは「紛失などにより借状を債務者に返却できない場合に、債権者が債務者に発給した保障文書である」と田中克行氏は指摘している（同「惣と在家・乙名」、同『中世の惣村と文書』、山川出版社、一九九八年）。さらに田中氏は、古老衆（乙名）が菅浦に対する債権者としてこれらの文書を作成した点を重視して、通常の村落定書と同列に扱うには若干の違和感があるとしている。

しかし、これらの定書の署判者全員が、実際の債権者であるとはいえない（田中氏は暗にそのように示唆してはいるが、確証はない）。また同氏も指摘するように、菅浦文書中の他の案書は、定書にはなっていないのである。そして案書も、文書の紛失にともなって作成される文書であるという点では、広義の紛失状と考えることができる。これらの点から、この定書における署判の少なくとも一部は乙名衆による在地証判としての意味を有していたものと思われる。

なお、このような在地証判の紛失状が村落定書の形成を考えるうえで重要な意味をもつであろうことは、既に本書第一章で指摘した。

（12）村落内身分とは、村落集団によりおのおの独自に認定・保証され、一義的にはその村落内で通用し、村落財政により支えられた身分体系のことである。村落内身分は、村落財政との関連から、中世前半（一一世紀中頃から一三世紀前半）の古老・住人身分、中世後半（一三世紀後半から一五世紀）の乙名・村人身分、中近世移行期（一六世紀から一七世紀中頃）の年寄衆・座衆身分、及び近世の家格制に分けられる。この点については、前掲注（6）薗部著書を参照のこと。

なお、村落内身分、百姓身分と百姓等申状との関係については、薗部『村落内身分と村落神話』（校倉書房、二〇〇五年、第一章。初出一九九七年）を参照されたい。

(13) 前掲注（8）に同じ。

(14) この文書は、下市町史編纂委員会編『大和下市史』（下市町教育委員会、一九五八年、一八一～二頁）及び同編『大和下市史資料編』（同委員会、一九七四年、八八～九頁）に翻刻されている。また同編『大和下市史　続編』（同委員会、一九七三年）及び『大和下市史　資料編』の口絵に、同文書の写真が掲載されている。本章では、文書の写真を参考にして、『大和下市史　資料編』の読みを基本的に採用した。なお、同書における本文書の名称は「田地売券」である。

(15) 前掲注（14）『大和下市史　続編』二四二頁。

(16) 前掲注（14）『大和下市史』一八二頁。

(17) 文明一八年正月刑部二郎田地売券、楠山家文書一三号。

(18) 前掲注（14）『大和下市史』一七八頁、『大和下市史　続編』二三六～七頁など。

(19) 勝田至「中世史研究と民俗学」（『日本歴史民俗論集』一巻、吉川弘文館、一九九二年）及び本書第八章。なお民俗慣行としての木印については、福田アジオ「木印」（『CDROM版世界大百科事典　第二版』、日立デジタル平凡社、一九九九年）を参照のこと。久多荘における木印署判の惣判（実質的な惣印）については、川嶋将生「惣の印・惣の花押」（同『洛中洛外の社会史』、思文閣出版、一九九九年、初出一九九七年）を参照のこと。

(20) 文安四年一一月室町幕府奉行人連署過書案など、新南禅寺文書九、一一、一三号、『岐阜県史史料編　古代・中世補遺』（岐阜県、一九九九年）。

(21) 前掲注（20）『岐阜県史史料編　古代・中世補遺』。

(22) 前掲注（20）室町幕府奉行人連署過書案では、飛騨国からの材木の木印は太◫であり、史料7-3では「大一◫」となっている。いずれも案文であり、私は原本を披見していないので確言はできないが、同一の印と思われる。この他の地域の木印も方形の墨線に囲まれていた形であったのかもしれない。

(23) 永正九年二月山科七郷書状（清水寺文書、『清水寺史』一巻、清水寺、一九九五年、二八九頁）。この文書については、前掲注（19）川嶋論文を参照のこと。

(24) 以下の山科に関する記述については、志賀節子「山科七郷と徳政一揆」（『日本史研究』一九六号、一九七八年）などによる。ただし、山科七郷が「おとな層」と「地下人層」という固定的な二階層で構成されているとする志賀氏の見解には、同意できない。

(25) 山科家礼記 長享三年五月二九日・七月一三日条（『史料纂集 山科家礼記』四・五、続群書類従完成会、一九七二・七三年）。

(26) 山科家礼記 長享三年五月二八日・延徳三年一〇月六日条。

本書第六章でもふれたが、元和二年正月堅田舟頭中定書（居初庫太氏所蔵文書、『日本思想大系』中世政治社会思想 下、岩波書店、一九八一年）には、「舟頭惣代」署に黒印という惣印が捺されている。これは、村落内部文書における惣印の初見である。近江国堅田は、漁村でありながら、また湖上交通の拠点でもあった。ともに惣印を有する堅田と山科とは、都市との交流や商品経済との関連という点で、同様な状況下にあったものといえよう。

(27) 文亀二年八月東村地下定書（王子神社文書一七七号）。なお、本文書の「他庄」とは、他の文書（永正一三年一〇月三カ村定条々、同一九六号）の語法などからみて、「他村」のことを意味していると思われる。

(28) 前掲注（16）に同じ。

(29) 東村の動向については、前掲注（6）薗部著書第四章第二節を参照のこと。

(30) 延徳三年一〇月東村地下定書・永正七年八月東村地下定書・永正一三年一〇月三カ村定条々（王子神社文書一五五・一九三・一九六号）。

(31) 慶長一七年一一月西谷惣衆契状、楠山家文書八四号。前掲注（14）『大和下市史　資料編』。

(32) 前掲注（6）薗部著書第五章・第六章。

(33) 本書第六章で、紀州雑賀の「紀州雑嘉」印について言及した（天正五年七月雑賀足軽衆制札、河内真観寺文書、『和歌山市史』四巻三六五号、一〇八一頁）。これは、「雑賀足軽惣中」の署に捺された印である。この印が捺された文書は制札であり、制札発給希望者（ここでは河内真観寺）から制札料を取得できる利点が、雑賀衆にはあった。各地を転戦した雑賀衆にとって、同様の制札を大量に発給する必要があり、そこに「紀州雑嘉」印が作成された理由があったものといえよう。

(34) 榎原雅治「荘園文書と惣村文書の接点」（同『日本中世地域社会の構造』、校倉書房、二〇〇〇年）、酒井紀美『日本中

世の在地社会』（吉川弘文館、一九九九年）。なお酒井著書については、薗部「書評　酒井紀美著『日本中世の在地社会』」（『史学雑誌』一〇九編四号、二〇〇〇年）を参照のこと。

（35）梶木良夫「荘園政所における記録の作成・保管と活用」・春田直紀「中世海村にとっての文書主義―『秦文書』の世界―」・吉井敏幸「和泉国黒鳥村文書の伝来と村座・村寺」（いずれも河音能平編『中世文書論の視座』、東京堂出版、一九九六年に所収）、前掲注（11）田中著書。

第八章　丹波国山国荘における木印署判

はじめに

本章は、丹波国山国荘関係の古文書にみえる「木印」形の署判（以下、木印署判）のありかたについて解明することを目的とする。

木印について初めて体系的な考察をおこなった桜田勝徳氏によると、「木印とは普通木材、薪等に鉈鉞の類を以て一定の刻みをつけ、之を所有権の表示と為す一種の記標」[1]だという。

・木印には村の印（村キザなど）と家の印（キザなど）がある

・村の印は部落内の有力な家の家印である事例がある

・家の木印には二～三の木印を組み合わせて用いる事例がある

というような木印の特徴を桜田氏は指摘している。[2]これらは、少なくとも近世後期までしか遡及しない木印そのものに関する指摘ではあるが、中近世の木印署判を分析する上でも有用な参考になろう。

本章はこの桜田氏の木印に関する報告を参考に木印署判について考察するものであるが、結果的には桜田氏が調査した地域と異なり、京都近郊の先進地域における木印の変容についても言及することになる。

　近世の山国地域では、木印を「筏判」と呼んでいる。山国地域から大堰川を使って京都の材木商まで材木を流す時に、材木を筏に組む。その筏に付けるマークを筏判と呼んだのであろう。

　図8-1は、元治元年（一八六四）筏判株取究連印帳の一部である。[3] このように「筏判」の多くは、焼き印として使われたらしい複雑な字形の印章である。ところが、そのなかに、「○の中に「△の下に一」」（比賀江村庄右衛門　図

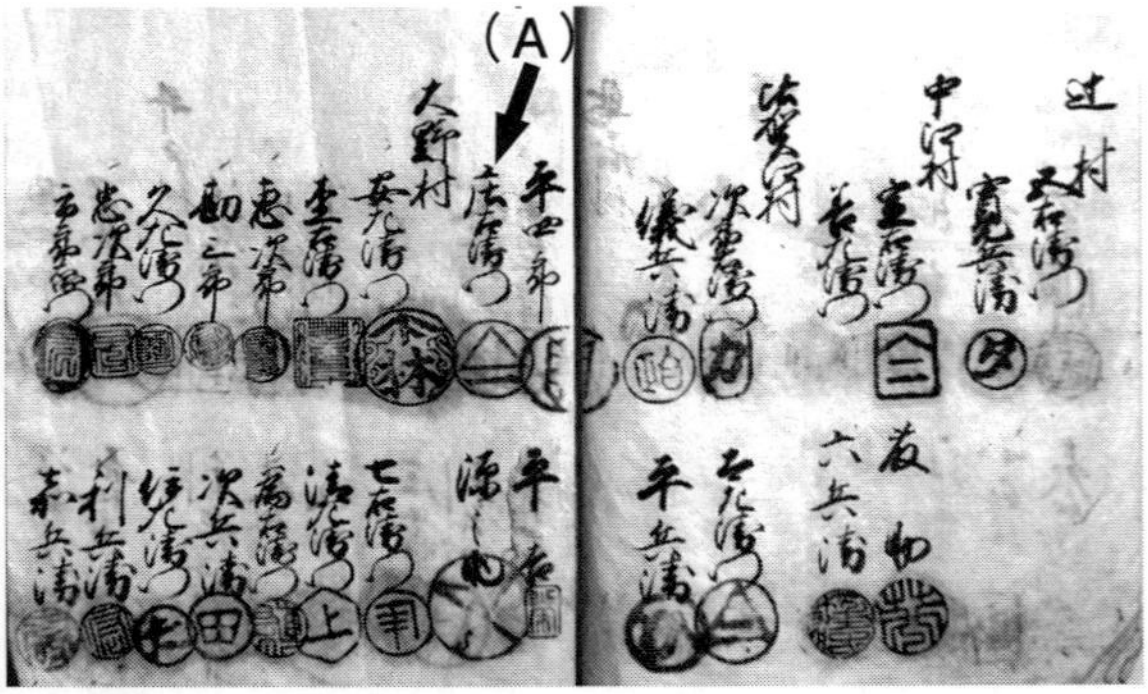

図8-1　［表8-1の参考7番］

中の（A））というような単純で直線的な形のものが少数、散見する。これは、中世以来の木印を○や□で囲って印章（これらも焼き印か）にしたものと思われる。このことは、山国荘にも川流しの材木に彫りつけられた、直線的な木印が存在したことを示している。そしてこの中世以来の木印は近世になって次第に廃れ、複雑な字形の印章（焼き印）に取って代わられていったのであろう（この点は後述）。

　この木印を署判に転用した事例（木印署判）については、勝田至氏の指摘がある。木印署判は山城国久多荘や近江国葛川などの安曇川流域や丹波国山国荘などの大堰川流域に特徴的にみられると勝田氏は指摘している。[4]

　山国荘の木印署判に関しては、峰岸純夫氏の先行研究がある。[5] 峰岸氏は「惣郷（荘）の「二」に対して、井戸村惣「井」、大野村惣「大」、比賀江村惣「土」、中江村惣「天」のような符号（略押）を持っており」と述べており、村落名に付された木印署判を惣の符号と解した。

　これに対して薗部は、村の木印署判をたんに惣の符号といえるかどうか

と批判し（本書第七章）、その時々の村落代表者個人の木印署判が惣印として使われたとみるべきだと指摘した。ただ第七章では惣判・惣印そのものを論じたので、木印署判そのものについては深く追究していない。

村の木印署判を「村のしるし」とみなす理解は、すでに近世でも存在している。年未詳（元禄年間か）西家書留には、黒田惣しるし」、「（黒田）下村惣しるし」、「（黒田）宮村惣しるし」、「（黒田）上村惣しるし」として木印をあげている［後掲表8－1の175番］（［　］内は表8－1の番号。以下同じ）。

以上のような課題認識のうえで、本章においては以下の論点について主に考察したい。

・木印署判と文書との関係性
・木印署判と署判者との関係
・木印署判と実際に使われた木印との関連性
・惣判の木印署判が固定的な村の印（しるし）であったのか
・木印署判消滅と印鑑（焼き印）

一　木印署判の概要

まず表8－1の木印署判一覧をみてみよう。これは山国荘関係文書のなかにみられる木印署判掲載文書一七六件と参考文書九件をまとめたものである。ここで件数といっているのは一件の中で同一文書が複数通含まれているものがあるためである。今後、本章で特定の文書を示す際には、表8－1のなかの番号で表示する。

次に表8－2の木印署判形態分類一覧をみてみよう。ここでは木印署判を形態ごとに分類してある。これによると、木印署判の形態は次のように分類できる。なお参考までに各分類に該当する署判写真を図8－2～9として載

内　容	文書の種類	画像	備　考
きのひろつね【二に×とし交差】	売券	有	
三男字乙法師【十】	処分状(連署者)	未	
沙弥教阿放【大】	譲状	有	20同家300号と同じ木印。2種あり
沙弥道厳【三に｜交差】、比丘尼蓮阿【三に｜交差】	処分状	未	夫婦で同じ木印を使っている
沙弥道厳【三に｜交差】、嫡子丹波守貞【一に｜｜｜交差】	処分状	未	
本文末尾【)と(交差】、売主秦松阿弥【○の右横にへ】	売券	有	
明玄【)と一交差】	譲状	有	
売主妙性【一に｜｜｜｜交差】、買主西右馬【一に｜｜｜交差】	売券	未	買主がなぜ署判しているのかは不明
売主　内田法学【大】	売券	未	買い主は須川祢宜殿
津々野とら【｜の右でへと｜交差】	売券	有	
左近将監【×の下に／】、道祐【×の下に＼】	証文	有	
左近将監【×の下に／】、道祐【×の下に＼】	証文	有	
すい野々大和すけ【×の下に二】	売券	有	
浄玄【Ｓの下に＼】	譲状	有	
浄玄【Ｚの下に／】	譲状	有	
浄玄【Ｚの下に／】	譲状	有	
祢宜【Ｔの左脇に一】	売券	有	
売主荘又五郎【二】	売券	未	
売主中江道泉【への下にへの下にフ】・嫡子信乃介【への下にへの下にフ】	売券	有	親子で同じ木印を使っている
須河祢宜貞国【大】	譲状	有	3同家292号と同じ木印
売主和田兵庫【七】	売券	有	
大永ひこ太郎【)(と一交差】	売券	有	
大永ひこ太郎【)(と一交差】	売券	有	
売主当村宇源和泉助【↑の下に／】、小塩口与助【大】、時之シキシ久保出雲【丶の下に×、×の右に一】	売券	有	
売主甘木治部【山の逆さ文字】	売券	有	
井戸村【井】、大野村同【大】、比賀江村【十の下に一】、中江村【天】	売券	未	木印署判以外の署に「判」とあるので、写と判断された
井戸村【井】、大野村【大】、比賀江村【十の下に一】、中江村【天】、塔本村【＜の下に一の下に×】、中村【＼＼の下にく×】、鳥居村(十】、下村【)と(を交差し、その下に／】	売券	有	26西家文書の応仁2年売券と本文・署判は同じ。ただ署判最下段の塔本村・中村・鳥居村・下村に木印
ゐのはな石【一の下に八】	売券	有	
洲江際一【大】	売券	有	
子孫中務【Ｌと)交差】	売券	有	
坊中務【Ｌと)交差】	売券	有	
私田兵庫【へと｜交差】	売券	有	
道善【ス】	譲状	有	
和田中掃部【へとＶ交差】	売券	有	

表8－1　木印署判一覧

番号	西暦	和暦	月　日	文　書　名	文書群番号	収録
1	1288	弘安11	2月20日	きのひろつね畠売券	河原林家文書88号	『山国』
2	1309	延慶2	7月17日	采女部光吉田地処分状	西八郎家文書672号	『黒田』
3	1348	貞和4	3月22日	別当僧定弁ほか連署山畠売券	菅河仁一家文書292号	『黒田』
4	1354	文和3	閏10月26日	沙弥道厳田畠処分状	西八郎家文書674号	『黒田』
5	1354	文和3	閏10月26日	沙弥道厳田畠処分状	西八郎家文書675号	『黒田』
6	1373	応安6	10月8日	秦松阿弥田地売券	河原林家文書90号	『山国』
7	1379	永和5	2月4日	明玄田地譲状	井本昭之助(現正成)家文書202号	『山国』
8	1398	応永5	4月25日	妙性山売券	西八郎家文書680号	『黒田』
9	1406	応永13	5月25日	内田法学山地売券	菅河嘉平家文書331号	『黒田』
10	1425	応永32	5月22日	津々野とら屋敷売券	井本昭之助(現正成)家文書204号	『山国』
11	1436	永享8	2月29日	左近将監・道祐連署福久名雑事証文	江口家文書	写真版
12	1436	永享8	2月29日	左近将監・道祐連署分領山林証文	江口家文書	写真版
13	1447	文安4	3月2日	すい野々大和すけ永代土田売券	井本昭之助(現正成)家文書205号	『山国』
14	1447	文安4	11月1日	浄玄屋敷譲状	井本昭之助(現正成)家文書206号	『山国』
15	1447	文安4	11月1日	浄玄田地譲状	井本昭之助(現正成)家文書207号	『山国』
16	1447	文安4	11月1日	浄玄山譲状	井本昭之助(現正成)家文書208号	『山国』
17	1447	文安4	11月1日	す川祢宜山売券	井本昭之助(現正成)家文書209号	『山国』
18	1449	文安6	2月12日	荘又五郎山畑売券	西八郎家文書684号	『黒田』
19	1449	文安6	3月12日	中江道泉大布施郷国里名売券	井本昭之助(現正成)家文書211号	『山国』
20	1459	長禄3	2月	須河祢宜貞国田地譲状	菅河仁一家文書300号	『黒田』
21	1460	長禄4	6月1日	和田兵庫山売券	西逸治家文書	写真版
22	1460	長禄4	9月3日	大永ひこ太郎永代山売券	井本昭之助(現正成)家文書214号	『山国』
23	1460	長禄4	10月3日	大永ひこ太郎永代山売券	井本昭之助(現正成)家文書215号	『山国』
24	1461	寛正2	12月8日	宇源和泉助他連署田地売券	江口家文書127号	『山国』
25	1464	寛正5	9月晦日	甘木治部永代田地売券	江口家文書128号	『山国』
26	1468	応仁2	11月11日	山国惣荘山地売券写	西家文書197号	『山国』
27	1468	応仁2	12月11日	山国惣荘山地売券	鞍馬大惣法師仲間文書	宇野日出生氏撮影写真
28	1470	文明2	4月4日	ゐのはな石等永代畠売券	井本昭之助(現正成)家文書216号	『山国』
29	1470	文明2	8月1日	洲江際一山売券	井本昭之助(現正成)家文書217号	『山国』
30	1471	文明3	11月22日	道高子孫中務等田地売券	井本昭之助(現正成)家文書218号	『山国』
31	1479	文明11	11月10日	坊中務等田地売券	井本昭之助(現正成)家文書219号	『山国』
32	1479	文明11	11月10日	成順・私田兵庫田地売券	井本昭之助(現正成)家文書220号	『山国』
33	1485	文明17	3月3日	道善田地屋敷譲状	井本昭之助(現正成)家文書224号	『山国』
34	1491	延徳3	6月7日	和田中掃部田地売券	井本昭之助(現正成)家文書226号	『山国』

内　容	文書の種類	画像	備　考
津々野中務【へと｜交差】	譲状	有	2通あり
新屋左近【ス】	譲状	有	
新屋左近【スの鏡文字】	譲状	有	
久保掃部【への下に×】、大西渡掃部【交差した)(に一交差】	売券	有	
道順【ｎ】	売券	有	
黒田下村惣【へと｜交差】	証文	有	
みなみ右馬【×と一交差】	売券	有	
塩野新ヤ左近【一の下に＼の下に一】	売券	有	
坂尻之左近【＜の下にへ】	譲状	有	
売主アコせ女【大】	売券	有	
うりぬし内田のかもん【二の下に／】	売券	有	
しほの中譲主道通【＞の下に＞】	譲状	有	2通あり
賀々助【への下に×】	売券	有	49加賀助と同一人か
売主宇須和小四郎【×の右にへ】	売券	有	
売主新屋加賀助【への下に×】	売券	有	47賀々助と同一人か
すかわの祢宜【上】	売券	有	
つるの中務【へと｜／交差】	売券	有	
兵衛二郎【へと｜交差】	売券	有	
甘木下手掃部【山の逆さ文字】	売券	有	
しほの新や売主左近【ス】、証人中左近【＜の下に＜】	売券	有	
譲主塩野中左近【Ｓの下に／】	売券	有	
方又二郎【への下に×】	売券	有	
ツルノノ兵庫【へと｜｜交差】	売券	有	
うり主さか尻二郎三郎【＜の下にへ】、かい主上うち田さ〔えもん〕【＜】	売券	有	
うり主シヨウシ中務代ゑこノ与太郎【△の中にヽ】、証人しほの中さこ【＜の下に＜】・上ゆり右近【↑の左脇に／】	売券	有	
左衛門二郎【)(と一交差】	売券	有	翌年の61左衛門二郎の木印と同じ
譲主中ノさこん【＜の下に＜】、証人中ノ小左近【＜を消して、その下に＜の下に一】・同大江左衛門二郎【)(と一交差】	売券	有	左近と小左近は親子か。木印の類似性に注意
請人ゆり道金【トの下に↑】	寄進状	有	
はたけかもん【△】、上ゆり二郎太郎【↑の右脇に＼】	書付	有	
西ノ太郎二郎【↑の左脇に／】	売券	有	
ユツリヌシ中務丞【×】	譲状	未	
ツルノ兵庫【へと｜｜交差】・ツルノ兵衛二郎【へと｜｜交差】	譲状	有	ツルノ兵庫と兵衛二郎は親子か。同じ木印を使っている
道明禅門【上】、同左衛門太郎【上】	譲状	有	衛門太郎は道明禅門の子か。同じ木印を使っている
房ノ二郎太郎【への下に×】	売券	有	
井の本太郎二郎【＞の下に＞】、下村惣中【へと｜交差】、はうの又二郎【への下に×】、わたのさへもん二郎【＼の右でへと｜交差】	売券	有	
売主ゑこ与太郎【△】	売券	有	
うり主須川左衛門太郎【上】	売券	有	

番号	西暦	和暦	月　日	文　書　名	文書群番号	収録
35	1491	延徳3	10月29日	津々野中務田地譲状	井本昭之助(現正成)家文書227・228号	『山国』
36	1492	延徳4	6月5日	新屋左近山譲状	井本昭之助(現正成)家文書229号	『山国』
37	1492	延徳4	6月5日	新屋左近山譲状	井本昭之助(現正成)家文書230号	『山国』
38	1492	延徳4	7月19日	久保掃部・大西渡掃部連署山売券	黒田宮春日神社文書	写真版
39	1495	明応4	10月23日	道順永代畠屋敷売券	井本昭之助(現正成)家文書232号	『山国』
40	1498	明応7	11月3日	黒田下村惣・別当民部増清紛失定書	井本昭之助(現正成)家文書235号	『山国』
41	1498	明応7	12月21日	南右馬永代田地売券	井本昭之助(現正成)家文書236号	『山国』
42	1499	明応8	11月15日	塩野新屋左近永代田地売券	井本昭之助(現正成)家文書237号	『山国』
43	1499	明応8	12月14日	坂尻之左近山譲状	井本昭之助(現正成)家文書238号	『山国』
44	1505	永正2	5月3日	アコせ女永代竹原売券	江口家文書135号	『山国』
45	1508	永正5	4月5日	内田のかもん永代田地売券	井本昭之助(現正成)家文書239号	『山国』
46	1508	永正5	6月6日	塩野中左近道通田地畠山譲状	井本昭之助(現正成)家文書240号	『山国』
47	1511	永正8	8月15日	賀々助永代薮売券	江口家文書136号	『山国』
48	1513	永正10	12月13日	宇須和小四郎永代山売券	江口家文書137号	『山国』
49	1513	永正10	12月13日	新屋加賀助永代山売券	江口家文書138号	『山国』
50	1515	永正12	12月23日	すかわの祢宜永代田地売券	井本昭之助(現正成)家文書245号	『山国』
51	1518	永正15	11月20日	つるの中務永代畠売券	井本昭之助(現正成)家文書249号	『山国』
52	1519	永正16	4月3日	兵衛二郎永代田地売券	井本昭之助(現正成)家文書250号	『山国』
53	1520	永正17	11月19日	甘木下手掃部永代山売券	江口家文書139号	『山国』
54	1523	大永3	3月12日	左近永代田地売券	井本昭之助(現正成)家文書252号	『山国』
55	1526	大永6	2月21日	塩野中左近永代田地山畠屋敷永代譲状	井本昭之助(現正成)家文書253号	『山国』
56	1528	大永8	8月25日	方ひめ・方又二郎連署永代田地譲状	井本昭之助(現正成)家文書254号	『山国』
57	1531	享禄4	12月2日	ツルノノ兵庫永代田地売券	井本昭之助(現正成)家文書255号	『山国』
58	1531	享禄4	12月26日	さか尻二郎三郎永代田地売券	西逸治家文書	写真版
59	1532	天文1	9月19日	東谷承仕中務允代ゑこノ与太郎永代畠売券	井本昭之助(現正成)家文書256号	『山国』
60	1533	天文2	11月16日	大永左衛門二郎永代畠売券	井本昭之助(現正成)家文書257号	『山国』
61	1534	天文3	3月21日	中ノ左近永代田地譲状	井本昭之助(現正成)家文書259号	『山国』
62	1534	天文3	8月25日	妙理禅尼永代田地寄進状	井本昭之助(現正成)家文書260号	『山国』
63	1534	天文3	11月5日	小谷庵南ハラ山際目定書	井本昭之助(現正成)家文書261号	『山国』
64	1536	天文5	12月3日	西ノ太郎二郎田地売券	河原林家文書111号	『山国』
65	1540	天文9	3月7日	中務丞山地譲状	小畠家文書79号	『山国』
66	1544	天文13	2月6日	ツルノ兵庫・兵衛二郎連署田地譲状	井本昭之助(現正成)家文書264号	『山国』
67	1544	天文13	7月23日	道明禅門明田譲状	西逸治家文書	写真版
68	1545	天文14	4月11日	房ノ二郎太郎やかせノ地売券	井本昭之助(現正成)家文書265号	『山国』
69	1545	天文14	10月16日	井の本太郎二郎等下村惣中連署永代田地売券	井本昭之助(現正成)家文書266号	『山国』
70	1545	天文14	12月4日	ゑこ与太郎永代畠売券	井本昭之助(現正成)家文書267号	『山国』
71	1546	天文15	10月27日	須川左衛門太郎永代田地売券	井本昭之助(現正成)家文書269号	『山国』

内　容	文書の種類	画像	備　考
和田左衛門二郎【／の左でへと｜交差】、大江左衛門二郎【)(と一交差】、証人あたらしや左近太郎【ｎ】	売券	有	
律(津カ)々野兵庫【へと｜｜交差】、同和田左衛門二郎【／の左でへと｜交差】	証文	有	2通
売主鶴野兵へ二郎【へと｜｜交差】、証人和田中務【へと｜が交差】、大江右近【)(と一交差】	売券	有	
つるのゝひやうへ二郎【へと｜｜交差】	譲状	有	
つるのゝひやうへ二郎【へと｜｜交差】	売券	有	
うりぬし大いへおこ【)(と一交差】	売券	有	大江右近か
井戸弥二郎【＞の下に＜の下に＼】、上手左近【×の下に｜】	売券	有	
下村中【↑】、大家おこ【)(と一交差】、和田ひやうこ【／の左でへと｜交差】、いのもとさこ【＞の下に＞】	売券	有	
由利ノ右近【↑の右脇に＼】、証人江後左近【△の中にヽ】	売券	有	
ゑひすの左近【△の中にヽ】	売券	有	80左近と同一人物か
ユツリ主塩野道善【W】	譲状	有	
大家又二郎【)(と一交差】	売券	有	
うりぬし南之又二郎【＼の右で↑｜】	売券	有	
はう中務【への下に×】	証文	有	
証人　坊之中務【への下に×】	売券	有	
永春【＞の下に＞】	売券	有	庵号は88同年11月井ノ本左近売券から。88と同じ木印を使っている
売主井ノ本左近【＞の下に＞】	売券	有	小谷庵永春あて。永春と左近は親族か。87と同じ木印を使っている
売主大西介三郎【＞】	売券	有	
しほの太郎三郎【A】	売券	有	
たんさへもん二郎【へと｜｜交差】	売券	有	
をめかす二郎五郎【十】	売券	有	
西之左近【＜】	売券	有	
証人坊中務【への下に×】、上ゆり右近【↑の左脇に／】	売券	有	
売主たん左衛門二郎【へと｜｜交差】	売券	有	
山国庄惣中【二】	契状	有	
たうのまへ彦二郎【一の右下に｜】	売券	有	
同〔妙源の〕子ノ孫太郎治部【十】	売券	未	101同家699号の治部と同一人物が別の木印を使っている
山国庄中村木之下掃部【Z下部で×交差】	売券	有	
西山源三郎【Sの下に＼＼交差】、証人米田右近【ZZ】	売券	有	
売主　上石畠　治部【キ】	売券	未	99同家698号の治部と同一人物が別の木印を使っている
西山太郎三郎【十】	預り状	有	
山国庄惣中【二】	宛行状	未	
森下又四郎【＞の下に工】	預り状	有	
山国井戸村江口右近【一の下に×】	譲状	有	2通あり
山国井戸村江口右近【一の下に×】	譲状	有	
西うら四郎三郎【キ】	売券	未	

番号	西暦	和暦	月　日	文　書　名	文書群番号	収録
72	1546	天文15	11月20日	和田左衛門二郎等永代田地売券	井本昭之助(現正成)家文書270号	『山国』
73	1548	天文17	7月20日	津々野兵庫等黒田河あみ証状	井本昭之助(現正成)家文書271号	『山国』
74	1550	天文19	11月8日	鶴野兵衛二郎永代国里名売券	井本昭之助(現正成)家文書273号	『山国』
75	1550	天文19	11月8日	つるのの兵衛二郎山譲状	井本昭之助(現正成)家文書274号	『山国』
76	1550	天文19	11月8日	つるのの兵衛二郎畠売券	井本昭之助(現正成)家文書275号	『山国』
77	1551	天文20	12月13日	大家右近永代山売券	井本昭之助(現正成)家文書276号	『山国』
78	1551	天文20	12月20日	井戸弥二郎・上手左近連署永代山売券	江口家文書	写真版
79	1552	天文21	4月11日	黒田下村惣中田地売券	井本昭之助(現正成)家文書277号	『山国』
80	1552	天文21	4月25日	由利右近永代田地売券	井本正成家文書	写真版
81	1553	天文22	12月7日	ゑひすの左近永代屋敷売券	井本昭之助(現正成)家文書280号	『山国』
82	1556	弘治2	3月28日	塩野道善田地山畠譲状	井本昭之助(現正成)家文書282号	『山国』
83	1556	弘治2	9月20日	大家又二郎永代田地売券	井本昭之助(現正成)家文書283号	『山国』
84	1557	弘治3	10月24日	南之又二郎永代畠売券	井本昭之助(現正成)家文書284号	『山国』
85	1558	弘治4	3月7日	はう中務田地証文	井本昭之助(現正成)家文書285号	『山国』
86	1558	永禄1	4月25日	勝月庵永津永代田地売券	井本昭之助(現正成)家文書286号	『山国』
87	1558	永禄1	9月17日	小谷庵永春永代田地売券	井本昭之助(現正成)家文書287号	『山国』
88	1558	永禄1	11月19日	井ノ本左近永代田地売券	井本昭之助(現正成)家文書288号	『山国』
89	1559	永禄2	3月16日	大西介三郎永代田地売券	鳥居等家文書38号	『山国』
90	1559	永禄2	10月5日	しほの太郎三郎永代田地売券	井本昭之助(現正成)家文書289号	『山国』
91	1559	永禄2	10月7日	たんさへもん二郎永代田地売券	井本昭之助(現正成)家文書292号	『山国』
92	1560	永禄3	10月6日	をめかす二郎五郎永代田地売券	井本昭之助(現正成)家文書293号	『山国』
93	1560	永禄3	10月13日	西之左近永代田地売券	井本昭之助(現正成)家文書294号	『山国』
94	1560	永禄3	11月17日	中ノとら永代山売券	井本昭之助(現正成)家文書295号	『山国』
95	1560	永禄3	12月24日	たん左衛門二郎永代山売券	井本正成家文書	写真版
96	1561	永禄4	10月吉日	山国荘惣中契状	鳥居等家文書40号	『山国』
97	1562	永禄5	10月8日	たうのまへ彦二郎永代田地売券	井本昭之助(現正成)家文書296号	『山国』
98	1564	永禄7	3月6日	上石畠ノ妙源田地売券	小畠久雄家文書698号	『黒田』
99	1564	永禄7	6月14日	掃部永代田地売券	鳥居等家文書44号	『山国』
100	1567	永禄10	11月28日	西山源三郎永代田地売券	鳥居等家文書48号	『山国』
101	1568	永禄11	12月7日	上石畠治部田地売券	小畠久雄家文書699号	『黒田』
102	1570	元亀1	12月17日	西山太郎三郎・久保中司預状	鳥居等家文書50号	『山国』
103	1571	元亀2	3月11日	山国惣荘宛行状	小畠久雄家文書700号	『黒田』
104	1572	元亀3	12月12日	森下又四郎米預状	鳥居等家文書53号	『山国』
105	1574	天正2	3月5日	江口右近畠譲状	江口家文書144号	『山国』
106	1574	天正2	3月5日	江口右近山譲状	江口家文書145号	『山国』
107	1576	天正4	11月1日	西うら四郎三郎畠売券	岡本家文書706号	『黒田』

内　容	文書の種類	画像	備　考
永代売渡申山之事【／｜｜＼】、請人　宇津ハ五郎次郎【へ】	売券(保証人)	有	
売主田貫村湯上谷次郎太郎【井】、弟次郎三郎【□の中に／】、証人谷口三郎太郎【｜の右に×】	売券	未	兄弟で違う木印を使っている
山国井戸村ウリ主小塩口伊加之介【大】	売券	有	
吹上【L】、中三【×の下に×の下に一】、畠ノ太郎二郎【Lに一2本交差】、津原太郎二郎【＼＼と／／を井桁に交差】	宛行状	有	
辻村彦三郎【井】、中江村三郎四郎【大の下に一】、井土【戸】村太郎二郎【井】	村落定書	未	辻村の者と井戸村の者が同じ木印を使っている
請人　林兵治【不の下にト】	売券(保証人)	有	
売主　村中【大】	売券	有	
くるみ田人衆　畠源三郎【二と×交差】、□門【カ】【大】、左近【＼の下に一】、二郎左衛門【大】、新二郎【大】、左衛門太郎【大】	売券	有	
大やせ新屋かもん【丶の下に一と×】うけ人也	預かり状(保証人)	有	現菅河宏家文書(以下同じ)
売主祢き治部太郎【｜｜＼】、林　請人孫太郎【↑の左脇に／】、同兵こ【↑の右脇に＼】、同孫二郎【とに＜交差】	売券	有	
ゑひすの五郎左ヱ門【への下に一】	売券	有	
しやう人林喜左ヱ門【｜の右に┐】、林左近【へと｜交差】	売券	有	
売主宮村えひすノさこ【△の下にへ】、証人　畠与七郎【△の中に×】、下ゑこ源二郎【△の中に・】	売券	有	
上黒田上西【Zの鏡文字に一交差】	借用状	有	
上黒田村上林【二の下に×の下に×】、請人助丞【キの右に＼】	預かり状	有	
上黒田村上西【Zの鏡文字に一を交差】、津原【＼＼と／／を井桁に交差】	預かり状	有	
庄屋東【)の下に)を交差】、丹波屋【)(と一交差】、大江四郎左ヱ門【)(と一交差】、新屋【Z】、下丹波屋【一の下に＼の下に一】	売券	有	丹波屋と大江四郎左ヱ門が同じ木印署判を使っている
庄屋東【)の下に)を交差】、大江四郎左ヱ門【)(と一交差】、兵庫(花押)、新屋【Z】、丹波屋【)(と一交差】、下丹波屋【一の下に＼】	売券	有	大江四郎左ヱ門と丹波屋が同じ木印署判を使っている
うり主又四郎【への下に／／】、又十郎【へと｜｜｜交差】、同【きもいり】喜介【への下に／】	売券	有	
山国鳥〔居脱〕村中【十】、太郎左ヱ門【Sの下に＼＼交差】、小兵へ【〆の下にへ】、喜介【への下に／】、又左ヱ門【への下に＼＼】、掃部【×の下に＜と／／交差】、二郎三郎【一の下に八】	売券	有	
同宮内【Sと／交差、その下に／】	書状	有	
村惣中【一の下に×の下に一】	売券(保証人カ)	未	
売主久蔵【△でいずれも線が角からはみ出る】、証人角左ヱ門【Z】・同兵庫【＼＼と／／を井桁に交差】	売券	有	
田中宮内【りの右下にカ】、久保儀右衛門【三】	譲状	有	
売主上黒田村平岩久左ヱ門【×と一交差】、同〔証人〕林喜兵へ【×の下に×の下に二】	売券	有	現西逸治家文書(以下同じ)
今砂中甚左右衛門【＞の下に＼】、同左近【＞の下に＼】	売券	有	左近は甚左右衛門の子か。同じ木印を使っている
売主　下丹波屋長左衛門【二】、証人南　加兵衛【井】、同〔証人〕井ノ鼻長二郎【大】	売券	未	
鳥居村中【×】、中くほ源左衛門【Z上部で／／交差と下部で／交差】、西山庄次郎【Z下部で／／交差】、同左衛門太郎【Z下部で／／／交差】	売券	有	署判者は全9人

番号	西暦	和暦	月　日	文　書　名	文書群番号	収録
108	1577	天正5	10月27日	久保相模山地売券	河原林家文書114号	『山国』
109	1578	天正6	7月10日	田貫村湯上谷次郎太郎田地売券	庄家文書712号	『黒田』
110	1580	天正8	3月2日	小塩口伊加之介山売券	江口家文書146号	『山国』
111	1595	文禄4	4月5日	中食谷田地宛行状	吉田晴吉家文書55号	写真版
112	1607	慶長12	10月23日	三ヶ村山定書	西八郎家文書701号	『黒田』
113	1610	慶長15		松庵山地売券	河原林家文書115号	『山国』
114	1610	慶長15	12月15日	村中山地売券	河原林家文書116号	『山国』
115	1611	慶長16	11月	くるみ田人衆永代山売券	吉田晴吉家文書59号	写真版
116	1613	慶長18	10月26日	八舛ほうてかもん折板預かり状	菅河誠家文書164号	『黒田』
117	1613	慶長18	11月吉日	祢宜治部太郎山地売券	河原林家文書117号	『山国』
118	1618	元和4	11月15日	ゑひすの五郎左ヱ門永代田地売券	井本昭之助（現正成）家文書304号	『山国』
119	1619	元和5	11月11日	林左近山地売券	河原林家文書118号	『山国』
120	1619	元和5	11月11日	宮村えひすノさこ〔左近〕田地売券	井本昭之助（現正成）家文書306号	『山国』
121	1620	元和6	12月14日	上西銀子借用状	鳥居等家文書62号	『山国』
122	1621	元和7	8月4日	上林銀子預かり状	鳥居等家文書63号	『山国』
123	1621	元和7	9月8日	上西・津原銀子預かり状	鳥居等家文書64号	『山国』
124	1621	元和7	12月3日	下黒田村中連署永代畠売券	井本昭之助（現正成）家文書307号	『山国』
125	1621	元和7	12月3日	下黒田村中田地売券	井本昭之助（現正成）家文書308号	『山国』
126	1622	元和8	12月13日	又四郎永代田地売券	鳥居等家文書65号	『山国』
127	1624	寛永1	11月25日	鳥居村中永代竹藪売券	鳥居等家文書66号	『山国』
128	1628	寛永5	11月3日	田中道恩・同宮内連署書状	河原林家文書	写真版
129	1631	寛永8	11月14日	弥四郎田地売券	水口家文書653号	『黒田』
130	1633	寛永10	3月15日	久蔵家屋敷売券	井本昭之助（現正成）家文書309号	『山国』
131	1640	寛永17	3月4日	庄屋治部連署田畠譲状	河原林家文書119号	『山国』
132	1642	寛永19	10月5日	平岩久左ヱ門永代山売券	西静夫家文書140号	『黒田』
133	1643	寛永20	11月7日	今砂中甚左右衛門・左近連署永代山売券	山国神社文書	写真版
134	1643	寛永20	11月26日	下丹波屋長左衛門田地売券	井本昭之助（現正成）家文書337号	『黒田』
135	1643	寛永20	12月7日	鳥居村中連署永代田地売券	山国神社文書	写真版

内　容	文書の種類	画像	備　考
鳥居村中【×】、中くぼ源左衛門【Z上部で／／交差と下部で／交差】、西山庄次郎【Z下部で／／交差】、左ヱ門太郎【Z下部で／／／交差】	売券	有	署判者は全8人。別の土地の売券
売主中源左衛門【Z上部で／／交差と下部で／交差】、西山庄次郎【Z下部で／／交差】	売券	有	
〔証人〕源左ヱ門【Z上部で／／交差と下部で／交差】、勝次郎【Z下部で／／交差】、左ヱ門太郎【Z下部で／／／交差】、三郎次郎【一の下に八】	売券	有	勝次郎は135〜7庄次郎と同一人か
与三郎【△内に×】、又右ヱ門【△の中に△】、左衛門太郎【への下に×の下に一】、三郎兵衛【大】、左右衛門【への下に大】、三蔵【△】、庄三郎【への下に大】。他の一五人は印鑑	書付	有	
三郎次郎【一の下に八】、左ヱ門太郎【＜の下に／と＼＼＼交差】、彦次郎【Zに一交差】	証文	有	
伝三郎【Z下部で／交差】	売券	有	
塔下【＜に＼＼交差】、井本【＜に＼＼交差】、森脇【WにVを重ねる】、田尻【×の下にフ】、柄谷【井の下に＜】、茶屋【七】	売券	有	塔下と井本が同じ木印を使っている
庄屋太右衛門【Z下部で／／／交差】、太兵衛【Z下部で／／交差】	売券	有	2通
庄屋太兵衛【Z下部で／／交差】、太右ヱ門【Z下部で／／／を交差】、三郎次郎【一の下に八】	質流し状	有	
ねしりき谷の内三郎右ヱ門【小】、小五郎【△】、弥助【十の右下に丶】、三郎五郎【十】、五郎三郎【十の下に一】、のふミノ谷之内組頭長兵衛【十】、作左衛門【L】、甚太郎【＜の下に＜の下に＜】、久六【へと｜交差】、源七【十】、吉兵へ【交差した）(に一交差】、彦十郎【十】、次左ヱ門【十】、おみなノ谷之内組頭与右ヱ門【大】、茂左ヱ門【H】、五郎右ヱ門【十の右上に丶】、十兵へ【十】、さい谷之内組頭孫兵へ【井】、わさふ谷之内久左ヱ門【久】、太郎作【エの両側に丶】、太郎助【十の左下に丶】、久兵へ【／／と｜交差、左隅に丶】、源左ヱ門【丶の下に×と｜】、わさふ谷之内組頭清暮【大の下に一】、慈清【一の下に△、△の中に丶】、市右ヱ門【十の右下に丶】、八町か原之内正家【二】、庄左ヱ門【二】、ひろ川原之内組頭杢左ヱ門【丶の下に▽の下に△の下に／】、庄兵へ【L】、新右ヱ門【キ】、左十郎【L】、みこ原之内組頭八兵衛【大】、源十郎【＞】	五人組改帳	有	
広河原与頭杢左ヱ門【▽の下に△】、庄兵へ【L】、三十郎【W】、新右ヱ門【／／／に＼交差】、甚七【一に丶と＼交差】	手形	有	
しやくや組頭八兵へ【大】、源十郎【＞】	手形	有	
売主左近【↑に＼交差】	売券	有	
うりぬし　村中【大の下に一】	売券	未	
村中【大の下に一】	売券	未	
林喜右ヱ門【↑の右脇に＼、その下にZ】	売券	有	
村中【大の下に一】	売券	未	
うり主大野村中【大の左上に点】、左近（小に＼交差】	売券	有	
大野村中（大】、甚丞【↑に＞交差】、左近【↑に＼交差】、七郎衛門【↑の右脇に＼】、二郎左衛門【／／／／に＜交差】	覚書	有	
西与兵衛【入】、内田左近【への下に×】、す川小左衛門【大】、西佐右衛門【人の右にへ】	書付	有	
西与兵衛【入】、内田左近【への下に×】、す川小左衛門【大】、西佐右衛門【人の右にへ】	書付	有	
ふねかわら八兵へ【大】、源十郎【＞に｜交差】、証人ひろかわら玄右ヱ門【△】、同【証人】勘四郎【△】	手形	有	
ひろかわら庄兵へ【「と△交差】、同【広河原】杢左ヱ門【□の中に／】	手形	有	
田貫村かりぬし西辰【□の中に┐】	借用状	有	

番号	西暦	和暦	月　日	文　書　名	文書群番号	収録
136	1643	寛永20	12月7日	鳥居村中連署永代田地売券	山国神社文書	写真版
137	1643	寛永20	12月7日	源左ヱ門永代田地売券	山国神社文書	写真版
138	1643	寛永20	12月22日	八郎右ヱ門永代田地売券	山国神社文書	写真版
139	1644	寛永21	8月	黒田宮村書付	吉田晴吉家文書94号	写真版
140	1646	正保3	1月19日	注渡一札	鳥居家文書	写真版
141	1647	正保4	3月14日	某・伝三郎永代田地売券	鳥居家文書	写真版
142	1648	慶安1	12月7日	塔村堂衆連署山売券	河原林家文書	写真版
143	1649	慶安2	12月18日	鳥居八郎右衛門永代田地売券	鳥居家文書	写真版
144	1651	慶安4	3月14日	又右ヱ門・伝三郎田地質流し状	鳥居家文書	写真版
145	1651	慶安4	8月15日	奥山中五人組改帳	山国神社文書508号	『黒田』
146	1651	慶安4	8月15日	広河原衆連署手形	山国神社文書507号	『黒田』
147	1651	慶安4	8月15日	奥山しやくや衆連署手形	山国神社文書	写真版
148	1651	慶安4	11月25日	左近山売券	河原林家文書	写真版
149	1653	承応2	12月2日	中江村村田売券	小畠家文書375号	『山国』
150	1653	承応2	12月3日	中江村村田売券	小畠家文書376号	『山国』
151	1653	承応2	12月21日	林喜右衛門田地売券	河原林家文書	写真版
152	1654	承応3	2月22日	中江村村田売券	小畠家文書377号	『山国』
153	1654	承応3	11月2日	大野村中新開田地売券	河原林家文書	写真版
154	1654	承応3	11月3日	大野村中連署覚書	河原林家文書	写真版
155	1660	万治3	3月	書付	吉田晴吉家文書96号	写真版
156	1660	万治3	3月	能見役山際目書付	吉田晴吉家文書99号	写真版
157	1660	万治3	11月4日	ふねかわら八兵衛ほか連署手形	山国神社文書	写真版
158	1660	万治3	11月14日	奥山広河原衆手形	山国神社文書509号	『黒田』
159	1660	万治3	12月17日	田貫村西辰銀子借用状	鳥居家文書	写真版

内　　容	文書の種類	画像	備　考
はなゑこ三郎右衛門【一の下に△】、同【証人】左近【上】、同【証人】治左衛門【△の下に八】	売券	有	
かへ主後家新四郎【への下に一の下に短い一】脇に黒印あり、証人須川左近【大】	買替状	有	
うり主林又兵衛【↑の右脇に＼】、同仁蔵【↑の右脇に＼】	売券	有	林家（親子カ）2名が同じ木印を使っている
ほとけ谷組頭五郎右ヱ門【十】、のふミ谷つぶね原甚左ヱ門【下】、庄左ヱ門【十】、甚兵ヱ【＼＼と／／を井桁に交差】、清右ヱ門【二の右に｜】、久左ヱ門【下】、ひこ三郎【二】、広河原甚左ヱ門【一の下に▽の下に△】、庄兵ヱ【▽の下に△】、勘右ヱ門【一の下に▽の下に△】、新右ヱ門【／／／に＼交差】、三郎二郎【～の下に～】、長二郎【Ｚの鏡文字】、与左ヱ門【つ】、仁左ヱ門【□の中に＼】	証文	有	同じ木印を使っている組。五郎右ヱ門と庄左ヱ門。のふミ谷つぶね原甚左ヱ門と久左ヱ門。広河原甚左ヱ門と勘右ヱ門
のふミ組頭孫兵衛【＞】、同〔のふミ〕組下孫市郎【＞】、同〔のふミ組〕ひこ三郎【二】、同〔のふミ組〕久左ヱ門【二に＼交差】、つむねくミ組〔頭カ〕甚左ヱ門【七】＝抹消、くミ下同〔つむねくミ〕吉兵へ【×】、同〔つむねくミ〕庄左ヱ門【へと｜交差】、同〔つむねくミ〕甚兵へ【＼＼と／／を井桁に交差】、〔つむねくミ〕世右ヱ門【ヽの下に二】、同〔くら谷〕仁左ヱ門【トの鏡文字】、くミ下同〔おり谷〕市左ヱ門【×の下にヽ】、同〔おり谷〕ひこ三郎【十】、仏谷組頭五郎左衛門【十の右上にヽ】、くミ下同〔仏谷〕孫左ヱ門【十の右下にヽ】、同〔仏谷〕権七【十】、同〔すけ原〕長二郎【＜の下に／】、同〔すけ原〕弥右衛門【三】、同〔すけ原〕三郎二郎【二】、八町ヶ原くミ頭喜兵衛【△でいずれも線が角からはみ出る】、同〔八町ヶ原〕吉三郎【キ】、同〔八町ヶ原〕与市郎【キ】、同〔八町ヶ原〕与右ヱ門【十】、おめなくミ頭久左衛門【△の中にヽヽ】、くミ下同〔おめなくミ〕小左衛門【△】、同〔おめなくミ〕久三郎【△の中にヽヽ】、同〔おめなくミ〕孫左ヱ門【エの両側にヽ】、あめもらす組頭庄左ヱ門【二】、くミ下同〔あめもらす組〕半兵へ【一の下に十】、同〔あめもらす組〕喜左ヱ門【十の下に一】、同〔ねちか谷〕ひこ左ヱ門【×】、同〔ねちか谷〕忠助【一の下に×】、〔ひろ河原〕庄兵へ【▽の下に一】、〔ひろ河原〕新右衛門【三に＼交差】	請文	有	同じ木印を使っている組。のふミ組孫兵衛と孫市郎（孫兵衛の子カ）。八町ヶ原吉三郎と同与市郎。おり谷ひこ三郎と八町ヶ原与右ヱ門。のふミ組ひこ三郎とあめもらす組庄左ヱ門。つむねくミ吉兵へとねちか谷ひこ左ヱ門
小塩村庄屋佐郎兵へ【三に＼交差】、吉兵へ【×】、五郎兵へ【↑】、長兵へ【冂の中にエ】、［　　］【へと十交差】、勘右ヱ門【＞の下に＞と｜交差】、長左ヱ門【＜の下に／】、右近【Ｎの右に＼】、［　　］【へと｜｜交差】、庄右ヱ門【Ｎと一交差】、［　　］右ヱ門【キ】、久右ヱ門【へと一交差】	売券	有	
同〔禅宗大通院〕旦那　与左衛門【／と＼＼交差】、同〔禅宗大通院〕旦那与一郎【短い一の下に／と＼＼交差】、禅宗隣松庵旦那　市三郎【＞と／交差】、禅宗隣松庵旦那　庄三郎【コの鏡文字】、この他に○の中に△のような木印を印鑑にしたものもみられる	宗旨改帳	有	与左衛門と与一郎は親子か
小左ヱ門【○の中に△の印鑑】	法度帳	有	△の木印を印鑑にしたものか
清左ヱ門【＼＼＼＼と一交差】、惣左ヱ門【＼の下で＼＼＼＼と一交差】、吉左ヱ門【＼＼＼と一交差、その下で＼と短い一交差】、加右ヱ門【＼＼＼＼と一交差】	売券（保証人）	有	
同〔組頭〕小左ヱ門【▽】、同〔組頭〕勘左ヱ門【下】	証文	有	
同〔のふミ谷〕甚左ヱ門【三】、同〔のふミ谷〕助左ヱ門【卄】、八丁原喜兵へ【＞と／交差】、ねすみ谷加兵へ【小】、他に○の中に△の木印印鑑あり	請文	有	
祢宜左近【上】	預り状	未	
組頭八町か原喜兵衛【／と＼＼交差】、同〔組頭〕市右衛門【一の下に×】、同〔組頭〕尾花小左衛門【△】、同〔組頭〕助左衛門【×の下に二】、同〔組頭〕久三郎【十】	手形	有	

番号	西暦	和暦	月　日	文　書　名	文書群番号	収録
160	1660	万治3	12月18日	はなゑこ三郎右衛門永代田地売券	菅河宏家文書	写真版
161	1661	寛文1	3月3日	新四郎後家永代田地買替状	菅河誠一家文書190号	『黒田』
162	1661	寛文1	11月26日	林又兵衛田地売券	河原林家文書	写真版
163	1662	寛文2	4月11日	奥山住人連署請状	山国神社文書510号	『黒田』
164	1663	寛文3	2月13日	奥山組頭中法度請文	山国神社文書511号	『黒田』
165	1664	寛文4	12月13日	小塩村衆山売券	菅河宏家文書	写真版
166	1665	寛文5	1月	山国奥山宗旨改帳	山国神社文書512号	『黒田』
参考1	1665	寛文5	2月	丹波山国領奥山中御法度之帳	山国神社文書	写真版
167	1665	寛文5	11月26日	林喜右衛門畠田売券	河原林家文書	写真版
168	1669	寛文9	6月11日	奥山中詫び証文	山国神社文書513号	『黒田』
169	1670	寛文10	8月21日	奥山組頭中法度請文	山国神社文書514号	『黒田』
170	1672	寛文12	7月25日	祢宜左近文書預り状	上黒田春日神社文書1号	『黒田』
171	1673	寛文13	6月21日	奥山中惣代連署手形	山国神社文書517号	『黒田』

内　容	文書の種類	画像	備　考
吉左衛門【／の下で／／／と＼ならびに短い｜が交差】	売券(保証人)	有	
同〔おはな〕谷年五十七小左ヱ門【○の中に△】	宗旨人別帳	有	△の木印を印鑑にしたものか
かりぬし大野村惣中【大】	借用状	有	
小左ヱ門【○の中に△の印鑑】	手形	有	△の木印を印鑑にしたものか。小左ヱ門は奥山のうみ谷の関係者
同〔証人〕小左ヱ門【○の中に△の印鑑】	手形	有	
次河〔菅河〕道節【上】	譲状	未	
一山国黒田惣しるし【二】　二つ引き也 下村惣しるし【一の下に八】〔抹消〕　はたのあし〔抹消〕ゆミしるし 宮村惣しるし【大】　たいもん 上村惣しるし【一の下に八】　はたのあし	書留	有	惣印(しるし)
清八【□内に×】	免割の請印	有	×の木印を印鑑にしたものか
地主宮村彦左衛門【□内に×】、証人同村佐右衛門は印判なし	手形の証判	有	×の木印を印鑑にしたものか
〔下村〕太郎左衛門【□の中に太】、嘉右衛門【○の中に◇】、〔塔ノ村〕小右衛門【□の中に小】、中江村定右衛門【□の中にへと二】、〔比賀江村〕太左衛門【○の中に△の中に一】、庄右衛門【○の中に△、△の下に一】、源之助【○の中に×と＼】、〔大野村〕精左衛門【六角形の中に上】、栄吉【○の中に×】、〔井戸村〕次郎右衛門【○の中にVが三つ】、〔小塩村〕市郎兵衛【○の中に上】、初川村彦之丞【□の中に上】、下黒田村善兵衛【○の中に十】、吉之丞【○の中に井】、彦左衛門【○の中に天】、彦三郎【○の中に一、一の下にへ】、利左衛門【○の中に小】、金蔵【○の中にへ】、宮村祐之丞【□の中に大】、梅太郎【□の中に井を45度傾ける】、【上黒田村】半兵衛【□の中に×、×の下に一】、孫市【○の中に井】、仁右衛門・友右衛門・文右衛門・七三郎・治兵衛いずれも【楕円形の中にZの鏡文字】	連印帳	有	この文書の連印すべてが近世の木印(焼き印)と思われる。その内、中世の木印と共通する形態の印だけを列挙した
弥三郎【○の中に一の下に八】、善兵衛【○の中に十】、彦左衛門【○の中に天】、仲右衛門【○の中に小】、金蔵【○の中に入】	証文	未	いずれも木印を印鑑にしたものであろう
〔ひかへ村〕孫八郎【×の下にへ】、〔ひかへ村〕三郎衛門【L下部に｜｜交差して、その下に｜】、〔ひかへ村〕彦兵衛【×の下に＜＜】、大の村のかミ【×の下に×の下に×】、〔大の村〕田中〔カ〕【／の下に／／／と＼交差】、〔大の村〕喜兵へ【↑の右脇に＼】、〔大の村〕孫太郎【↑の左脇に／】、〔大の村〕掃部【↑の右脇に＼と／】、〔大の村〕次郎三郎【〆の下に／／／と＼交差】、〔大の村〕兵こノ代惣左ヱ門【／の下に／〆／と＼交差】、〔大の村〕中ノ代孫左ヱ門【×の下に×の下に×】、〔大の村〕はやし代三郎五郎【／の下に／／〆と＼交差】、〔下村〕弥太郎【＼＼と／／を井桁に交差】、〔下村〕藤左ヱ門【小】、〔下村〕源兵衛【Zの下に＜】、〔下村〕弥キ〔ち脱〕【二の下に＜】、〔下村〕与十郎【への下に一の下に八】、番上屋治部【△】、〔中江村〕かまた【yの下にへ】、〔中江村〕右近【Z】、〔井戸村〕おかや【×に｜｜交差】	覚書	有	大の村のかミと中ノ代孫左ヱ門は同じ木印を使っている
ひがへ村源蔵【○の中に↑の印鑑】	目録	有	↑の木印を印鑑にしたものか

番号	西暦	和暦	月　日	文　書　名	文書群番号	収録
172	1673	寛文13	8月2日	林伝吉田地売券	河原林家文書	写真版
参考2	1674	延宝2	3月29日	宗旨御改之帳	上黒田春日神社文書	写真版
173	1674	延宝2	12月5日	大野村惣中銀子借用状	河原林家文書	写真版
参考3	1675	延宝3	4月17日	奥山のうみ谷手形	山国神社文書	写真版
参考4	1675	延宝3	6月27日	奥山のふ谷加兵衛手形	山国神社文書	写真版
174	1698	元禄9	9月17日	菅河道節山地譲状	菅河誠一家文書256号	『黒田』
175	年未詳	元禄年間か		西家永代書留	西逸治家文書	
参考5	1777	安永6	12月	申年免割帳　丹州桑田郡黒田宮村	菅河宏家文書	写真版
参考6	1778	安永7	10月	筏場停止手形	吉田晴吉家文書314号	写真版
参考7	1864	元治1	8月	筏判株取究連印帳	小塩区有文書	写真版
参考8	1867	慶応3	4月17日	下黒田村筏商売証文	大東藤家文書489号	『黒田』
176	年未詳	子	6月14日	山国上り鮎に付き網衆連署覚書	鳥居家文書	写真版
参考9	年未詳	酉	3月5日	比賀江村源蔵杉木目録	山国神社文書	写真版

【注】「収録」欄の『山国』は『丹波国山国荘史料』、『黒田』は『丹波国黒田村史料』

表8-2　木印署判形態分類一覧

番号	形態	村印	形　態	事　例
A1		村印	×	65、鳥居村中135・136、164(2人)、165
A2			×の下に／	11・12
A3			×の下に＼	11・12
A4			×の下に二	13、171
A5			×の下に｜	78
A6			×の下にフ	142
A7			×の下に丶	164
A8			×の下にへ	176
A9			×の下に＜＜	176
A10			×の下に×の下に×	176(2人同一判)
A11	×形		×の下に×の下に一	111
A12			×の下に×の下に二	132
A13			×の下に＜と／／交差	127
A14			二の下に×の下に×	122
A15			丶の下に×、×の右に一	24
A16			丶の下に一と×	116
A17			丶の下に×と｜	145
A18			×の右にへ	48
A19			｜の右に×	109
A20			×と一交差	41、132
A21			×に｜｜交差	176
B1		村印	大(174たいもん)	3、9、20、24(井戸村小塩口与助)、大野村26・27、29、44、110(井戸村小塩口井加之介)、114、115(4人)、134、139、145(2人)、147、大野村中154、155・156、157、161、大野村惣中173、(黒田)宮村惣しるし たいもん175
B2			大の下に一	112、145、149・150・152
B3		村印	大の左上に点	大野村中153
B4			山の逆さ文字	25、53
B5	漢字形		上	50、67(親子同一判)、71(50の関係者か)、160、170、174
B6		村印	井	井戸村26・27、109、112(2人)、134、145
B7			井の下に＜	142
B8		村印	天	中江村26・27
B9		村印	小	145、169、177
B10			小に＼交差	153
B11			下	163(2人)、168
B12			不の下にト	113
B13			久	145
B14			入	155・156
C1			一の下に×	105・106、164、171
C2			一の下に十	164
C3			一に｜｜｜交差	5(4・5道源の嫡子)、8
C4	漢数字形		一に｜｜｜｜交差	8
C5			一に丶と＼交差	146
C6		村印	一の下に八(174はたのあし)	28、127、138・140、下村惣しるし　はたのあし抹消175、(黒田)上村惣しるし　はたのあし175

C7			一の下に＼の下に一	42、124
C8			一の下に×の下に一	129
C9			一の右下に｜	97
C10		村印	二(174二つ引き)	18、山国庄惣中96、山国庄惣中103、134、145(2人)、163、164(3人)、黒田惣しるし　二つ引き175
C11			二と×交差	115
C12			二に＼交差	164
C13			二の下に／	45
C14			二の下に<	177
C15			二の右に｜	163
C16			二に×とし交差	1
C17	漢数字形		ヽの下に二	164
C18			三	131、164、169
C19			三に｜交差	4(道厳夫婦2人同じ)・5
C20			三に＼交差	164、165
C21			七	21、142、164(抹消)
C22		村印	十	2、鳥居村27、92、98(101キと同一人)、102、鳥(居脱)村中127、145(6人)、163(2人)、164(3人)、171
C23		村印	十の下に一	比賀江村26・27、145、164
C24			十の右下にヽ	145(2人)、164
C25			十の右上にヽ	145、164
C26			十の左下にヽ	145
C27			廿	169
D1			エの両側にヽ	145、164
D2			キ	101(98十と同一人)、107、145、164(2人)、165
D3			キの右に＼	121
D4			コの鏡文字	166
D5	仮名形		ス	33、36、54
D6			スの鏡文字	37(36スと同一人)
D7			つ	163
D8			とに<交差	117
D9			トの鏡文字	164
D10			りの右下にカ	131
E1			<	58、93
E2			<の下に一	61
E3		村印	<の下に一の下に×	塔本村27
E4			<の下に／	164、165
E5			<の下にへ	43、58
E6			<の下に<	54、59、61
E7			<の下に<の下に<	145
E8	括弧形		<に＼＼交差	142(2人但し微妙に相違)
E9			>	89、145、147、164(2人親子か)
E10			>の下に>	46、69、79・88、87(88の親族か)
E11			>の下に>と｜交差	165
E12			>の下に工	104
E13			>の下に＼	133(2人同一判、親子か)
E14			<の下に／と＼＼＼交差	140
E15			>の下に<の下に＼	78

番号	形態	村印	形　態	事　例
E16	括弧形		＞に｜交差	157
E17			＞と／交差	166、169
F1	弓形		へ	108
F2		村印	ゆみしるし	(黒田)下村惣しるしゆミしるし175
F3		村印	へと｜交差	32、35(2通)、黒田下村惣40、52、(黒田)下村惣中69、74、119、145、164
F4			へと一交差	163
F5			への下に×	38、47・49、56、68・69、85・86、94、155・156
F6			への下に×の下に一	139
F7			への下に大	139(2人)
F8			人の右にへ	155・156
F9			への下に／	126・127
F10			への下に／／	126
F11			への下に＼＼	127
F12			への下にへの下にフ	19(親子同一判)
F13			への下に一の下に短い一	161
F14			への下に一の下に八	176
F15			へと十交差	165
F16			へと｜｜交差	57、66(親子同一判)、73、74・75・76、91・95、165
F17			へと｜｜｜交差	126
F18			へと｜／交差	51
F19			＼の右でへと｜交差	69
F20			／の左でへと｜交差	72・73、79
F21			｜の右でへと｜交差	10
F22			へとV交差	34
F23			〆の下にへ	127
F24			)と(交差	6
F25			)と一交差	7
F26		村印	)と(を交差し、その下に／	(黒田)下村27
F27			交差した)(に一交差	38、145
F28			)(と一交差	22・23、60、61・72、74、77・79、83、124、125(2人同一判)
F29			)の下に)を交差	124、125
F30			○の右横にへ	6
G1	矢形		↑	79、165
G2			↑の左脇に／	59、64、94、117、177
G3			↑の右脇に＼	63、80、117、154、162(2人同一判、親子か)、176
G4			↑の右脇に＼と／	177
G5			↑の右脇に＼、その下にZ	151
G6			↑に＞交差	154
G7			↑に＼交差	148、154
G8			トの下に↑	62
G9			↑の下に／	24
G10			↑に＼交差	148、154
G11			＼の右で↑｜	84
H1	斜線形		＼＼と／／を井桁に交差	111、122、130、163、164、176
H2			／｜｜＼	108
H3			／と＼＼交差	166、171
H4			短い一の下に／と＼＼交差	166(／と＼＼交差の子か)

H5			／／と｜交差、左隅に丶	145
H6			／／／に＼交差	146、163
H7			／／／／に＜交差	154
H8			／の下で／／／と＼ならびに短い｜が交差	172
H9			／の下に／／／と＼交差	176
H10			〆の下に／／／と＼交差	176
H11			／の下に／〆／と＼交差	176
H12	斜線形		／の下に／／〆と＼交差	176
H13			｜｜＼	117
H14			＼の下に一	115
H15		村印	＼＼の下にく×	中村27
H16			＼＼＼＼と一交差	167(2人同一判)
H17			＼の下で＼＼＼＼と一交差	167
H18			＼＼＼と一交差、その下で＼と短い一交差	167
H19			一の下に＼	125
I1			A	90
I2			H	145
I3			L	111、145(3人)、146
I4			Lと)交差	30・31
I5			Lに一2本交差	111
I6			L下部に｜｜交差して、その下に｜	176
I7			n	39、72
I8			Nの右に＼	165
I9			Nと一交差	165
I10			Sの下に／	55
I11			Sの下に＼	14(15・16 Zの下に／と同一人)
I12			Sの下に＼＼交差	100、127
I13			Sと／交差、その下に／	128
I14			Tの左脇に一	17
I15	アルファベット形		W	82、146
I16			WにVを重ねる	142
I17			yの下にへ	176
I18			Z	124、125、130、177
I19			Zの鏡文字	163
I20			Z Z	100
I21			Zの下に＜	176
I22			Zの下に／	15・16(14 Sの下に＼と同一人)
I23			Z下部で×交差	99
I24			Z下部で／交差	141
I25			Z下部で／／交差	135～137、138(135～7と同一人か)、143・144
I26			Z下部で／／／交差	135・136・138、143・144
I27			Z上部で／／交差と下部で／交差	135～138
I28			Zに一交差	140
I29			Zの鏡文字に一交差	121・123
J1	三角形		△	63、70、139、145、157(2人)、164、171、177

番号	形態	村印	形　態	事　例
J2			△でいずれも線が角からはみ出る	130、164
J3			△の中に丶	59、80・81
J4			△の中に丶丶	164(2人)
J5			△内に×	120、139
J6			一の下に△	160
J7			一の下に△、△の中に丶	145
J8			一の下に▽の下に△	163(2人)
J9	三角形		△の下に八	160
J10			△の中に△	139
J11			「と△交差	158
J12			▽	168
J13			▽の下に△	146、163
J14			▽の下に一	164
J15			丶の下に▽の下に△の下に／	145
J16			△の中に・	120
J17			△の下にへ	120
K1			□の中に／	109、158
K2	四角形		□の中に＼	163
K3			□の中に¬	159(田貫村)
L1			｜の右に¬	119
L2	その他		～の下に～	163
L3			冂の中にエ	165

せたが、図8‐8・8‐9以外は皆、中世文書である。

①×形…これは×印を中核にして、いくつかのアレンジを加えた木印署判である。この分類におけるバリエーションは、A1からA21まで二一の形態がある（図8‐2久保出雲）。

②漢字形…これは漢字のようにみえる印を中核とするもので、B1からB14まで一四のバリエーションがある（図8‐2与助・8‐5大野村）。

③漢数字形…これは漢数字のようにみえる印を中核とするもので、C1からC27まで二七のバリエーションがある（図8‐3山国庄惣中・8‐5鳥居村）。

④仮名形…これは片仮名・平仮名のようにみえる印を中核とするもので、D1からD10まで一〇のバリエーションがある（図8‐4左近）。

⑤括弧形…これは＜や＞の括弧のようにみえる印を中核とするもので、E1からE17まで一七のバリエーションがある（図8‐5塔本村）。

⑥弓形…これは弓のようにみえる印を中核とするもので、F1からF30まで三〇のバリエーションが

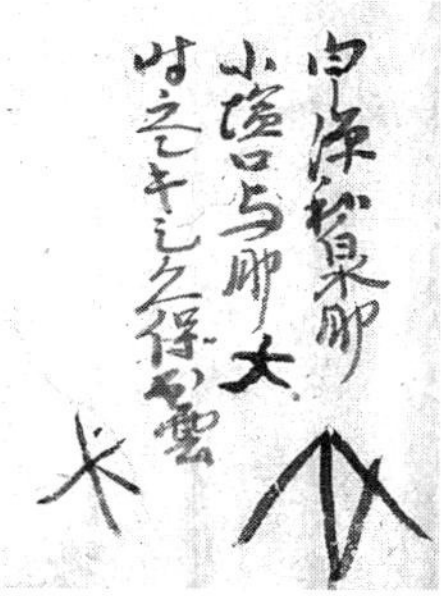

図8–2　［24番］（A15・B1・G9）

図8–3　［96番］（C10）

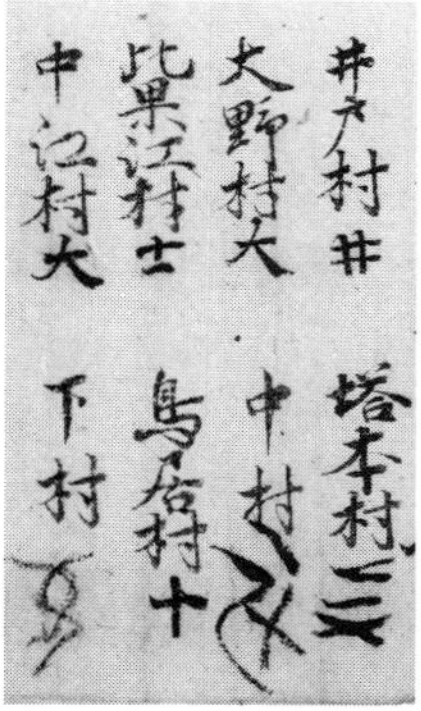

図8–5　［27番］（B1, 6, 8・C22, 23・E3・F26・H15）

図8–7　［17番］（I15）

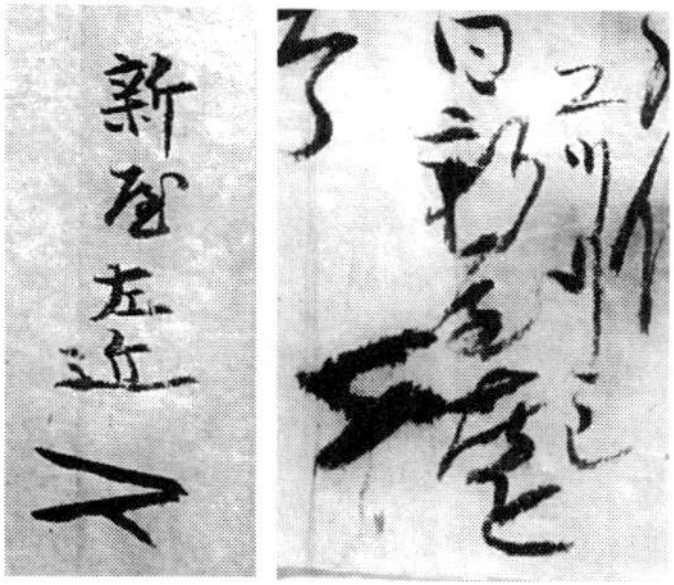

図8–4　左：［36番］（D5）右：［37番］（D6）

図8–6　［63番］（G3・J1）

ある（図8–5下村・8–9林左近）。

⑦矢形…これは矢のようにみえる印を中核とするもので、G1からG11まで一一のバリエーションがある（図8–2宇源和泉助・8–6二郎太郎）。

⑧斜線形…これは斜線を中核とするもので、H1からH19まで一九のバリエーションがある（図8–5中村）。

⑨アルファベット形…これはアルファベットのようにみえる印を中核とするもので、I1からI29まで二九のバリエーションがある（図8–7祢宜）。

⑩三角形…これは三角形を中核とするもので、J1からJ17まで一七のバリエーションがある（図8–6かもん・8–8庄兵へ）。

⑪四角形…これは四角形を中核とするもので、K1からK3

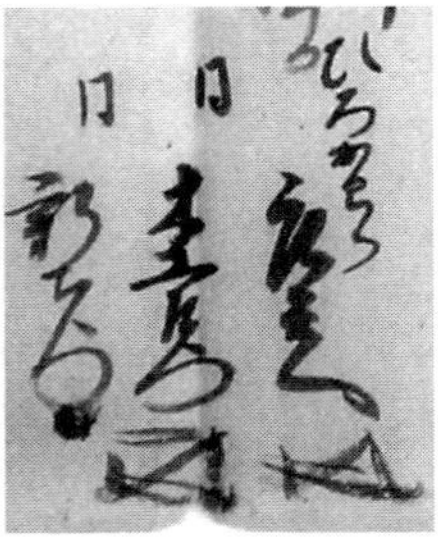

図8-8 ［158番］（J11・K1）

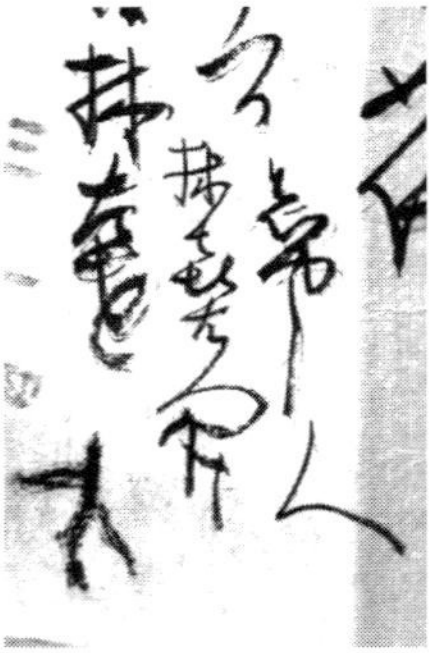

図8-9 ［119番］（F3・L1）

まで三つのバリエーションがある（図8-8杢左ヱ門）。

⑫その他…これは上記のどの分類にも属さないもので、L1からL3まで三つの形態がある（図8-9林喜左ヱ門）。

以上のように、木印は一一の分類とそのバリエーションならびにその他の三つの形態をあわせて、全部で二〇一の形態がある。ただしこの分類はあくまで見た目の形態分類に過ぎず、当時の人の形態認識を考慮したものではない。たとえば、「十」と「×」は同じく10という数量を意味していたという民俗知識の指摘がある。[6] そうであれば、「十」と「×」を別の分類とすべきではないかもしれない。そういう形態知について、この分類は何ら考慮していない形式的なものであることをお断りしておく。

次に木印署判を載せている文書についてみてみたい。表8-3は木印署判を載せている文書の諸類型をまとめたものである。これに

表8-3　木印署判所載文書の類型

	売券		借状・預り状		譲状・寄進状		契状・宛行状・手形		定書・証文・書状類		文書合計
	実数	比率	実数	比率	実数	比率	実数	比率	実数	比率	
13世紀後半	1	100%	0	0%	0	0%	0	0%	0	0%	1
14世紀前半	1	50%	0	0%	1	50%	0	0%	0	0%	2
14世紀後半	2	40%	0	0%	3	60%	0	0%	0	0%	5
15世紀前半	6	55%	0	0%	3	27%	0	0%	2	18%	11
15世紀後半	17	71%	0	0%	6	25%	0	0%	1	4%	24
16世紀前半	22	67%	0	0%	9	27%	0	0%	2	6%	33
16世紀後半	26	74%	2	6%	3	9%	3	9%	1	3%	35
17世紀前半	21	70%	4	13%	1	3%	0	0%	4	13%	30
17世紀後半	15	45%	3	9%	1	3%	8	24%	6	18%	33
18世紀前半	0	0%	0	0%	0	0%	0	0%	0	0%	0
18世紀後半	0	0%	0	0%	0	0%	0	0%	0	0%	0
合　計	111	64%	9	5%	27	16%	11	6%	16	9%	174

※比率は小数点以下を四捨五入しているため、必ずしも合計が100％にならない

よると、一三世紀後半から一七世紀後半まで、ほとんどの時代で売券が半数以上を占めている。売券は全時代を通して六四％である。これに次ぐのが譲状・寄進状類だが一四世紀は全体の半数を占めているものの、全時代を通しては一六％に過ぎない。木印署判は、圧倒的に売券に記されているといえよう。

また一八世紀に入ると木印署判は皆無となる。木印署判の消滅については後述するが、時代的には一八世紀に入ると木印署判は使われなくなるといってよいだろう。

二　木印署判と村人の家

次に木印署判と署判者との関係についてみていこう。表8－4は「肉親で同じ木印署判を使う事例」を集めたものである。同一の木印署判を使っている者相互の間柄が分かる事例である。表8－4の1、沙弥道厳と比丘尼蓮阿は、文書の本文中に「沙弥道厳幷同妻蓮阿弥」とあることから夫婦であることは間違いない。この夫婦は同じ文書で「三に―を交差させた形」の木印署判を用いている。ただしこの文書の写真版を私は見ていない。その点で一抹の不安があるが、活字版でもわざわざこの形を作字しているので木印署判の同一性については信用できると思う。

表8－4の2は中江道泉と嫡子信乃介の親子で、「への下にへの下にフ」の形の

表8－4　肉親で同じ木印署判を使う事例

番号	表8-1番号	年代	署判者1	署判者2	間柄	木印署判
1	4	1354	沙弥道厳	比丘尼蓮阿	夫婦	三に｜交差
2	19	1449	中江道泉	嫡子信乃介	親子	への下にへの下にフ
3	66	1544	ツルノ兵庫	ツルノ兵衛二郎	親子か	へと｜｜交差
4	67	1544	道明禅門	同左衛門太郎	親子か	上
5	87・88	1558	井ノ本左近	小谷庵永春	親族か	＞の下に＞
6	133	1643	今砂中甚左右衛門	同(今砂中)左近	親子か	＞の下に＼
7	162	1661	林又兵衛	同(林)仁蔵	親子か	↑の右脇に＼
8	164	1663	奥山のふミ組頭孫兵衛	奥山同(のふミ)組下孫市郎	親子か	＞

表8-5　菅河家の木印署判「上」

番号	年代	表8-1番号	署判者（木印署判）	備考
1	1515	50	すかわの祢宜（上）	すかわ＝菅河
2	1544	67	道明禅門（上）	
3	1544	67	同左衛門太郎（上）	道明の子か
4	1546	71	須川左衛門太郎（上）	須川＝菅河
5	1660	160	左近（上）	
6	1672	170	祢宜左近（上）	160と同一人か
7	1698	174	次河道節（上）	次河＝菅河

※1447年[17]す川祢宜は「Tの左脇に一」、1459年［20］須河祢宜貞国・1660年[155・156]のす川小左衛門は「大」の木印署判である。

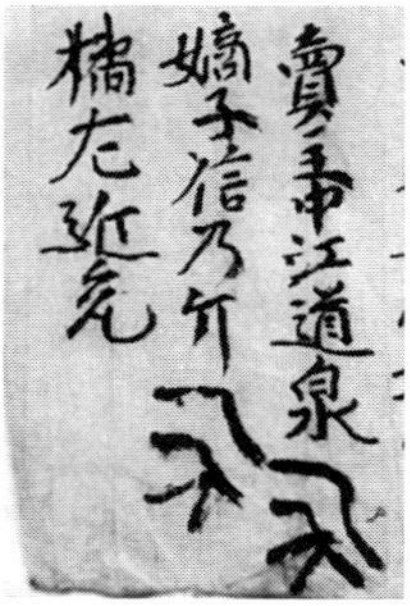

図8-10　表8-4の2［19番］

木印署判を用いている（図8-10参照）。ここでは同一の文書に親子が同一の木印署判を用いているのである。

残る表8-4の3〜8の事例は、「ツルノ」、「同」などの語や文書での記載のされ方などからみて親子または親族と思われる間柄の者たちが、同じ形の木印署判を同一の文書のなかで使っているものである。

このように夫婦や親子、親族が同時に同じ木印署判を使うというのは、どういうことなのだろうか。通常の花押では考えられない事態である。そこで想起されるのが、桜田氏の木印に関する指摘である。同氏は、木印は材木に記された家の印（しるし）だと指摘している。このことから、木印を署判に転用した木印署判にも家の印という性格があるのではなかろうか。すなわち木印署判は、個人の徴証というよりも、署判者が属する家の徴証として用いられたものだといえよう。

この点を、長いタイムスパンの中で考えてみたい。表8-5は、黒田宮村・菅河家の木印署判「上」についてまとめたものである。表8-5の1・4・7の「すかわ」・「須川」・「次河」は菅河姓であることを示している。6の左近は「祢宜」と称しているが、菅河家は宮春日神社の祢宜である。[7] そこから同じく5の左近も菅河家の左近と推測される。同じく2・3の道明禅門と同左衛門太郎については菅河姓とすべき直接的な徴証はないが、7の道節と法名が類似している点に注意しておきたい。

表8-6　大江家の木印署判「)(と一交差」

番号	年代	表8-1番号	署判者	備考
1	1460	22	大永ひこ太郎	
2	1460	23	大永ひこ太郎	
3	1533	60	大永左衛門二郎	
4	1534	61	大江左衛門二郎	
5	1546	72	大江左衛門二郎	
6	1550	74	大江右近	
7	1551	77	大家右近	署判は「大いへおこ」だが、本文中は「大家右近」とある
8	1552	79	大家おこ	大家右近か
9	1556	83	大家又二郎	
10	1621	124、125	丹波屋	同一文書に同一の木印署判
11	1621	124、125	大江四郎左ヱ門	

※典拠文書はいずれも井本昭之助(現正成)家文書の売券である。

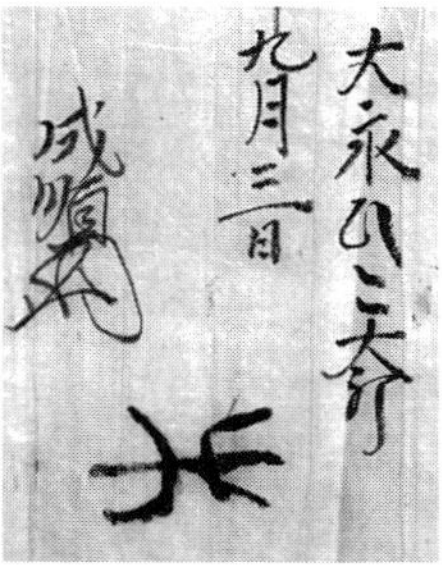

図8-11　表8-6の1［22番］

上記の推測を基にすると、菅河家は一五一五年から一六九八年まで一貫して「上」という形の木印署判を用いてきたことになる。ここにも家印としての木印署判の性格がみられるといえよう。坂田聡氏によると菅河家は上家・下家に分かれていたので、(8)「上」は上菅河家の木印署判であった可能性がある。

菅河家は違う木印署判も用いていた。後掲する表8-9の1・2にみえる浄玄（一四四七年）は菅河家の木印署判の先駆的な存在で、(9)「Sの下に＼」を使っている。同じ年のす川祢宜は「Tの左脇に一」の木印署判［17番］、一四五九年の須河祢宜貞国［20番］と一六六〇年のす川小左衛門［155・156番］は「大」の木印署判を使っている。

このことをどう考えたらよいだろうか。ここでまた桜田氏の木印に関する指摘を想起したい。桜田氏は、家の木印には二〜三の木印を組み合わせて用いる事例があると指摘している。このことから考えると、菅河家は「Sの下に＼」・「Tの左脇に一」・「上」・「大」の四つの木印を持っていたと考えられる。このいずれかを組み合わせて、菅河家の木材の印としていたのではないだろうか。

そこからさらに、菅河一族としてはこの四つの木印を持っていたが、それを上家・下家が区別して使っていたという見方もできる。坂田氏によると下菅河家が祢宜家であるので、す川祢宜の「Tの左脇に一」が下菅河家の木印署判である可能性がある。しかし一五一

表8−7　「ほう」家の木印署判「への下に×」

番号	年代	表8-1番号	署判者	備考
1	1492	38	久保掃部	
2	1511	47	賀々助	
3	1513	49	新屋加賀助	2と同一人か
4	1528	56	方又二郎	
5	1545	68	房ノ二郎太郎	
6	1545	69	はうの又二郎	
7	1558	85	はう中務	
8	1558	86	坊之中務	
9	1560	94	坊中務	
10	1660	153	内田左近	
11	1660	154	内田左近	

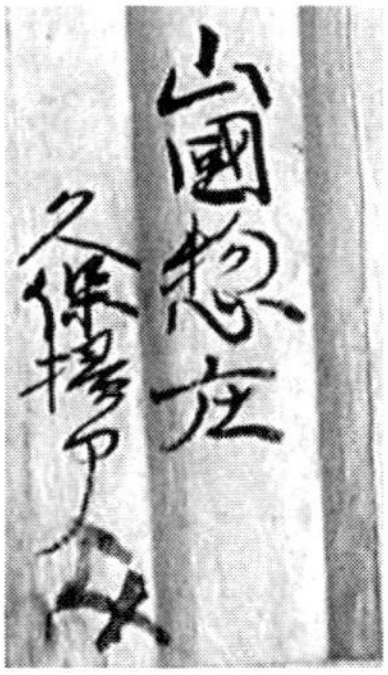

図8−12　表8−7の1［38番］

五・一六七二年の祢宜は「上」の木印署判を用いている。祢宜職が時代により上菅河家・下菅河家で移動した可能性もあるかもしれないが、これ以上の推測はいまのところできない。

表8−6は、図8−11（表8−6の1）のような「)(に一を交差させた」形の木印署判を集めたものである。表8−6の1・2には「大永」、同3〜6・11には「大江」、同7〜9には「大家」とある。大永は「おおえ」と呼んだのではないかと思われ、「大家」（大いへ）も「おおえ」が転訛したものではないだろうか。このことから、「)(に一を交差させた」形の木印署判は大江家の家印と推察した。なお、表8−6の10と11は同一の文書に書かれたものであり、同10の丹波屋は下黒田村の名主家である。[10]

表8−7は、図8−12（表8−7の1）のような「への下に×」形の木印署判を集めたものである。表8−7の4に「方」、同4に「房」、同7・8に「はう」、同8・9に「坊」とある。ここから「への下に×」形の木印署判は、「ほう」という苗字または地域の家が印としているものではないかと考えられる。また同1の「久保」も「ほう」の同類かもしれない。「ほう」家と同2・3「賀々助」・「新屋加賀助」や同10・11「内田法学」との関連は不明である。

以上のような諸事例は、木印署判はもとの木印の性格を受け継いで家の印として用いられたことを示すものである。このような署判のありかた

表8-8　肉親間で異なる木印署判を使う事例

番号	表8-1番号	年代	署判者1	1の木印署判	署判者2	2の木印署判	間柄
1	5	1354	沙弥道厳	三に｜交差	嫡子丹波守貞	一に｜｜｜交差	親子
2	61	1534	中の左近	＜の下に＜	中の小左近	＜を消して、その下に＜の下に一	親子か
3	109	1578	田貫村湯上谷次郎太郎	井	弟次郎三郎	□の中に／	兄弟
4	166	1665	同（禅宗大通院）旦那与左衛門	／と＼＼交差	同（禅宗大通院）旦那与一郎	短い一の下に／と＼＼交差	親子か

は、個人の徴証である花押のありかたとはかけ離れている。一般庶民の署判のありかたや意味を考えるうえで、木印署判の事例の持つ意義は大きいといえよう。

三　木印署判と署判者個人

さらに木印署判と署判者個人との関係をみてみよう。表8-8は、肉親間で異なる木印署判を使う事例をまとめたものである。表8-8の1の事例は、第二節表8-4で扱った沙弥道厳・比丘尼蓮阿夫婦の関連事例である。沙弥道厳は家印と思われる「三に一交差」を使っているのに対し、嫡子丹波守貞は「一に川交差」の木印署判を用いている。一見すると似ている木印署判であるが、嫡子丹波守貞は明らかに家印とは異なるものを意図的に用いていることがわかる。

表8-8の2、中の左近と中の小左近は親子と思われる。図8-13のように子の小左近は親と同じ「＜」を抹消している。そしてその下に親の「＜の下に＜」とは一部異なる「＜の下に一」という木印署判を記している。これは明らかに親とは違う者であることを意図的に表現した木印署判だといえよう。なお坂田氏によると、この中の左近は井本家の者である。

表8-8の3は山国荘近隣、田貫村の事例であるが、兄の上谷次郎太郎が「井」と弟の次郎三郎が「□の中に／」というように、兄弟で異なる木印署判を用いている。

表8-8の4、禅宗大通院旦那与左衛門と同旦那与一郎は、宗旨人別帳という文書のありかたからみて、親子と思われる。父の与左衛門「／と＼交差」という木印署判に対し、子の与一郎はその上部に短い横棒を付けることで差別化を図っている（図8-14参照）。

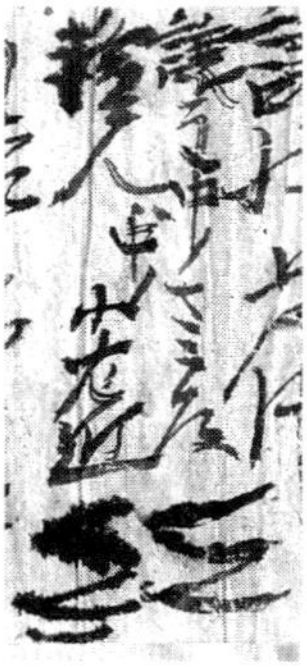

図8-13　表8-8の2［61番］

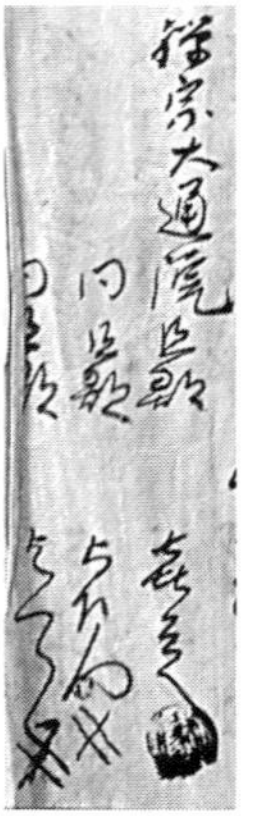

図8-14　表8-8の4［166番］

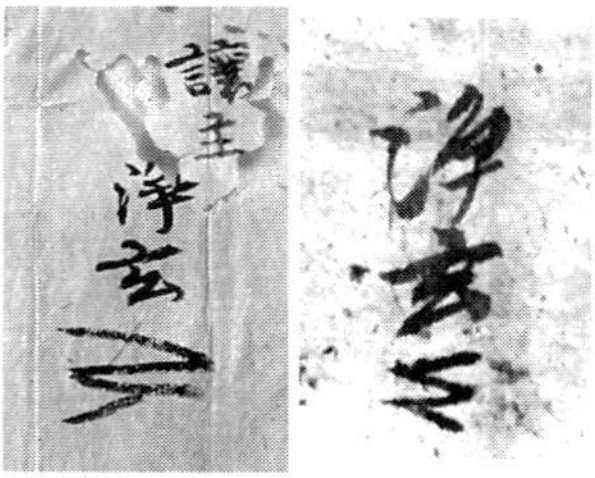

図8-15　表8-9の1　左：［15番］　右：［14番］

表8-9　個人で複数の木印署判を使う事例

番号	表8-1番号	年代	署判者	木印署判
1	14	1447	浄玄	Sの下に＼
	15・16	1447		Zの下に／
2	36	1492	新屋左近	ス
	37	1492		スの鏡文字
3	98	1564	上石畠妙源の子ノ孫太郎治部	十
	101	1568	上石畠治部	キ

以上の事例は、一家で複数の木印を持つという桜田氏の指摘の枠から逸脱しているように思われる。特に表8-8の1・3・4は父親の木印署判に若干の改変を加えることにより、個人としての木印署判を示そうとしているように思われる。特に表8-8の2・4は家印に対するささやかな改変で個人の印として用いようとしたものであり、その心情を察してあまりある。ここには、実用の木印から木印署判が離脱していく端緒がみられるのではないだろうか。

表8-9は、個人が複数の木印署判を使っている事例を集めたものである。表8-9の1、浄玄は「Zの下に／」と「Sの下に＼」の二つの木印署判を持っている（図8-15参照）。次に表8-9の2、新屋左近は「ス」と「スの鏡文字」という二つの木印署判を持っている（前掲図8-4参照）。なお、新屋左近は下黒田村塩野家の分家である。[11]

表8-10 「キ」木印署判者一覧

番号	年代	表8-1番号	署判者	備考
1	1568	101	上石畠　治部	98(1564年)の上石畠妙源の子ノ孫太郎治部(十)と同一人物
2	1576	107	西うら四郎三郎	
3	1651	145	奥山ひろ川原之内新右ヱ門	
4	1663	164	奥山八町ヶ原吉三郎	
5	1663	164	奥山八町ヶ原与市郎	
6	1664	165	小塩村［　］右ヱ門	

表8-11 「△」木印署判者一覧

番号	年代	表8-1番号	署判者	備考
1	1534	63	はゝけかもん	
2	1545	70	ゑこ与太郎	売買地は塩野村の畠
3	1644	139	黒田宮村三蔵	黒田宮村の書付
4	1651	145	奥山ねしりき谷小五郎	奥山ねしりき谷
5	1660	157	ひろかわら玄右ヱ門	奥山ひろかわら
6	1660	157	ひろかわら勘四郎	奥山ひろかわら
7	1663	164	奥山おめなくミ小左衛門	奥山おめなくミ
8	1673	171	奥山尾花組頭小左衛門	奥山尾花組
9	年未詳	176	塔村番上屋治部	塔村

新屋左近の事例からすると、浄玄の場合も、「Zの下に／」と「Zの鏡文字の下に＼」の二つの木印署判と表現することもできよう。いずれの場合もそれぞれ同じ年の事例なので、忘失による書き間違えというわけではないだろう。あるいは鏡文字のような違いは当時の人々にとって意に介する程のことではなかったのかもしれない。

表8-9の3、上石畠治部の木印署判は「十」と「キ」である。これも「十」に横棒を加えて「キ」にしたとみることもできる。治部の父親である妙源の判は、筆軸を二つ並べた筆軸印で、木印署判ではない。従って「十」が家印かどうかは不明である。なお治部の文書については写真版で確認できていないが、活字版でもきちんと作字されているので、信用できよう。

個人で複数の木印署判を使う背景としては、前述したように一家で複数の木印を持っていることが考えられる。それを適宜、選んで木印署判にしたということである。上石畠治部の場合は、そのように解釈できるかもしれない。

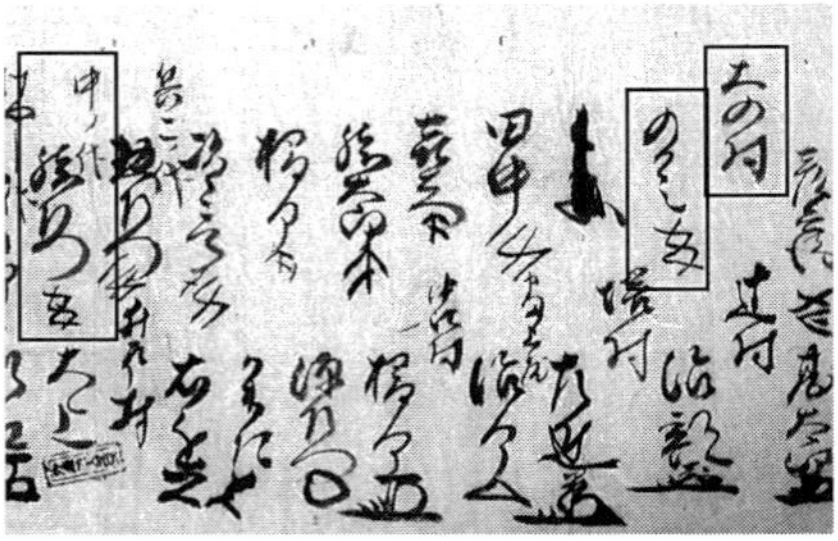
図8-16　［176番］

以上のように親と異なる木印署判を用いたり、個人で複数の木印署判を用いる事例は、木印署判の新たな利用方法の表れであろう。ここには家の印としての木印署判から逸脱して、個人の判として木印署判を用いる流れがみられるといえよう。

次に別の観点から、このことを考えてみよう。表8-10と表8-11は「キ」と「△」というシンプルな木印署判を使っている事例を集めたものである。「キ」を用いている者は六人いるが、そこには小塩村や奥山など異なる地域の者が含まれている。一方「△」を用いている者は、黒田宮村、塔村、それに奥山のねしりき谷・広河原・おめな組・尾花組に渡っている。

木印としては、「△」や「キ」と他の木印を合わせ用いるのであろう。ただ木印署判としてもこのように他村の者が同じサインを使っているとなると、「△」や「キ」がその者固有の木印署判とはいえなくなってくる。

そしてそれは、他村間の問題に止まらない。表8-1の176番、年未詳の近世文書には、大野村の「のかミ」と同じ大野村の「中ノ代孫左ヱ門」が同じ「×の下に×の下に×」形の木印署判を使っているのである（図8-16参照）。

このことは、何を意味するのだろうか。まず第一には、利益上他者との相違を峻別しなければならない木印そのものと、それを文書の署判に取り入れた木印署判とが時代を追うにつれ、遊離してきたことを意味しているといえよう。他村や自村内でも同じ木印を用いるということはありえない。

第二には、木印署判が家の判（家印）から個人の判へと次第に遷移していったことがあげられよう。自分の家がもつ複数の木印の中から特定の印を自分個人の木印署判と用いていく傾向が、時代を追うにつれて増えていったのではなかろうか。この点を史料上、明確にすることは困難であるが、表8－8・9でわずかに示した事例がその証左である。

第三には、個人の判として木印署判が使われた場合でも、花押のようにその人固有の判形であることに、当時の民衆がこだわらなかった点があげられる。他村はもとより自分の村内に同じ木印署判を用いる者がいても、それを相互に忌避していない状況が、このことを如実に物語っている。

この第三の点は、略押や筆軸印で署判する中世民衆の感覚と通底するものであろう。そこには署判に自己のアイデンティティーを表明することよりも、他者の前で署判する事実そのものに価値を見出すという姿勢があるように思われる。このような中世民衆の心性を、地下文書の世界の中で確認していくことが重要であろう。

四　木印署判と村

次に村の木印署判についてみてみよう。表8－12は「大」の木印署判についてまとめたものである。「大」の木印署判者は木印署判のなかで最も多く、二〇例もある。「大」木印署判者は黒田宮村（菅河家ら）、小塩村、井戸村や奥山など多地域にわたるが、そのなかに大野村の惣判もある。

大野村の木印署判は、一四六八年と一六五四年にみられる。それに大野村の頭文字は「大」である。このことからすると、一五世紀中頃から一七世紀まで、大野村の木印署判（村印）は「大」に固定されていたようにみえる（この点は後に論じる）。

なお、大野村には、「大の左上に点」という木印署判もある［154番・一六五四年］。

表8－13は「井」の木印署判についてまとめたものである。「井」木印署判は七例だが、表8－13の1・2、

表8-12　「大」木印署判者一覧

番号	年代	表8-1番号	署判者	番号	年代	表1番号	署判者
1	1348	3	沙弥教阿放				
2	1406	9	内田法学				
3	1459	20	須河祢宜貞国	4	1660	155・156	す川小左衛門
5	1461	24	小塩口与助	6	1580	110	井戸村小塩口伊加之介
7	1468	26・27	大野村	8	1654	154	大野村中
9	1470	29	洲江際一				
10	1505	44	アコせ女				
11	1610	114	村中				
12	1611	115	くるみ田人衆　□門(カ)				
13	1611	115	くるみ田人衆　二郎左衛門				
14	1611	115	くるみ田人衆　新二郎				
15	1611	115	くるみ田人衆　左衛門太郎				
16	1643	134	井ノ鼻長二郎				
17	1644	139	黒田宮村三郎兵衛				
18	1651	145	奥山おみなノ谷之内組頭与右ヱ門				
19	1651	145	奥山みこ原之内組頭八兵衛				
20	1651	147	奥山しやくや組頭八兵へ				

表8-13　「井」木印署判者一覧

番号	年代	表8-1番号	署判者	備考
1	1468	26	井戸村	
2	1468	27	井戸村	
3	1578	109	田貫村湯上谷次郎太郎	
4	1607	112	辻村彦三郎	
5	1607	112	井土村太郎二郎	井土村＝井戸村
6	1643	134	南　加兵衛	
7	1651	145	奥山さい谷之内組頭孫兵へ	

一四六八年の二例は井戸村の木印署判である。ところが、表8-13の5、一六〇七年の事例には「井土（戸）村太郎二郎」個人の木印署判がみられる。これは、どういうことだろうか。

ここで想起されるのは、前述した「村の印は部落内の有力な家の家印である」という木印に関する桜田氏の指摘である。その一方、村の木印を家の木印に転用したということも考えにくい。

これらの点から、「井」木印署判はもともと太郎二郎家の木印であったと思われる。それが井戸村の木印の一部となり、さらに井戸村の木印署判となったのではなかろうか。一方、太郎二郎家は他の木印と合わせて「井」の木印を用いていた。そして太郎二郎の木印署判としても「井」を用いていたのだろう。井戸村の「井」がそうであれば、前述の大野村の木印署判「大」も村落内有力者の木印が基になっていた可能性も排除できないだろう。

表8-14は「十の下に一」の木印署判をまとめたものである。この木印署判は、一四六八年に二回、比賀江村の木印署判として用いられた後、一七世紀後半に二回、奥山住人個人の木印署判とされているだけである。従って、「十の下に一」の来歴については未詳である。

表8-15は「十」の木印署判者、表8-16は「×」の木印署判者をそれぞれまとめたものである。表8-15では、一四六八年と一六二四年に鳥居村の木印署判として「十」が用いられたことがわかる。それ以降は奥山の個人の判として多用されている。一方の表8-16では、一六六三年に鳥居村の木印署判として「×」

表8-14 「十の下に一」木印署判者一覧

番号	年代	表8-1番号	署判者
1	1468	26	比賀江村
2	1468	27	比賀江村
3	1651	145	奥山ねしりき谷五郎三郎
4	1663	164	奥山あめもらす組喜左ヱ門

表8-15 「十」木印署判者一覧

番号	年代	表8-1番号	署判者	備考
1	1309	2	三男字乙法師	
2	1468	27	鳥居村	
3	1560	92	をめかす二郎五郎	
4	1564	98	妙源の子ノ孫太郎治部	101キと同一人
5	1570	102	西山太郎三郎	
6	1624	127	山国鳥村中	鳥村＝鳥居村
7	1651	145	奥山ねしりき谷三郎五郎	
8	1651	145	奥山のふミノ谷之内組頭長兵衛	
9	1651	145	奥山のふミノ谷源七	
10	1651	145	奥山のふミノ谷彦十郎	
11	1651	145	奥山のふミノ谷次左ヱ門	
12	1651	145	奥山おみなノ谷十兵へ	
13	1662	163	奥山ほとけ谷組頭五郎右ヱ門	
14	1662	163	奥山ほとけ谷庄左ヱ門	
15	1663	164	奥山おり谷ひこ三郎	
16	1663	164	奥山仏谷権七	
17	1663	164	奥山八町ヶ原与右ヱ門	
18	1673	171	奥山のふうミ久三郎	

が用いられたことがわかる。それ以降は奥山や小塩村の個人判として用いられている。前述したように「十」と「×」はいずれも10を表す木印とされたという民俗知がある。従って、「十」も「×」も同じように鳥居村の木印署判と認識されていたのであろう。そして前述の比賀江村同様、これ以上の鳥居村木印署判の来歴は不詳である。

表8-17は「へと—交差」の木印署判者を集めたものである。「へと—交差」の木印署判は、表8-17の10で「ゆみしるし」と呼ばれている。一方、表8-18は「一の下に八」の木印署判者を集めたものである。「一の下に八」の木印署判は、表8-17の10で「はたのあし」と呼ばれている。「はたのあし」とは幡の設置基盤装置の形のことであろう。

表8-17の3では「へと—交差」は黒田下村の木印署判だとされている。しかし、一四六八年27番では黒田下村は「)と(を交差し、その下に／」という木印署判であった。すなわち黒田下村の木印署判は「)と(を交差し、その下に／」、そして「へと—交差」(ゆみしるし)と変わっているのである。このことは如実に村の木印署判は、変化していることを示している。すなわち、その当時における村落有

表8-16 「×」木印署判者一覧

番号	年代	表8-1番号	署判者
1	1540	65	中務丞
2	1643	135	鳥居村中
3	1643	136	鳥居村中
4	1663	164	奥山つむねくミ吉兵へ
5	1663	164	奥山ねちか谷ひこ左ヱ門
6	1664	165	小塩村吉兵へ

表8-17 「へと｜交差」(ゆみしるし)木印署判者一覧

番号	年代	表8-1番号	署判者	備　考
1	1479	32	私田兵庫	
2	1491	35	津々野中務	2通
3	1498	40	黒田下村惣	1468年27では下村「)と(を交差し、その下に／」
4	1519	52	兵衛二郎	
5	1545	69	下村惣中	下村＝黒田下村
6	1550	74	和田中務	
7	1619	119	林左近	
8	1651	145	奥山のふミノ谷久六	
9	1663	164	奥山つむねくミ庄左ヱ門	
10	年未詳	175	下村惣しるし【一の下に八】〔抹消〕はたのあし〔抹消〕ゆミしるし	下村＝黒田下村

力者の木印（または木印署判）が村の木印署判であったものといえよう。それが近世になって村印（むらしるし）と認識された点については後述する。

ところで、表8-17の10では黒田下村の木印署判は「はたのあし」だと記され、それが「ゆみしるし」だと訂正されている。そこで次に表8-18の「はたのあし」木印署判をみてみよう。表8-18の5・6によると「はたのあし」は黒田下村の木印署判であることを訂正する一方、黒田上村の木印署判であるとされている。黒田上村の木印署判は中世文書では確認できないが、近世ではそのように認識されていたのであろう。

表8-19は「二」（二つ引き）の木印署判者を集めたものである。この木印署判は一五六一・一五七一年に山国惣荘の木印署判となっている。その後は下丹波屋が使っているほか、一七世紀にはもっぱら奥山住人の木印署判となっている。

興味深いのは、表8-19の11で「二」（二つ引き）

表8-18 「一の下に八」（はたのあし）木印署判者一覧

番号	年代	表8-1番号	署判者	備　考
1	1470	28	ゐのはな石	
2	1624	127	鳥居村二郎三郎	
3	1643	138	鳥居村三郎次郎	二郎三郎の子か
4	1646	140	鳥居村三郎次郎	
5	年未詳	175	下村惣しるし【一の下に八】〔抹消〕はたのあし	下村＝黒田下村
6	年未詳	175	上村惣しるし【一の下に八】はたのあし	上村＝黒田上村

表8-19 「二」（二つ引き）木印署判者一覧

番号	年代	表8-1番号	署判者	備考
1	1449	18	荘又五郎	
2	1561	96	山国庄惣中	
3	1571	103	山国庄惣中	
4	1643	134	下丹波屋長左衛門	
5	1651	145	奥山八町か原之内正家	
6	1651	145	奥山庄左ヱ門	
7	1662	163	奥山ひこ三郎	
8	1663	164	奥山のふミ組ひこ三郎	7と同一人か
9	1663	164	奥山すけ原三郎二郎	
10	1663	164	奥山あめもらす組頭庄左ヱ門	
11	年未詳	175	山国黒田惣しるし　二　二つ引き也	

が「山国黒田惣しるし」すなわち黒田三ヶ村の惣印だとされている点である。一六世紀に山国惣荘の木印署判であった「二」を、近世の段階で黒田地域全体の印（しるし）としているのはどういうことなのか。山国荘本郷と黒田との対抗関係を考えるうえで、非常に興味深い事象である。

なお26・27番（一四六八年）で中江村の木印署判が「天」、同じく27番で中村のそれが「〳〵の下にくと×」となっている。しかし、いずれも他に類例となる文書がなく、その由緒来歴は不明である。

本書第六章（初出一九九九年）で、山国荘の木印署判は当該の荘園・村落における有力者の木印署判が基になっているものと推察した。ところが、今回の調査でその関係を伺わせたのは、井戸村の事例のみである。そしてこの井戸村惣判の基となったであろう「井土（戸）村太郎二郎」が井戸村の有力者かどうか確認できなかった。これは、どういうことなのだろうか。

前述したように、木印署判の多くは売券の署判であった。すなわち、今に残された木印署判の多くが、土地を手放した階層のものなのである。このことは、地域の有力者の木印署判は、現存する文書からほとんど確認できないことを意味している。すなわち残念ながら、桜田氏の見解を中近世の木印署判からはほとんど実証できないのである。

ただ175番の文書で黒田地域の木印署判が「村印」と認識されている点については、その道筋が想定できる。近世では実際の木印（筏印）と木印署判が次第に乖離していったと思われる。したがって近世の村人には、古文書上の惣判の木印署判が中世以来固定した「村印」にみえたのであろう。

しかし実際には、大野村の「大」と「大の左上に点」、鳥居村の「十」と「×」、黒田下村の「）と（を交差し、その下に／」・「ゆみしるし」（へと―交差）または「はたのあし」（一の下に八）のように、変化や揺らぎがあった。ここから考えると、わずかに残された文書から井戸村「井」や比賀江村「十の下に一」のように固定した村印があったようにみえる事例も、そのように判断するのは危険だと思う。

五　木印署判の行方

最後に、前項の村印の問題とも関わって、近世における木印署判の消滅について見届けておこう。

まず近世で目立つ事象は、奥山における木印署判である。

たとえば、前掲した表8-10・11の「キ」や「△」の木印署判をみてみよう。表8-10「キ」では全六例中、一七世紀半ば奥山の事例が三例ある。また表8-11「△」では全九例中、同じく一七世紀半ば奥山の事例が四例ある。これは145番（一六五一年）・163番（一六六二年）・164番（一六六三年）・166番（一六六五年）・169番（一六七〇年）などの文書に奥山の木印署判が大量に記されているという史料残存のありかたによるものである。それにしても、奥山の住人はなぜこのように多くの、そして相互に類似する木印署判を、この時期に使ったのであろうか。

奥山は文字通り山国荘の奥山であるが、近世ではこの奥山に住みついた住人が山国荘に対して叛旗を翻し始める。広河原など奥山の住人たちが山国荘からの離脱を企てるのである。このような動向のなかで、奥山の住人たちが山国荘と同様の木印署判を使うようになる。

なお坂田聡氏によると、奥山にも筏場があり筏流しをしていた。[12] これは、奥山が自立的に木材を搬出しようとした動きを示すものといえよう。ただしこの筏場は山国荘側のものであり、奥山（広河原）住人は材木の搬出を基本的には許されなかったもようである。

ただ注意したいのは、本章冒頭で示した印鑑のような木印署判である。

たとえば今問題にしている奥山の事例でも、小左ヱ門「○の中に△の印鑑」という印鑑がある［166番と参考1

番」。

山国荘本郷でも、近世（年未詳）の文書に、ひがへ村源蔵「○のなかに→」という印鑑がある［参考9番］。同じく山国荘下黒田村でも一八六七（慶応三）年四月の証文に、善兵衛「○の中に十」、彦左衛門「○の中に天」、仲右衛門「○の中に小」、金蔵「○の中に入」という印鑑がある［参考8番］。

このように木印をそのまま印鑑にしている例が奥山のみならず、山国荘本郷や黒田でもみられる。しかしそれは近世の木印署判においては主流ではない。

本章の冒頭で紹介した元治元年（一八六四）筏判株取究連印帳をみてみると、その署判には複雑な文字を陽刻した印鑑が圧倒的に多い。この複雑な字形の印がそのまま当時の木印かどうかはいまのところ証明できない。しかし一九世紀の筏印の連印がこのような状況であれば、その基となっている木印も複雑な焼き印になっていることは想像に難くないだろう。

単純な鉈彫りの木印は、複雑な字形の焼き印に取って代わられたのであろう。それと並行して、木印署判は実際の木印（焼き印）と乖離していったのは当然のことといえよう。

近世後期における奥山の木印署判インフレーション状況は、そうした形骸化した過去の木印（木印署判）が再利用された姿なのである。

おわりに

ここまで辿り着いて、いまだにしっくり来ないのは、なぜ木印署判の多くが売券に用いられたのかという点である。売券は土地の権利の移動にとって最も大事な証文である。それなのに本人かどうか同定できない判形を敢えて用いている。売券に署判することをお互いに確認することで、当座その問題はクリアできたかもしれない。それでも、百年後の土地継承者はそれをどのように受け入れることができたのか、不審に思う。

そしてなぜ売券以外の文書にはほとんど木印署判がみられないのか。この疑問はいまだに消えない。課題とする所以である。

さらに冒頭で記した他地域の木印及び木印署判のありかたと山国荘の事例との比較検討もこれからの大事な課題である。また高橋一樹氏のご示教によると、越前国剣大明神の一五七七年（天正五）の文書には越前焼の「へら記号」が署判に用いられているという[13]。

また越前・若狭国の漁村でも、木印同様の署判が用いられているようだ（小島道裕氏らのご教示による）。これは、塩田の材木である塩木の関係かと思われるが、今後、精査する必要があろう。

さらに本章初出後に若狭・越前国の浦々では木印署判に類似する家印（いえじるし）署判があることが、春田直紀氏によって紹介された[14]。

いずれにせよ、従来たんに略押とされてきた署判のなかには諸種の背景をもったものが多様にあることは否めない。地下文書の多様性を考える一つの視角として、今後も注視していきたい。

注

（1）桜田勝徳「木印を中心として」（桜田勝徳著作集4、名著出版、一九八一年、初出一九三六年、四五〇頁）。

（2）なお、新潟県山北村（現村上市）にも塩木の川流しの木印に「村じるし」と「家じるし」があったという（『山北村郷土史』、山北村教育委員会、一九六五年、一八九～一九二頁）。また、金夆洙・鈴木直人・植田憲・菊池利彦「新潟県村上市中俣地区における家印に関する調査・研究」(『日本デザイン学会研究発表大会概要集』五七、日本デザイン学会、二〇一〇年)なども木印や家印について言及している。
(3) 元治元年八月筏判株取究連印帳(小塩区有文書写真版、後掲表8-1の参考7番)。
(4) 勝田至「中世史研究と民俗学」(『日本歴史民俗論集』一巻、吉川弘文館、一九九二年、初出一九八七年)。
(5) 峰岸純夫「村落と土豪」(『講座日本史』3、東京大学出版会、一九七〇年、一五五頁)。なお、峰岸氏は仲村研「中世後期の村落」(同『荘園支配構造の研究』、吉川弘文館、一九七八年再録、初出一九六七年)を典拠にあげているが、仲村氏の論文には木印についての論及はない。
(6) 前掲注(1)桜田論文四六〇~四六一頁。
(7) 嘉吉三年黒田宮村堂遷宮記・長禄三年須河祢宜貞国田地譲状写(菅河仁一家文書二九九・三〇〇号、『丹波国黒田村史料』)には、黒田村宮野の遷宮を主宰する祢宜采女貞国や須河祢宜貞国がみえる。
(8) 坂田聡『日本中世の氏・家・村』(校倉書房、一九九七年、一六五・一八〇頁)。
(9) 前掲注(8)坂田著書、九八~九九頁。
(10) 前掲注(8)坂田著書、一八一頁。
(11) 前掲注(8)坂田著書、一五五頁など。
(12) 中央大学山国荘調査団研究会の席上で坂田聡氏から、奥山でも近世に筏場があり筏流しをしていたというご指摘をいただいた。その点で初出論文の事実認識を修正したい。なお同研究会で前川祐一郎氏から山国荘から流出した文書のなかに、漢数字「二」形の木印署判が据えられた室町時代の売券が一点あることをご教示いただいたが、私は未見である。
(13) 高橋一樹「中世地下文書論の一視角」(二〇一六年六月一九日中世地下文書研究会報告)、小野正敏「陶器生産」(企画展示図録『時代を作った技—中世の生産革命—』、国立歴史民俗博物館、二〇一三年)。
(14) 春田直紀「浦刀祢家文書の世界」(同編『中世地下文書の世界—史料論のフロンティア—』、勉誠出版、二〇一七年)。

付論二　山国荘井戸村江口家の木印

木印とは本来、木材などに鉈や鉞などで一定の刻みをつけ、これを所有権の表示とするものである。[1]ところが丹波国山国荘の木印では、中近世移行期に鉈などによる刻印から焼き印に変わっていった。

二〇一七年八月、恒例の中央大学山国荘調査団現地調査に参加した。その折に、京都市右京区京北井戸町（山国荘井戸村の故地）の江口家ご当主の江口喜代志氏の「こっくい」を見せてもらった（写真1）。

こっくいの印面部分は、縦三一ミリ・横二〇ミリであった。江口氏からの聞き取りによると、間伐する際に木の根元にヨキ（斧の別称）で傷面をつくり、こっくいの印面に墨をつけて木の傷面に印を付けたという。写真1にも墨壺が写っている。

江口氏の記憶では、三〇年ぐらい前までこっくいを使っていた

写真1　こっくい（熱田順氏撮影）

そうだ。また同氏は、こっくいとは「こくいん」のことではないかと推測している（ただ、こくいんが刻印か黒印かは定かではない）。

一七二〇年（享保五）八月灰屋村山論訴状写に[2]「雑木ニ三ヶ村之木と極印を打」という記述がある（柳澤誠氏のご教示による）。また極印（ごくいん・こくいん）には刻印と同じ意味があり、極印・刻印ともに「こくい」や「こっくい」などの転訛がある（『日本国語大辞典』第二版の極印と刻印の項）。

一方、一九六一年発行の同志社大学人文科学研究所が作成した江口家の文書目録には次のような記載がある。

天正二年三月（中略）（江口）右近の略押は大阪市の市章の縦線をはずしたようなサインで、現在でもこの記号は江口氏の材木に記され、焼印されているとのことである。[3]

この記載の略押の件については後述するとして、一九六一年までは木印を焼き印にして使っていたことが判明する。

ただ写真1にみるように、こっくいは印面こそ金属であるが、持ち手は木で出来ている。これでは焼き印として使えないだろう（柳澤氏のご教示による）。この点からみて、一九六一年に使われていた焼き印がある時点で摩耗するなどして使用できなくなった。そしてそれに替えて、墨で木印をつけるこっくいが制作されたと推測する。

次に、この目録記載にある「天正二年三月（中略）（江口）右近の略押」についてみてみよう。写真2は、一五七四年（天正二）三月山国荘井戸村江口右近畠地譲状の冒頭部分と署判部分を、畠地書き上げ部分を中略して接合したものである。この江口右近の「大阪市の市章の縦線をはずしたようなサイン」が、問題なのである。

第八章で、このような署判を木印署判と呼び、材木の筏流しの際に用いられた木印を署判に転用したものではないかと指摘した。その際、既にこの江口右近の木印署判も把握していた（表8-1 105番）。この他にも、江口右近の同様の木印署判がみられる（表8-1 106番）。

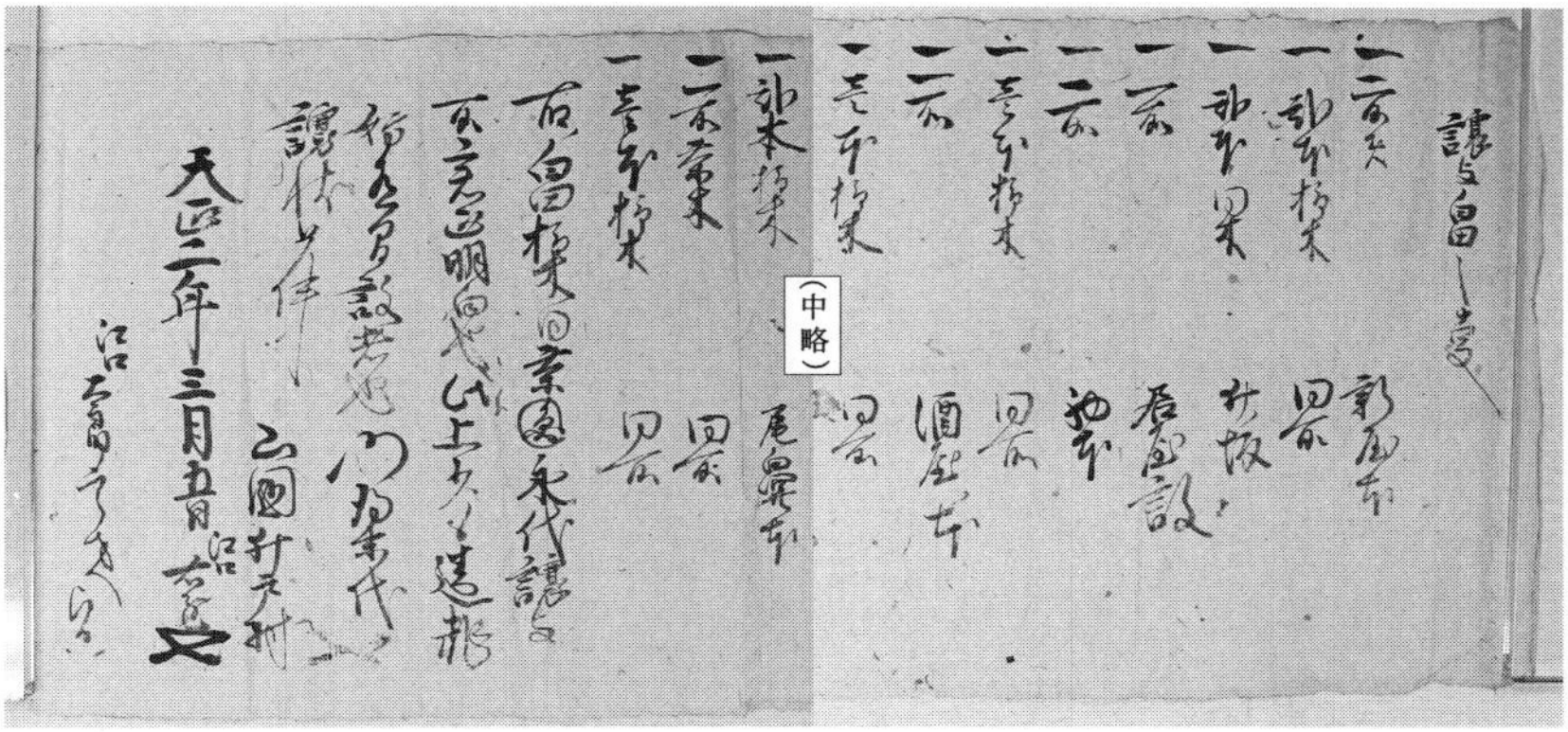

写真２　江口右近の木印署判

写真３　こっくいの印面（熱田順氏撮影）

そして前述したように、近世になると、この木印は焼き印となる。その際、従来の木印を□や○で囲って焼き印としたものも数多く見られる（元治元年八月筏判株取究連印帳）[4]。

そこでもう一度、こっくいの印面部分をクローズアップしてみよう（写真３）。写真２と写真３を見比べてみる。そうすると、写真３の印面は、写真２の木印署判を□で囲ったものだと判る。すなわちこっくいは、一六世紀に江口右近が使っていた木印を□で囲んで作成した印面なのである。

残念ながら中世における江口家木印の刻印そのものと現在のこっくいを中継する江口家木印の焼き印は見つかっていない。しかし少なくとも、一六世紀の江口右近が使っていた木印を□で囲ったものを近代の江口家が継承していたことは間違いないだろう。

以上の点から、改めて次の二点が再確認される。

①近代、江口家が使用していたこっくいの印面が江口右近の木印署判

を□で囲ったものであることからみて、一九六一年当時の江口家の焼き印も同じ印面であった可能性が高い。

②このような近代江口家の木印のありかたから類推すると、山国荘江口家の中世の木印署判はやはり中世の木印を転用したものであったと考えられる。

篆書体の複雑な印影（前掲元治元年筏判株取究連印帳）はやはり焼き印として用いられたのであろう。しかし、木印のような簡易な印影は江戸時代でも木に刻みを付けたり墨付けする刻印として用いられていたことが、前掲の灰屋村山論訴状写から読みとれる。近世の山国荘域では、刻印と焼き印が併用されていたといえよう。

今のところ山国荘域における中世の木印刻印そのものや近世の木印焼き印・刻印の物証が全くないだけに、今回の発見の意義は大きい。

また二〇一七年一一月一九日、江口喜代志氏から重ねてお話を聞いた。それによると、ご自身が十数年前まで、山の立木を間伐する際に「こっくい」を用いていたという。江口家は「山主」（やまぬし）なので自分では伐採をせず、業者に伐採させる。伐採作業以前に、江口氏が伐採する立木の根本に鉈で切り込みを入れる。その切り込みの白い箇所に墨をつけたこっくいを打ち付け印を付け、伐採する木を指定する。すなわち、こっくいによる印字は、後日、業者の間伐作業が適切におこなわれたかどうかを確認するためのものとして用いられたのである。このような利用法がどれほど遡るものかどうかは明らかではない。

なお春田直紀氏によると、二〇一七年夏、佐藤雄基氏と共に近江国今堀郷（現滋賀県東近江市）を調査した際、木印に類似する家印の焼き印鏝と刻印鏝とが混在して現存しているとのことであった。これも山国荘と類似する事例であろう。

注

（1）桜田勝徳「木印を中心として」、桜田勝徳著作集4、名著出版、一九八一年、初出一九三六年、四五〇頁。
（2）一七二〇年（享保五）八月灰屋村山論訴状写、上黒田春日神社文書二〇号、『丹波国黒田村史料』一九頁。
（3）同志社大学人文科学研究所第三研究会編『江口九一郎氏所蔵文書目録』「写真の説明」、同研究会発行、一九六一年、四頁。
（4）一八六四年（元治元）八月筏判株取究連印帳、小塩区有文書写真版、表8-1の参考7。

終章

本書各章でそれぞれのまとめをしているので、ここでは全体を通して残された問題について、三点ほど指摘しておく。

まずは、村落文書と文書様式の問題である。村落定書の文書様式は、置文系村落定書（置文・日記定書・紛失定書）と定書系村落定書（衆議定書・定書）とに分けられる（第二章）。そして置文系は現状記録的な内容を持ち、定書系は現状変更的な内容を持つ。現状記録的か現状変更的かは相対的な問題で、明確に一線を画すことは難しいが、両者の大まかな相違傾向は読みとれる。

ところが、一五世紀後半を境目に置文が減り定書が増えていく。そしてこの時期以降の置文は、定書と同様の現状変更的な内容に変わっていく（第三章）。このことを様式の面から考えると、一五世紀後半以降、村落定書の各様式と文書内容との一義的な相即性が失われたことを意味する。

このようなありかたは、地下文書で広く見られる帳簿である日記にもいえる。日記という地下文書の様式概念が認知されていった結果、古文書集に収められた地下文書の帳簿の多くに日記という文書名が付けられるようになった。ところがそれは、文書内容から判断して古文書集編纂者が付けているだけで、おおかたの文書に「日記」という文言は記されていない。たぶん中世当時の地下文書作成者には、日記という様式の帳簿に記録するという意識は希薄だったのだろう。

従来の古文書学では、下達文書や上達文書という文書の授受を必須とする状況の中で、文書様式はその内容を担保する重要な指標とされてきた。しかし、村落内部で完結する内部文書が多い村落文書・地下文書においては、そのような文書様式を保持し続ける必要性に乏しい。

それではなぜ、村落定書や日記のように特定の様式が導入されたのか。それはたぶん、文書を書き慣れていない村落集団にとって、領主が用いている特定の様式を導入することが、文書作成の上で利便性が高かったためであろう。

そして文書の作成に慣れてくると、特定の文書様式にこだわらなくなっていく。このような経緯が、一五世紀後半以降の村落定書における文書様式と文書内容との相即性が壊れた背景にあると思われる。

ただこの見通しは村落文書・地下文書の一部に過ぎない村落定書や日記を観察して得ただけの仮説である。このような見通しが正しいかどうか、今後さらに検討する必要がある。

二つ目は、署判と個人識別の問題である。木印署判は、そもそも家の印であった。木印は筏流しで家の材木の所有権を示すものであったから、他の家との峻別は重要であった。中世の事例では確認できないが、民俗事例では複数の木印を組み合わせて家の印としていたようだ。

その木印をもとに、個人の署判である木印署判が作成されていった（第八章）。家の印である複数の木印の組み合わせから、その一部を用いて木印署判は作成されたとみられる。

ところが不可解なのは、同じ木印署判を用いている者が山国荘内や一つの村落内で複数存在していた点である。それも同じ文書中で同一の木印署判を複数の署判者が用いていたりする。これでは、木印署判によって署判者が誰か特定することが不可能になる。

実はこれと同様の疑問は、略押や筆軸印でも生じていた。村落文書・地下文書の中で村落民が多数連署判している文書に、まったく同形の略押や筆軸印を複数みかけることは、いくらでもあるのだ。

この疑問への解答は、たぶん次のようなものだろう。多数連署判の場合、木印署判や略押・筆軸印を皆の前で記す行為そのものが、一義的に大事だったのではないかという見方である。その署判は個人の識別のためでなく、その人が皆の前で判を書いたことに重要な意味があると思われる。領主層で散状（出欠簿）回覧の折りに、「合点（レ点）」または「否」と書くのにも似ていよう。

ただ、それでもまだ理解しがたい点が残る。第八章で指摘したように、木印署判の多くが売券に記されている点である。売券は契約状であり、数十年あるいは百年オーダーで、券文の正当性が担保されなければならない。その重要な文書に、個人としての識別が困難な木印署判を用いるというのは、どういうことなのだろうか。この疑問は、まだ解けていない。

最後の三点目は、近世への見通しである。村落定書の論考（第三章）で近世の村落定書について若干言及した。近世の村落定書は、定書か特定の様式のないものが大多数のように思われる。ただ管見した近世の村落定書は限られたものである。断言するにはまだサンプル数が圧倒的に足りない。

ただ村落定書の一五世紀後半からの流れに鑑みると、近世村落は村落定書の様式そのものに注意を払わなくなったのではないかと思われる。

近世の地方（ぢかた）文書・村方文書を研究している方々と話す時、地方文書の様式という話題を振ると、ことごとく怪訝な顔をされる。要は、地方文書研究で様式論を論ずる意義はほとんどないということなのであろう。

従来、村落文書・地下文書の研究者と地方文書の研究者が、少なくとも文書のあり方を軸に情報を交換したり共有してきたことはなかった。しかし、今後はこのような交流をもっと行うべきであろう。

序章でも触れたが、地方文書を読むと、上申文書には必ずといっていいほど「乍恐奉申上候」というような書き出し文言をみかける。なぜ一様にこのような文言があるのかという点を地方文書の研究者に問うても、芳しい回答は返ってこない。もちろん上申文書であるから、このような書き出し文言は多分に受信者である領主からの指導による可能性が高い。また、地方文書の執筆者間で何らかの情報共有もあっただろう。近年は、地方文書の作成や保管に関しても目がむけられるようになってきた（冨善一敏『近世村方文書の管理と筆耕―民間文書社会の担い手―』、校倉書房、二〇一七年など）。今後、このような方向で研究が進展することを期待したい。

中世の村落文書のあり方を考えるうえでも、近世の地方文書・村方文書の作成や保管の問題は重要な情報である。文書様式における中世村落民と近世村落民の意識の乖離も、今後、探究を深めていくべき課題なのである。

中世地下文書研究会には、数多くの有望な若手研究者が集っている。彼らの、そして彼らに触発された未来の研究者たちが、村落文書・地下文書の研究に邁進していくことを、心から期待している。

初出一覧

序　章・終　章………新稿

第一章……「中世惣村文書の形成―荘園公領制との関連から―」(『史潮』新二三号、一九八八年)

第二章……「村落定書」(春田直紀編『中世地下文書の世界―史料論のフロンティア―』、勉誠出版、二〇一七年)・「史料・文献紹介　惣掟(村落定書)」(『歴史と地理 日本史の研究』二〇六号、二〇〇四年)

第三章……「中世における村落定書の成立と変遷―文書様式の観点から―」(『米沢史学』三〇号、二〇一四年)・「村落定書追考」(『米沢史学』三一号、二〇一五年)

第四章……「村落定書の源流―注置状と置文―」(『米沢史学』三四号、二〇一八年)

付論一……「史料紹介　明応七年丹波国山国荘黒田下村の紛失定書二通」(『米沢史学』三四号、二〇一八年)

第五章……「中世惣村定書の署判に関する覚書―今堀日吉神社文書を中心に―」(井上辰雄編『古代中世の政治と地域社会』、雄山閣出版、一九八六年)

第六章……「中世村落における惣判・惣印について」(『国立歴史民俗博物館研究報告』七七集、一九九九年)

第七章……「中世村落における惣判・惣印の形成とその意義」(『史境』四二号、二〇〇一年)

第八章……「丹波国山国荘における木印署判について」(『米沢史学』三二号、二〇一六年)

付論二……「資料紹介　丹波国山国荘井戸村江口家の木印について」(『山形県立米沢女子短期大学生活文化研究所報告』四五号、二〇一八年)

あとがき

人との出会いや交わりは、本当に素敵なものだと思う。

序章にも書いたが、二〇一三年、熊本で春田直紀・小川弘和両氏と馬刺しを肴に飲んだことが、私の村落文書に関する研究意欲を再燃させてくれた。その延長線上に本書がある。春田氏はその後も献身的に中世地下文書研究会の運営にあたっておられ、頭がさがるばかりだ。

坂田聡氏とは、不思議なご縁がある。同氏は飽きっぽい私を一〇年近くも丹波国山国荘につなぎ止めてくれた。私が同氏の議論の一部を批判しているのに、本当に心の広い方である。木印署判に対する新たな研究視角が開けたのも、ひとえに坂田氏のおかげである。

そして、小さ子社の原宏一氏。今年四月に独立するというお葉書をいただいて、新たな歴史系出版社の誕生をメールでお祝いした。その折、村落文書について論文のストックがある旨を記したら、すぐに興味関心を示して下さった。本書ができたのは、ひとえに原さんのご尽力の賜物である。

草稿を読んだ原さんから、村落文書研究の面白さを他の分野の研究者や若い研究者にも伝えるべく、序章を書き足すように要請された。序章のような文章を書くのが苦手な私には少々気が重かったが、細々とはいえ三〇年に及ぶ村落文書論への思いをぶつけてみた。そうしたら意外にも執筆は楽しく、スラスラと筆が進んだ。これは原さんのアドバイスがなければできなかったことである。やはり編集者は、研究者にとって身近なトレーナーだと再確認した。ということで、原さんへの感謝を込めて、序章を是非ご味読下さるようお願いしたい。

第三章も原さんのアドバイスで、旧稿二編を合体させた。数字の扱いが不得手な私としては合体改稿の作業は苦しかった。しかしその甲斐あって、旧稿では気づかなかった新しい視野が拡がった（第三章第二節（6）と表3－10）。

鞍馬大惣法師仲間文書が京都市歴史資料館に預けられているとのことで、所蔵者が教えてくれた連絡先である資料館の宇野日出生氏にメールした。そうしたらすぐに、丁寧に対応してくださった。院生時代、故萩原龍夫先生に連れられて小浜に行ったことがある。その時、宇野さんも同行していた。宇野さんはその時のことを覚えておられて、今回、快くご高配くださったようだ。萩原先生が結んでくださったご縁が三〇年以上も経って復活した感じがする。

山形県立米沢女子短期大学学長の鈴木道子氏は、今回の出版に理解を示して下さり、公募制の学長裁量費から出版助成金を支出してくださった。

私は、数年前に離婚した。その後、岡部英子さんと出逢い、不甲斐ない私を支えてもらっている。生きることの素晴らしさを、改めて彼女には教えられた。この大事な人との親交がこのままずっと続くように念願している。

いずれも誠に有り難いことである。人はまさに宝物だと実感している。

村落史研究は既に時代遅れで、若い人は見向きもしない。私は勝手にそう思い込んでいた。でも、春田氏の人徳だろう、中世地下文書研究会には、序章で触れた似鳥雄一氏のような優秀な若手研究者が大勢集っている。

西日本、大山喬平先生が主宰するムラの戸籍簿研究会にも、優秀な若手の村落史研究者が大勢いるようだ。いずれも、未来に向けて輝く大事な希望である。

考えてみれば、平成の大合併でほとんどの自治体が「市」になった現在でも、ムラ的な人間関係は濃厚に残っている。私の勤務地である山形県米沢市にも雪にまつわる自治的な慣行が強固にみられる。そのようなムラ的人間関係には一長一短があるが、いまだに日本社会の基底にあるのだろう。中世村落は、そのムラ的人間関係の出発点である。中世村落には、まだまだ研究すべき点が多く残されているといえよう。

このような「あとがき」が書けることをとても嬉しく思う。是非、シニアの私らを乗り越えて、若い研究者諸氏には村落史研究・地下文書研究の新しい地平を切り開いていってほしい。心からそう願っている。

還暦って　こんなものかと　軽やかに

二〇一八年九月九日

薗部　寿樹

地名索引

・必ずしも全地名全記述を網羅的に採集したものではなく、本文中のリスト・表、注を除いた記述のなかに出てくる村落を中心に採集した
・太字のページは、その地域について専論した章・節を表す

あ

か

さ

た

薗部寿樹　そのべ としき

１９５８年 東京都品川区生まれ
１９８９年 筑波大学大学院博士課程歴史・人類学研究科史学専攻単位取得退学
１９９１年 山形県立米沢女子短期大学講師
１９９４年 同助教授
２００４年 同教授（至現在）
２０１８年 同副学長（至現在） 博士（文学）［筑波大学］

【主な著書】

『日本中世村落内身分の研究』（校倉書房、２００２年）
『村落内身分と村落神話』（校倉書房、２００５年）
『日本の村と宮座―歴史的変遷と地域性―』（高志書院、２０１０年）
『中世村落と名主座の研究―村落内身分の地域分布―』（高志書院、２０１１年）

日本中世村落文書の研究
―村落定書と署判―

二〇一八年一〇月二〇日　初版発行

著　者　薗部寿樹
発行者　原　宏一
発行所　合同会社小さ子社
〒六〇六－八二三三　京都市左京区田中北春菜町二六－二一
電　話　〇七五－七〇八－六八三四
ＦＡＸ　〇七五－七〇八－六八三九
E-mail info@chiisago.jp
https://www.chiisago.jp

印刷・製本　亜細亜印刷株式会社

ISBN 978-4-909782-01-4